딴지日報

3
(DIGITAL DDANJI 6 7 8호 통합권)

김 어 준 엮음

딴지가 걸어갈 길...

살다보면 똥침을 찔러야 할 때가 있다. 그러나 아무렇게나 막 찌를 수는 없다.

만약 급하다고 손가락 하나로 찌른다면?  손가락 부러지는 수가 있다.

 그렇다고 얍샵하게 손가락 두 개 겹쳐서 찌른다고 들어갈 똥꼬는 세상에 없다.

그럼. 도구 힘을 빌어?  도구도 방향이 맞아야지.

그럼 방향만 맞으면 OK? NO. 방향이 맞아도 경우가 있는 것이다.
똥꼬를 쇠덩이로 찌를 수는 없다. 피 난다. 그건 비겁하기 그지없다.

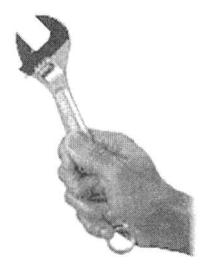

그럼 방향 맞고 적당한 도구 찾았다고 바로 찌르면 되나?
천만에. 찔러야 할 똥고의 깊이를 생각해야 한다.

그럼 도대체 어떻게? 역시 손을 써야 한다.
두 손을 가지런히 모아 힘차게 찌르는 거다. 딴지는 똥침 찌르고 싶은 세상의 많은 것들에
정확한 방향을 잡아, 비겁하지 않게 두 손으로, 적당한 깊이까지 푸욱... 찌른다.
설령 손 끝에 가끔 건데기가 묻어나더라도...

딴지가 갈 길이다.

— 발행인

　　　　　　본지는 〈한국농담〉을 능가하며 B급 오락영화 수준을 지향하는 초절정 하이코메디 씨니컬 패러디 황색 싸이비 싸이버 루머 저널이며, 인류의 원초적 본능인 먹고 싸는 문제에 대한 철학적 고찰과 우끼고 자빠진 각종 사회비리에 처절한 똥침을 날리는 것을 임무로 삼는다.

　　　　　　방금 소개말에서도 눈치챌 수 있듯이, 본지의 유일한 경쟁지는 〈썬데이 서울〉. 기타 어떠한 매체와의 비교도 단호히 거부한다.

마지막으로 각종 딴지기사에 대한 여러분의 견해나 딴지일보에 대한 감상 등, 여러분의 썰은 인터넷 http//ddanji.netsgo.com의 독자투고란에 마구 풀어주시기를 바라며...

　　　　　　　　　　　　　　　　　　　－ 딴지일보 발행인 겸 딴지그룹 총수 올림 꾸벅.

딴지日報

3
(DIGITAL DDANJI 6 7 8호 통합권)

김 어 준 엮음

자작나무

딴지日報

3

초판 발행일 • 1998년 11월 25일
초판 2쇄일 • 1998년12월 21일
펴낸곳 • 도서출판 자작나무
펴낸이 • 송인석
주소 • 121-160 서울시 마포구 상수동 21-1
전화 • 3142-9152~4
팩스 • 3142-9160
등록 • 제10-713호(1992. 7. 7)

ISBN • 89-7676-290-8
ISBN • 89-7676-287-8(세트)

값 7,800원

* 잘못된 책은 바꾸어 드립니다.
* 저자와의 협의하에 인지는 생략합니다.

본문의 합성사진 및 내용은
특정인의 명예실추와 비방을 목적으로 한 것이 아님을 미리 밝혀둠.

DIGITAL DDANJI
딴지日報

정치 | 경제 | 사회 | 국제
문화/생활 | 정보통신 | 과학

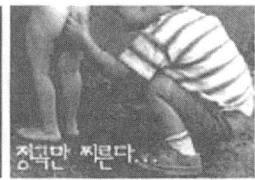

제 6 호

스포츠딴지

지나간 신문보기

- 전체기사/기사검색
- 사설/칼럼
- 스포츠
- 테마신문
- English Edition

- 딴지 Best
- 설문조사
- 기사예고

월드 조디 컨퍼런스

- 독자투고
- 사용자등록
- 서비스찾기
- 회사소개
- 광고안내

DDANJI GALLERY

Caption Contest
딴지일보 캡션마당

니 이불에 오줌을 싸라!

딴지日報
광고안내 / 구독신청

경축! 김대충 영문법책 발간
영어의 신기원을 여는 새로운 영문법을 개발...

New standard of English.
이 시대 최고의 영문법,
더 이상의 영문법은 없다!

[속보] 딴지, 지구를 구하다!
본지가 지구를 구한 비화를 공개한다. 위기에 처한 지구를 분연히 일어나 구한 본지, 전 세계 아무도 모르는...

[극비실험] 헌팅의 조건과 가능성
21세기 명랑 애정행각의 새지평을 열어제낄 극비 실험이 본지에 의해...

IMF시대의 이력서 작성 요령
암에푸로 취직하기가 넘도 어렵다.

IMF처방이 어려운 2가지 이유
여러 사람 살 맛 안 나게 만든 IMF가 왜 발생했는가에 대해 가즌 년놈들이 조잘대고 있는데 대개 3가지 정도로 정리된다.

[그것을 알려주께] 자동차 안전

[미니인터뷰] "삼승 맛이 갔어요..."
어느날 울나라에서 젤 잘나갔었다는 삼승에 다니는 어떤 놈에게서 연락이 왔다...

[집중분석] 보증을 홀딱 벗긴다
보증 잘못 섰다 재산이고 가족이고 다 박살나는 케이스가 암에푸로...

일생에 도움이 안 되는 울나라 졸부들...
허나 돈만 있으면 뭐하나. 졸부(猝富)들은 빈약한 정신세계 땜에 각종의 콤플렉스에 시달리게 마련이다.

담살...

빅맥과 한국식 "프로의 정신"
메이저리그에서 62호 홈런을 날림으로써 신기록을 경신한 빅맥은...

10년 만에 걸려온 여자친구의 전화
어느날 갑자기 10년 전의 여자친구에게서 전화가 왔다...

[레저] 우리도 누드비치를 만들자!
훌러덩 벗고 설치는 누드비치, 이 누드비치를 한국에도 만들어야 한다...

[모집공고] 일본 괴멸특공대 모집!

[생활리포트] 독일 특파원-버스
주로 자전거를 이용한다 하더라도, 시내버스를 타지 않을 수 없는 때가 있다.

[뉴욕정복] NY특파원의 스페셜 리포트
암에푸로 사회전체가 고개를 숙이고 있다. 일부 워낙 있던 넘들을 제외하곤 이제 안전지대란 없는 것처럼 보인다.

폭로! 영화속의 구라들 (1)
21세기 명랑과학입국을 이룩하기 위해 영화속 구라들을...

제 7 호

스포츠딴지
지나간 신문보기

- 전체기사/기사검색
- 사설/칼럼
- 스포츠
- 테마신문
- English Edition

- 딴지 Best
- 설문조사
- 기사예고

- 독자투고
- 사용자등록
- 서비스찾기
- 회사소개
- 광고안내

Caption Contest
딴지일보 캡션마당
니 이불에 오줌을 싸라!

이제는 밝힌다. 똥침의 역사!
장구한 민족의 전통, 그 숨겨진 비밀을 밝힌다.

**[역사 바로꽂기]
이제는 밝힌다!
유구한 똥침의 역사**

기득권 수구세력이 본지를 음해하고 있다. 숭고한 똥침정신을 폄하하고 있는 그들의 주장을 일시에 날려버릴 역사보고서를 공개한다...

[르뽀] 여의초등학교 단식아동사건

여의초등학교에서 갑자기 단식아동이 나타났다. 이기 이기 도대체 어케 된 일인가. 이런 일이라면 당근 본지가 달려간다...

철도청의 획기적 방안을 환영한다!

본 논설우원은 21세기 명랑사회를 위해 우리 백성들이 실천해야 할 바를 열라 외쳐오고 있다. 물론 정부당국의 강력한 정책의 실천도 따라야 한다. 정갈한 21세기의 길은 참으로 어렵고 힘든 일일 것이다.

[벤처시리즈] 벤처, 한국의 희망인가?

누가 뭐래도 요즘 시중의 fuzzword는 단연 '벤처' 이다.(Fuzzword? 사전 찾아보시라. 배워 남주나.) '구조조정' 이니 '정리해고' 니 '빅딜' 이니...

닮살...

[딴지캠페인] 귀꾸녕을 열어라!

딴지 귀꾸녕 캠페인을 시작한다. 이제 30, 40대들이여 귀꾸녕을 활짝 열어제껴라...

[특종] 놀스케롤라이나 똥국물사건

본지의 놀스케롤라이나 특파원이 엽기적인 똥국물 사건의 진상을 전해왔다...

[상념] blue... TV 예찬

현대인과 TV, 그리고... 거짓말... 그래도 나는 오늘 TV를 켠다...

동포들이여 여기를 보시라.
기다리고 기다리던 1차 설문결과 드뎌나왔다...

아...
이것이 정녕 우리 민족이
만들어낸 설문이란
말인가...
명랑사회는 이제 활짝
열릴 수밖에 엄따...

제 8 호

스포츠딴지
지나간 신문보기

전체기사/기사검색
사설/칼럼
스포츠
테마신문
English Edition

딴지 Best
설문조사
기사예고

월드 조디 컨퍼런스

독자투고
사용자등록
서비스찾기
회사소개
광고안내

DDANJI GALLERY

Caption Contest
딴지일보 캡션마당

니 이불에 오줌을 싸라!

딴지日報
광고안내 / 구독신청

이헤창을 구출하라!!
작년 겨울... 영화 한 편이 준비되고 있었다.

리인재 똥바위와 기명사미 똥대장에 의해 위기에 처한 이헤창을 구출해야 하는 절대 절명의 임무를 띠고...

으라차챠, 좃선 화이팅!

이화여대여, 귀꾸녕이 먹었는가!
지난 14일 이화여대에서는 김활란 박사 탄생 100주년을 기리기 위해 내년부터 여성의 지위향상에 공헌한 사람에게 상과 상금을 수여하는 <우월 김활란상>을 제정...

[실화] 내가 경찰서를 돌아보는 이유
나는 요즘도 경찰서를 지날 때면 힐끔 돌아본다. 그 이유는 지금으로부터 10여 년 전...

좃선, 딴지에 정면 도전하다!
좃선이 딴지에 정면으로 도전하고 있다. 아... 일케 쎄게 나올 줄이야...

닭살...

[딴지캠페인] 치한을 박멸하자!
부르르... 우리 연약한 요자들에게 가증스럽게 덤벼오는 미친노무쉐이들... 치한을 박멸하자!

[레저] 그대 이집트를 아는가...
그대는 이집트를 아는가... 전설의 땅... 피라미드의 고향... 이집트를 간다.

[생활르뽀] 욕쟁이 아줌마를 알려주마
남자화장실의 무법자, 욕쟁이 아줌마 과연 그들은 누구인가. 오늘에야 그 정체가...

[고찰] 마징가 제트 과연 가능한가
어린 시절 우리의 심금을 울려주었던 마징가 Z, 과연 현재의 공학기술로 설계가 가능할 것인가. 본지가 세계 최초로 연구했다.

폭로! 영화속의 구라들 (2)
21세기 명랑과학입국을 이룩하기 위해 영화속 구라들을...

> 홍수의 이야기

쪼그려 쏴 변기...

우리 선조들은 수천 년을 쪼그려 쐈다. 이순신 장군도 세종대왕도 쪼그려 쐈어야만 했다. 그러나... 수천 년을 면면히 이어 온 이 전통의 '쪼그려 쏴' 자세는 인체공학적으로 볼 때 신체에 상당한 부담을 준다. 장시간 쪼그려 쏴 자세를 유지할 경우, 장딴지 부위의 근육이 마비되는 현상은 물론 똥꼬가 과도하게 개방된 상태가 지속됨으로 해서 '똥꼬확장증'이란 무서운 후유증을 초래한다.

이 병마가 얼마나 무섭냐. 보통 사람들은 대장에서 밀려내려 오는 물체를 일정 기간 홀딩할 수 있는 조임근육이 있어, 이를 수축시켜 노도와 같이 밀려나오는 덩어리 마빡을 도로 밀어넣을 수가 있다.

그러나... 이 병에 한번 걸렸다 하믄 조임근육이 제 기능을 상실함으로 해서 신호가 와도 꼭 다물고 있을 수가 없게 되어... 기냥 흘려버리게 된다. 이는 곧 사회적 매장으로 이어질 공산이 크다.

긴 바지를 입고 있을 때 이런 경우를 당하면 그나마 낫다. 잠시 엄폐,은폐를 하다가 양말 부위까지 흘러내리면 인적이 드문 곳으로 가서 무릎을 약간 접었다가 탁 채서 관성을 이용, 발목 부위로 털어낼 수 있기 때문이다. 요즘 빤스고무줄은 인장강도가 상당해 일정시간은 담아내고 있겠으나... 남성 사각 빤스... 기냥 흐른다.

자각증상으로는 그냥 멀쩡하게 서 있거나 걸어다니는 자세에서도 똥꼬가 입을 다물지 않는 듯한 느낌이 지속되며 똥꼬 주변이 불에 덴 듯 화끈거리게 되는데, 이러한 느낌을 우리 선조들은 '똥줄탄다' 라는 표현으로 정리해내셨다.

또한 화장실 문고리가 파손됐을 경우, 이 쪼그려 쏴 자세로 문고리를 잡고 있다가는 누군가 확 잡아 당길 경우... 그 자세의 불완전함으로 인해 영락없이 온 몸이 훌러덩 딸려 나갔다... 다시 들어오는 아픈 경험을 하게 된다. 이런 경험하고 나면 문화적 충격이 대단하다.

자... 그럼 이제 이 제품을 보시라.

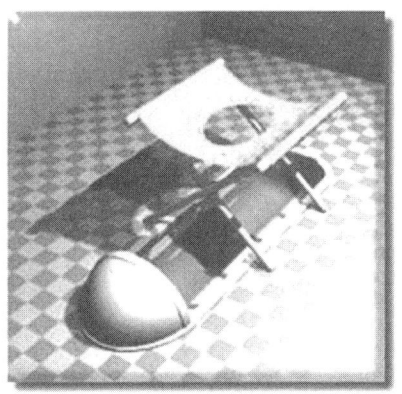
보급형

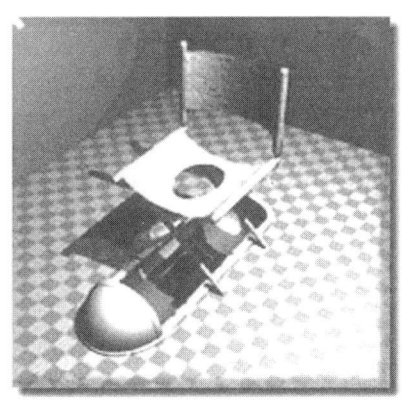
고급형

수천 년 동안 우리 겨레를 괴롭혀 온 '쪼그려 쏴' 변기의 폐해는 이런 간단한 휴대형 도구의 개발로 극복될 수 있다. 이렇게 간단한데... 이렇게 간단한 해결법이 있는데도... 왜 우린 쪼그려 쏴 변기를 그토록 오랫동안 묵묵히 써 왔던가... 바보처럼...

딴지는 이런 종류의 질문을 세상만사 모든 분야에 던진다. 사람들의 '이건 당연히 〈쪼그려 쏴〉야만 하는 거야' 하는... 고정관념을 깨뜨리는 것만으로, 딴지는 할 일을 충분히 한 것이 될 것이다.

꾸벅.

– 딴지총수

차례

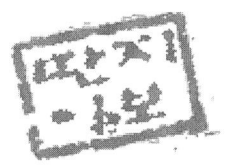

정치
[신간안내] 김대충, 새로운 영문법 자습서 발간 • 18
김대충 영문법 자습서 - 영어 원문(1) • 27   김대충 영문법 자습서 - 영어 원문(2) • 31
이혜창을 구출하라! • 40   으라차챠, 좆선 화이팅! • 43
이화여대여, 귀꾸녕이 먹었는가? • 52   [르뽀] 여의초등학교 단식투쟁 사건 • 61
좆선, 딴지에 정면도전하다! • 64   철도청의 획기적 방안을 환영한다! • 68
이주의 포커스 딴지, 지구를 구하다! • 70
■광고 1 • 74

경제
[벤처시리즈] 벤처, 한국의 희망인가? • 78   [진단과 처방] IMF극복이 어려운 두 가지 이유 • 85
암에푸에 살아남는 일곱 가지 비법! • 89   IMF시대의 이력서 작성 요령 • 93
[미니인터뷰] "삼승 맛이 갔어요..." • 95
[그것을 알려주께] 자동차 안전 • 98   자동차 안전 - 부연설명 • 103
이주의 포커스 [집중분석] '보증'을 홀딱 벗긴다! • 106
■광고 2 • 116

사회

10년 만에 걸려온 여자 친구의 전화... • 120   [실화] 내가 경찰서 정문을 돌아보는 이유 • 128
일생에 도움이 안 되는 울나라 졸부들... • 134
이주의 포커스   [모집공고] 일본 괴멸특공대 모집! • 138   [딴지캠페인] 버스, 지하철 치한을 박멸하자! • 143
■광고 3 • 149

국제

[생활리포트] 독일 특파원 – 버스 • 154   [특종] 놀스케롤라이나 똥국물 중독 사건 • 162
이주의 포커스   [뉴욕정복] NY특파원 스페샬 리포트(2) • 165   [뉴욕정복] NY특파원 스페샬 리포트(3) • 173
■광고 4 • 178

문화 · 생활

[역사고증] 똥침의 역사 • 182   [생활르뽀] 화장실 욕쟁이 아줌마를 알려주마 • 191
[딴지캠페인] 30, 40대여! 귀꾸녕을 열어라... • 199
■광고 5 • 206

정보통신 · 과학

[폭로] 영화 속의 비과학적 구라들(1) • 210   [폭로] 영화 속의 비과학적 구라들(2) • 217
이주의 특집 [극비실험] 헌팅의 조건과 가능성(1) • 226   [극비실험] 헌팅의 조건과 가능성(2) • 238
[고찰] 마징가 제트 과연 가능한가 • 253
■ 광고 6 • 258

스포츠 · 연예

빅맥과 한국식 '프로 정신' • 262
[레제] 우리도 누드비치를 만들자! • 267
[레제] 그대 이집트를 아는가 – '이집트인과 친구하기' 편 • 273
■ 광고 7 • 280

영문 딴지 · 기타

영문 딴지 와이 퍼니... • 282   디어 딴지 • 284
Weekly Best 제1차 설문조사 결과 발표! • 291   기자수첩 사각팬티의 치명적 오류... • 300
TV프로 blue... TV 예찬 • 301

정치

▶ 정치 경제 사회 국제 문화/생활 정보통신/과학 BEST 스포츠 대안신문

[신간안내] 김대충, 새로운 영문법 자습서 발간

김대충 영문법 자습서 - 영어 원문 (1), (2)

이혜창을 구출하라!

으라차차! 좃선 화이팅!

이화여대여, 귀꾸녕이 먹었는가!

[르뽀] 여의초등학교 단식투쟁 사건

좃선, 딴지에 정면도전하다!

철도청의 획기적 방안을 환영한다!

이주의 포커스

딴지, 지구를 구하다!

http://ddanji.netsgo.com

정치

신간안내

김대충, 새로운 영문법 자습서 발간

울 동네에서 최고로 많이 팔리는 생활정보지 〈좃선벼룩〉의 야부리 고문이자 구라 주필인 김대충 여사가 최근 자신의 현란한 영문법 지식을 총망라한 새로운 영문법책 「性門지조때로 영문법」의 집필을 끝내고 대대적인 출간기념회를 가졌다.

평소 생활신조마저 영어가 들어가는 4H 정신인 그녀는..

김대충 영문법 자습서 - 영어 원문(1), (2)

이헤창을 구출하라!!

최근 미국의 '수 필버구' 씨(48)가 감독해서 전 세계를 졸라 강타하고 있는 전쟁영화 '라이언 일병 구하기(Saving Private Ryan)'의 한국판이 지난 겨울 극비리에 국내에서 제작되고 있었다는 비밀스런 정보가 본지에 날아든 것은 며칠 전... 본지가 어떤 신문인가... 즉시 취재팀을 급파, 언제나 그렇듯이 관계자 인터뷰에 성공했다.

으라차챠, 좃선 화이팅!

좃선이 정책기획위원장인 최장집 교수를 보고 빨갱이라며 차마 두고 보기 힘들 정도로 미친 듯 짖어대고 있다.

이화여대여, 귀꾸녕이 먹었는가!

지난 14일 이화여대에서는 김활란 박사 탄생 100주년을 기리기 위해 내년부터 여성의 지위향상에 공헌한 사람에게 상과 상금(내국인:5천만 원, 외국인:5만 달러)을 수여하는 〈우월 김활란상〉을 제정한다고 발표했다.

르뽀
여의초등학교 단식투쟁 사건

갑자기 며칠 전부터 엽기적인 초등학생 단식사건이 발생하였다는 흉흉한 소문이 나돌아 탐문취재에 나섰다.

소문의 진원지는 서울 여의도의 구케초등학교...

좃선, 딴지에 정면도전하다!

지난 4호에서 본지는 본지음해를 일삼는 기존 언론의 음모를 폭로한 바 있다. 본지가 국내 최고권위를 자랑하는 민족 精論紙임에도 불구하고 본지와의 정면대결을 피해보고자 본지를 '포복절도, 기상천외, 유머 신문'이라 격하하는 만행을 일삼던 기존 언론 사주들의 가증스런 '딴지타도 궐기대회'를 만천하에 폭로한 것이다. 그런데...

철도청의 획기적 방안을 환영한다!

본 논설우원은 21세기 명랑사회를 위해 우리 백성들이 실천해야 할 바를 열라 외쳐오고 있다. 물론 정부당국의 강력한 정책의 실천도 따라야 한다. 정갈한 21세기의 길은 참으로 어렵고 힘든 일일 것이다.

이·주·의·포·커·스
딴지, 지구를 구하다!

지구상에서 극소수의 사람들만 알고 있는 충격적인 비화를 공개할까 한다.
이 비화가 공개될 때 인류에 미칠 파장이 걱정되는 바이긴 하나 무엇보다 중요한 것은 언제나 진실을 밝히는 것이기에 본지는 과감히 그 공개를 결정했다.
고독한 결단이었다...

[신간안내] 김대충, 새로운 영문법 자습서 발간

울 동네에서 최고로 많이 팔리는 생활정보지 〈좆선벼룩〉의 야부리고문이자 구라 주필인 김대충 여사가 최근 자신의 현란한 영문법 지식을 총망라한 새로운 영문법책 「性門지조때로 영문법」의 집필을 끝내고 대대적인 출간기념회를 가졌다.

평소 생활신조마저 영어가 들어가는 4H 정신인 그녀는, 〈좆선벼룩〉의 '얌마 팔어...' 란과 '씨바 사께...' 란의 국제화를 이룩하기 위해 이미 오래 전부터 꾸준히 준비해오던 것을 책으로 옮겼을 뿐이라고 겸손해했다.

그러나 그녀의 영어 실력은 이미 오래 전부터 정평이 났었다는 것이 영문학계의 평가다. 몇 가지 일화를 소개하겠다. 활쏘기 대회에서였다. 여자의 머리 위에 사과를 올려놓고 맞추는 경기였는데 첫번째 선수가 정확하게 사과를 맞춘다. 우뢰와 같은 박수소리... 늠름하게 관중 앞으로 걸어나온 그는 말했다.

"I am 빌헤름텔."

두 번째 선수는 첫번째 선수의 화살 정가운데를 뚫고 사과를 맞췄다. 더 놀라며 휘파람을 불며 열광하는 관중들. 관중 앞으로 걸어나와 그는 말했다.

"I am 로빈후드."

세 번째... 김대충 구라주필. 활을 날렸다. 화살은 그 여자의 배꼽에 정통으로 맞고 말았다. 경악을 금치 몬하는 관중들...

관중들 앞으로 걸어나온 김대충 구라주필이 말했다.

"I am 쏘리."

생활정보업계의 영향력 1위 구라우먼답게 그는 국내 경제계에도 많은 영향을 끼쳤는데 불후의 명작명으로 일컬어지는 70년대 대히트 껌, 럿데껌 '왔다'의 영문 작명 'Watta' 역시 그의 작품이라는 전설이 있으나 확인이 불가능한 상태다.

그 외에도 수학계에서 풀 수 없는 문제가 있듯이, 영문학계에서도 도저히 영작할 수 없는 대표적인 구문으로 꼽혔던 '나는 씨바 자전거를 탈 수가 엄써여' 라는 문장을 '모타 싸이클' 이라는 깔끔한 문장으로 번역해 내는 영문학계에 길이 남을 개가를 올리기도 했으며, 심지어는 영미의 본토 학자들도 알지 못했던 손꾸락 '핑거'의 반대어휘 '오므링거'를 창조해 내는 혁혁한 업적을 남기기도 했다.

그러나 뭐니 뭐니 해도 그의 탁월한 영어실력을 가장 극명하게 드러낸 것은 작년 12월 24일 〈좃선벼룩〉의 1면을 장식했던 名싸설 '긴급구라'에서였다.

본지는 어려븐 영어단어가 자꾸 등장하는 것을 매우 헤이트 하지만, 이해를 돕기 위해 당시 구라를 그대로 옮겨보면,

"22일자 월 스트리트 저널은 김 당선자를 가리켜 '인기주의자 (populist)', '예측하기 어려운(unpredictable) 정치인'이라고 표현하고 그의 경제정책을 '근거 없는(unfounded)' 것으로 보고 있다. 심지어 그의 측근들을 '인기위주의 국회의원과 좌파성향의 학자'로 규정하고 있다. 미국 월가의 교과서나 다름없는 이 신문의 이런 성격규정은 그 사실 여부와 상관없이 김 당선자와 그의 정부 그리고 한국에게 대단히 불리하게 작용할 수밖에 없다."

라고 구라를 쎄렸다.

이 名구라는 당시 전국 부킹대왕뽑기 경연대회에서 1등을 먹었던 김데중 국민다방 왕마담이 "조또 이거 재협상해야 함다"라고 인기성

정치 7월 14일 (월)

발언을 해서 오히려 고리대금업자 암에푸의 노여움을 더욱 샀고, 그래서 동네 지역경제가 더 어렵게 됐다고 줄기차게 주장했던 〈좃선벼룩〉의 주장을 뒷받침하기 위한 '긴급구라'였는데,

그 어려운 미국 생활정보지 월스뜨리뜨 저널을 평소 읽고 있었다는 것만 봐도 그녀의 놀라운 영어실력을 헤아릴 수 있겠으나, 보다 확실하게 감동받기 위해 당시 월스뜨리뜨 저널의 원문과 그의 구라를 비교해 학습해 보자.

(본 기자는 관련자료들을 찾기 위해 유료 싸이트인 월스뜨리뜨를 온통 뒤지느라 거금을 투자해따. 이 돈은 김대충 구라주필이 갚아주시리라 믿는다.)

우선 22일자 월스뜨리뜨 저널에는 두 개의 김데중 관련 기사가 있는데 'populist' 라는 단어는 'Kim's Promising Steps' 라는 제하의 기사에서 2번 나오고, 'Korea Crisis May Hinge on Policy Battle' 에서 또 2번 나오며, 'Unfounded'도 같은 제하의 기사에서 나온다. 이제 차근 차근 살펴보자.

1 먼저 '월스트리트 저널은 김 당선자를 가르켜 인기주의자(populist)…' 라고 했다는 부분.

populist는 러시아에서 최초 제기되었으며, 미국 역사에 등장했다 티미해진 인민당의 정책이념으로서, 인민전체의 이익증진을 목표로 삼는 소위 populism(人民主義)을 추종하는 자들을 일컫는 말이라고 보통 사학계에는 알려져 있다. 오늘날 미국에서는 블루칼라를 기반으로 하는 노동운동 성격으로 변모하여 그 명맥이 이어지고 있고.

즉, populist라는 단어를 보자마자 떠오르는 '인기있다'는 뜻의 popular하고는 졸라 거리가 있는, 단순히 '인기만 추구하는 그런 넘'이란 뜻이 아니라는 것이 평범한 영어밖에 못하는 잡넘들의 주장이다.

물론 노동자계급을 기반으로 하는 남미의 정치가들이 그 노동자의 입맛에 맞는 정책을 주장한다는 뜻으로 남미 정치가들을 populist라고 하기도 한다. 그러나 그때의 populist 역시 'popular해지려고 지랄을 하는 넘'이라고 해석하믄 안 된다고 영어도 조또 모리는 넘들이 주장한다.

그러나 김대충 그녀가 누군가…

해당 문법이 없으면 만들어내고, 해당 단어가 없으면 창조해 내는 달인의 경지에 오른 지조때로 영어의 귀재 아닌가.

이날 월스뜨리뜨 저널 원문에는 populist라는 말이 네 번 등장하는데, 'Kim's Promising Steps'라는 제하에서 그 첫번째 문장은 아래와 같다.

"President-elect Kim Dae Jung, a bona fide martyr to the cause of democracy, has a natural following among Korean leftists, workers, students and other traditionally aggrieved consumers of **populist** rhetoric."

이걸 고딩 영어실력으로 사전 뒤져서 대충 뭉게서 해석하면 '김데중 당선자가 독재와 싸우는 과정에서, 전통적으로 박해받았던 '인민주의' 추종자들 - 좌파, 노동자, 학생들 같은 넘들이 자연스럽게 그를 따른다…' 뭐 그 정도가 되겠고,

또, 하나의 populist는 아래 문장에서 등장하는데,

"he's begun talking less like a **populist** and more like a statesman."

즉, (김데중이 당선된 후에는) 'populist라기보단 정치가에 가까운 발언을 시작했다…' 정도로 보통 영어밖에 못하는 넘들은 해석할 문장이다.

'Korea Crisis May Hinge on Policy Battle' 제하의 기사에 나오는 populist는

"investors remain dubious that the **populist** Mr. Kim, who repeatedly risked his life in the decades-long struggle to bring democracy to authoritarian Korea but has little experience in economic affairs, can craft a credible agenda for steering the nation out of its financial crisis"

에서 한 번, 그리고

"His inner circle-**populist** legislators and left-leaning academics, many of whom have been with him for his entire career..."

에서 또 한 번 나온다. 자꾸 번역해 주믄 버릇되므로 독자 여러분이 알아서 해보기 바라고, 하여간 위 4개의 문장을 보고 나면 본 기자처럼 멍청한 넘들은 populist가 '인기만 추구하는 그런 넘' 하고는 상관엄꼬 '인민주의자'를 뜻함이 틀림엄따고 생각하지만,

영문학계에 새 지평을 여는 「지조때로 영문법」의 창시자인 김대충은, 바로 김데중을 '인기주의자' 라고 번역을 해버렸다. '인기를 열라 추구하는 넘' 이라고 해석하믄 위의 기사들이 졸라 말이 안 되지만 사실 인민주의 어쩌고 하면 누가 알아듣겠는가. 무지몽매한 일반 대중을 위하는 하해와 같은 깊은 의도에 마음이 숙연해질 뿐이다.

2 그러나, 여기서 그치면 김대충이 아니다.

두 번째로, 김데중 왕마담 언니의 '경제정책을 '근거없는 (unfounded)' 것으로 보고 있다' 는 부분. 이 부분은 위의 기사가 아니라 다른 기사에 나온 것인데, 이 부분 역시 탁월한 지조때로 문법을 적용해 감탄을 금치 못하게 하고 있다.

'unfounded' 라는 단어는 당일날 월스뜨리뜨 전체 기사에서 딱 한 번 나오는데, 월스뜨리뜨 원문은 다음과 같다.

"Concerns over Mr. Kim's economic policy, to be sure, may

prove to be **unfounded**."

이 문장을 'DJ의 경제정책에 대한 우려는 틀림없이 근거없는 것으로 판명될 것이다' 라고 번역하는 사람이 있다면 김대충 구라주필이 이번에 발간한 「性門지조때로 영문법」을 사서 영어를 첨부터 다시 공부하는 것이 좋을 것이다.

위 문장은 'Concerns (over)' 라는 주어는 졸라 거추장스럽기 때문에 기냥 날려버리고, 나머지 문장만 해석해서 '김대중 경제정책이 분명히 근거없는 것으로 판명될 것이다' 라고 해석해야 맞는 것이다. 알겠는가.

그의 영어가 놀랍지 않은가. 맘에 안 드는 단어가 있을 때 바로 날려버리고, 나머지 맘에 드는 것만 가지고 전혀 반대의 뜻으로 만들어 내는 놀라운 기술에 고개가 절로 숙여진다.

3 그의 화려한 지조때로 영문법은, 월스뜨리뜨 저널이 김데중 왕마담을 '예측하기 어려운(unpredictable) 정치인' 이라고 했다는 부분에서 그 절정을 이룬다.

그런데, 이 부분을 확인하려 했던 기자는 가슴이 덜컹했다.

'unpredictable' 이란 단어는 위 두 기사에 안 나오는 것은 물론, 22일자 월스뜨리뜨 저널 다른 기사 어디에도 등장하지 않았기 때문이다.

위대하신 김대충 구라주필님이 새로운 영문법을 창시하시긴 했어도 전혀 있지도 않은 단어를 말했을 리가 없다고 생각한 명청한 본 기자는 12월 22일날 기사뿐 아니라 작년 12월 한달치 월스뜨리프 기사를 모조리 다 뒤졌다.

역시 있긴 있었다. 'unpredictable' 이라는 단어를 기사 중에 사용한 것은 수천 개의 12월 월스뜨리프 전체 기사 중 통털어 9개. 그러나 김데중 왕마담언니에 관한 내용이 있는 기사는 단 하나도 없었다. 오잉...

정치 12월 14일 (월)

　8개는 미국 경제와 브라질 경제에 관한 이야기고, 유일하게 한국에 관련된 기사는 12월 12일날 북한관련기사.
　그 기사 중 'unpredictable'이란 단어는 딱 한 번 나오는데 아래와 같다.
　"Though always **unpredictable**, North Korea isn't likely to see the South's economic travails as an opportunity for provocation or to launch an attack."
　'워낙 예측을 불허하는 북한 아쉐이들이지만 설마 지금 경제위기로 전쟁을 일으키기야 하겠냐…' 본 기자 같은 멍청한 넘은 뭐 이렇게 해석할 구문이겠다.
　아니 이럴 수가… 위대하신 김대충 구라주필님이 분명, 22일자 월스뜨리뜨 저널에서 김대중 왕마담언니를 '예측하기 어려운(unpredictable) 정치인' 이라고 표현했다고 했는데, 왜 안 나오는 건가. 혹 다른 날 본 기사인 줄 알고 착각하셨나 싶어 12월 전체기사를 다 뒤져봐도 왜 안 나오는 건가…
　잠시 당황했던 본 기자는 금세 김대충 구라주필의 깊은 뜻을 알 수가 있었다.
　원하는 단어가 없으면 그냥 맹글어내버리는 가공할 신영문법… 일명 '초월명상법영어…' 원하는 단어가 없을 때 명상을 통해 원하는 단어를 맹글어서 번역해버리는, 이런 역사에 남을 영문법을 정녕 우리 동족이 만들어 냈단 말인가…
　아… 똥꼬가 아릴 만큼 환성적이다…

4 **마지막 피날레는,**
　'이 신문의 이런 성격규정은 그 사실 여부와 상관없이 김 당선자와 그의 정부 그리고 한국에게 대단히 불리하게 작용할 수밖에 없다.' 라는 문장을 통해 이룩했다.

원문을 보면 이렇게 끝을 맺고 있다.

"his first steps give reason to hope that Kim Dae Jung will prove the right man for the times."

'그의 첫번째 조치는 DJ가 이 시대에 적합한 인물임을 입증할 것이라는 희망에 근거가 되었다' 라고 대부분의 영어 지지리도 몬하는 평범한 아쉐이들은 해석한다.

그러나 김대충 구라주필 그녀는 정반대로 '졸라 불리하게 작용할 것' 이라고 결론을 맺었다.

보통 사람들은 범접할 수 없는 득도의 경지에 오른 영어가 아닐 수 없다.

일명 '지조때로 홀랑 뒤집어 씨부리기 영어' 라고나 할까.

김대충 구라주필의 눈부신 영어는 이 정도다. 아... 그의 화려한 영문법 기술들...

관련없는 단어 끌어와 뒤집어 씌우기, 맘에 안 드는 단어는 짤라내 버리고 나머지로 정반대의 뜻 문장 만들어내기, 아예 없는 단어도 명상을 통해 맹글어내기, 문장 뜻과 정반대로 결론 내리기...

가슴이 벅차지 않은가. 똥꼬 깊수칸데서 꾸역꾸역 밀려나오는 감동이 오줌 싸고 난 뒤처럼 온몸을 부르르 떨게 한다. 그녀의 화려하고 예술적인 종합 구라기술들을 배우기 위해 본 기자는 앞으로 차근차근 그녀의 구라들을 공부해 볼 생각이다.

그녀가 직접 표지모델로 등장한 「性門지조때로 영문법」의 장기 베스트셀러화를 두손 모아 축원하면서, 앞으로는 과연 어떤 신영문법을 또다시 창조해낼지 똥꼬가 벌렁거리도록 궁금하다.

세상사람아... 김대충 구라주필님한테 밉보이지 않도록 각별히 주의하라. 김데중 왕마담언니는 뭔 잘못을 했길래 그리 밉보였을꼬...

위대하신 김대충 구라주필님. 만수무강하소서...

원문 전체를 보고 살 떨리는 감동을 받고 싶으신 분들은 다음 페이지를 펼치시라.

피 같은 딸러 주고 사온 기사들이다.

- 딴지 문화부 기자

김대충 영문법 자습서 - 영어 원문(1)

아래 내용은 '인기주의자(populist)'라는 단어와 '미국 월가의 교과서나 다름없는 이 신문의 이런 성격규정은 그 사실 여부와 상관없이 김 당선자와 그의 정부 그리고 한국에게 대단히 불리하게 작용할 수밖에 없다.'고 결론 낸 부분의 원문기사다.

REVIEW & OUTLOOK (Editorial)
Kim's Promising Steps

12/22/97
The Wall Street Journal
Page A18
(Copyright (c) 1997, Dow Jones & Company, Inc.)

President-elect Kim Dae Jung, a bona fide martyr to the cause of democracy, has a natural following among Korean leftists, workers, students and other traditionally aggrieved consumers of populist rhetoric. Yet his initial steps show that in recent years the former political prisoner has been out and about the real world.

The election Mr. Kim just won was about much more than righting old wrongs, especially given Korea's perilous economic state. During the campaign he suggested that he would seek to renegotiate the terms of a $57 million IMF bailout. He's also carrying some scary baggage in the shape of promises to boost the growth rate and avoid any layoffs during his first six months in office. Since his election, however, he's begun talking less like a populist and more like a statesman.

As president-elect, Mr. Kim now tells the world that his administration will implement "fully" the IMF agreement. He frankly told the Korean people that the pain they face is "[O]ur fault. Korean companies borrowed too much for loans, and the government lied about its foreign reserves." He also pointed to a new direction with the announcement that Korea has hired the firms of Goldman Sachs and Salomon Smith Barney for economic advice, a potential counterweight to both xenophobia among Koreans and miscues by IMF sages.

While the role of the private investment bankers is not fully defined, we do have some idea of what they will be telling Mr. Kim. Roy Ramos, who heads Asian banking research for Goldman, wrote last month with senior equity strategist Chunsoo Lim in the Asian Wall Street Journal. They suggested: "the government must stop intervening in bank credit decisions. Prudential norms must be strengthened. Loan losses must be fully recognized and provisioned against. ... While consumer depositors will of course have to be protected, fundamentally insolvent banks must be absorbed or, failing that allowed to fail. Remaining banks must recapitalize back to a healthy level ... offshore investors including foreign banks, must be allowed in."

In dealing with Korea's chaebol conglomerates, Mr. Kim's

status as an outsider should be an advantage. As Korea's economy has matured, the former engines of growth — with their unlimited access to government-directed funds and hidden networks of cross-holdings — have become its most obvious problem. Fred Hu, Goldman's executive director for Asia economic research, also noted that in 1996 Korea's top 49 chaebol had sales accounting for 97% of Korea's GDP, but profits of just $65 million. If you include the failed giant Hanbo, there was a net loss.

If the going gets tough, the Korean Federation of Industries can be expected to call on its strange bedfellows, the unions, to resist painful change. But the new president owes the former nothing, and with the latter his reputation as a friend of the working man may buy him room for maneuver.

On the political side, Mr. Kim took another major stride forward when he agreed to pardons for former presidents Roh Tae-Woo and Chun Doo-Hwan — who managed Korea's transition to democracy, but were tried and convicted in 1995 on an assortment of charges. As generals they were involved in the 1979 military coup and subsequent massacre in Kwangju; Mr. Kim was falsely charged with fomenting the uprising and sentenced to death, before the United States intervened to rescue him. By keeping an old promise to end the cycle of retribution with the release of the two generals, scheduled for today, Mr. Kim will have begun the long process of gaining the confidence of the 60% of Koreans who did not vote for him. That is especially important given his promise to shift Seoul's approach to North Korea, bound to cause unease among many citizens who've been told for years that Mr. Kim is "soft" on Pyongyang.

Victory for the former dissident, like the recent first-time opposition win in Taiwan's municipal elections, is a sign that Asians are beginning to feel confident enough to break the old mold. It's still possible the new president will allow himself to be distracted from tackling the main business of restructuring the South Korean economy. But his first steps give reason to hope that Kim Dae Jung will prove the right man for the times.

김대중 영문법 자습서 - 영어 원문(2)

아래는 그의 경제정책을 '근거 없는(unfounded)' 것으로 보고 있다는 구문에 해당되는 원문 기사다.

Korea Crisis May Hinge on Policy Battle ---
Activists, Business
Lobby New Leader

By Steve Glain and Michael Schuman

12/22/97
The Wall Street Journal
Page A12
(Copyright (c) 1997, Dow Jones & Company, Inc.)

SEOUL, South Korea -- The battle to contain South Korea's economic crisis may well hinge on a quiet struggle to sway the thinking of President-elect Kim Dae Jung, pitting his longtime activist allies against business-minded politicians and technocrats also in his camp.

Mr. Kim has moved swiftly to embrace crucial economic reforms since his election Thursday, warning that revitalizing this country's beleaguered economy will involve unprecedented pain. But investors remain dubious that the populist Mr. Kim, who repeatedly risked his life in the decades-long struggle to bring democracy to authoritarian

Korea but has little experience in economic affairs, can craft a credible agenda for steering the nation out of its financial crisis.

Korea's currency and stock markets continue to be roiled by worries over the economy and political uncertainty. The currency, the won, opened today sharply lower at 1,660 won per dollar, down 6.6% from Friday's close of 1,550. On Friday, the won briefly fell more than 10% against the dollar before finishing 4.5% lower than the previous trading day. But stocks opened 2.2% higher today on hopes that key reform laws will soon be passed; stocks dropped 5.1% Friday and rose just 0.8% Saturday.

Mr. Kim immediately began trying to forge a national consensus last week. He promised his administration would hew to the terms of a $57 billion International Monetary Fund-led rescue, and pledged to push through the national assembly a set of laws that would enable Seoul to do so. The country's three major political parties agreed Saturday to pass 13 reform bills, including one that will give the central bank greater control over monetary policy but will strip it of its regulatory role over banks and give that to a finance-ministry supervisory unit. Such reforms, sought by the IMF, had been stalled in November in part by street protests by central-bank workers angered by possible job losses.

Mr. Kim also sent a signal of reconciliation Saturday by endorsing the pardon of two former presidents, Chun Doo Hwan and Roh Tae Woo, who were jailed last year in part for accepting bribes and kickbacks. Both were leading figures in a regime that imprisoned, tortured and tried to kill Mr. Kim. The pardon may help rally conservative support for Mr. Kim at a time when he needs backing to implement the IMF austerity program.

Concerns over Mr. Kim's economic policy, to be sure, may prove to be unfounded. He is under enormous pressure to please investors and the IMF because of the chaos in the financial markets and the continuing bankruptcies of major Korean companies. "Kim Dae Jung has adjusted to economic reality very quickly," says Daryl Plunk, a fellow at the Washington-based Heritage Foundation. "There is no Rasputin in the [Kim] camp promoting a radical course; in the end, it's [Mr. Kim] making up his own mind."

Investors aren't yet persuaded. When he was leading Korea's democracy movement, Mr. Kim was suspected by the country's strongly conservative elite of having leftist sympathies, concerns many here still believe Mr. Kim hasn't fully dispelled. His inner circle-populist legislators and left-leaning academics, many of whom have been with him for his entire career -- includes people who know little about how economies work or have scant enthusiasm for free-market reform.

One of them, a Ph.D.-holding legislator, recently lectured a visiting reporter that U.S.-style capitalism wasn't appropriate to Korea. "Not everything about the Soviet economic model was entirely bad," he said.

As a candidate, Mr. Kim sent mixed signals about whether he was committed to critical economic reforms, such as taming the country's unruly labor unions. It wasn't until late in the campaign that Mr. Kim endorsed the terms of the IMF package, and even then he supported such market-distorting measures as wage and price controls. Some in Korea fear that Mr. Kim's election, the first transfer of power from the ruling party to the opposition, will unleash pent-up resentment from his economically backward home province that Mr. Kim either cannot or will not resist.

Members of Seoul's ruling and business leaders also fear they will be targeted for abuse by Kim allies from the presidentelect's home base, the long-neglected Cholla province. Such anxieties were reflected in stock trading Friday: Share prices among affiliates of the Samsung Group, Korea's most powerful conglomerate and the owner of an anti-Kim newspaper, opened at their lowest permissible level. Shares in companies of the Kumho Group, a Cholla-based conglomerate, opened at their maximum daily highs.

Newspaper editorials have already condemned Seoul's elite for enriching themselves in the economic boom that collapsed last month. At a Chinese restaurant in a five-star hotel in Seoul's fashionable Kangnam district, three young and prominent businessmen last week were wondering where they could hide their foreign sports cars and whether they should cancel their overseas holiday plans, lest they risk an audit from tax authorities.

"Even if Mr. Kim himself is not vengeful," said one businessman, the chairman of a large conglomerate, "we're afraid his people will think it's payback time."

But Korea's immense economic problems are certain to seize Mr. Kim's full attention immediately. Korea remains dangerously short of foreign reserves to help support its financial system, despite the first installment from the IMF package and a $1.3 billion bridge loan made available last week by the Bank of Japan. Korea's usable foreign reserves were down to $6 billion early this month at a time when the country's foreign short-term debt is estimated at $100 billion, including the debt held by overseas branches and subsidiaries of financial institutions.

Fears of a default have prompted foreign lenders to cut off local banks. Korea First Bank, in which the government is planning to take a 59% stake to shore up its capital base, is one example. Its credit lines from foreign banks have dwindled to $1.2 billion, compared with $7.3 billion at the end of last year.

A cash and credit crunch, meanwhile, continues to claim local companies. On Saturday, the stock exchange said Hyosung Motors & Machinery Co., Dongsung Construction Co. and Seokwang Construction Co. went bankrupt after they failed to pay debts for two straight days.

In an interview Friday, Cho Sung Jong, deputy director of the international department at the Bank of Korea, the central bank, said the government is still depositing dollars in the overseas branches of Korean commercial banks to help them meet short-term debt payments. The government also said it will guarantee new overseas loans borrowed by domestic banks totaling $20 billion. "We are supporting [the foreign branches] to avoid a default," said Mr. Cho. "But we can't support them for a long time."

Economists say that the Korean government has in the last week set in motion several important reforms, such as allowing the won to float freely against the dollar and widening the ban that restrict interest rates on short-term deposits.

The government also retained Goldman, Sachs & Co. and Salomon Smith Barney Holdings Inc. to advise it on raising money in the international capital markets. The two firms will offer advice on which markets will be most receptive to Korea when it decides to tap the capital markets, what type of securities will be most attractive to float, and what are the best times to approach the markets.

Goldman's role, say people familiar with the situation, will be similar to the part it played in helping Mexico access the capital markets after the peso crisis three years ago. Goldman last year managed Mexico's exchange of $1.75 billion of new 30-year bonds for about $2.3 billion of Brady bonds.

The Salomon team will be led by Jeffrey Shafer, a former Treasury Department official who helped oversee the bailout of Mexico three years ago. Mr. Shafer was approached by associates of a South Korean cabinet member and then met privately with that member before Salomon was engaged. The

Goldman team will be led by Robert Hormats, vice chairman of Goldman, Sachs International, and Carlos Cordeiro, a managing director in Goldman's debt capital markets group who is based in Hong Kong. (In Washington, the Treasury Department said Secretary Robert Rubin, a former co-chief executive of Goldman, had no role in Korea's choice of investment bankers.)

For Korea, the next key step is political: the naming of the next cabinet. Despite his long association with left-wing thinkers, Mr. Kim has in his camp several bold reformers like You Jong Keun, a provincial governor who is an outspoken proponent of open markets and a critic of Korea's powerful labor unions. It was Mr. You who helped persuade Mr. Kim to commit himself publicly to the IMF package.

A person close to the Kim team says Mr. Kim during the election tried to recruit Chae Byung Yul, a powerful ruling-party member with internationalist and reformist credentials. The person says Mr. Chae, who couldn't be reached for comment, declined out of loyalty to his party.

유일하게 "unpredictable"이라는 단어가 나오는, 전혀 상관없는 북한 관련 원문 기사

Crisis in Seoul
Isn't Seen as Threat
To U.S. Security
 By Robert S. Greenberger and Thomas E. Ricks

12/12/97

The Wall Street Journal

Page A15

(Copyright (c) 1997, Dow Jones & Company, Inc.)

WASHINGTON -- Despite the tinge of anti-Americanism running through South Korean society, U.S. analysts don't believe that Seoul's financial crisis will turn into a security nightmare for Washington.

Though always unpredictable, North Korea isn't likely to see the South's economic travails as an opportunity for provocation or to launch an attack. Almost no analyst in Washington expects the South Korean military, which retreated from politics to the barracks a decade ago, to seek power. And 10 years of prosperity and democracy have taken much of the bite out of the leftist protest groups that disrupted life in the 1970s and 1980s.

"I don't think things are going to get so bad there as to create risks for American soldiers," said Larry Niksch, a specialist in Asian affairs who follows Korean affairs at the Congressional Research Service.

Richard Walker, U.S. ambassador to Seoul from 1981 to 1986, agrees the financial crisis shouldn't have a destabilizing effect. He believes the South Korean economy is fundamentally sound, particularly with regard to the solid base built over the years by the creation of a modern infrastructure and an educated population.

A Pentagon spokesman said that as of yesterday the U.S.

hasn't raised the alert status of U.S. troops in Korea.

하략...

정치 1998년 12일(월)

이혜창을 구출하라!

최근 미국의 '수 필버그' 씨(48)가 감독해서 전 세계를 졸라 강타하고 있는 전쟁영화 '라이언 일병 구하기(Saving Private Ryan)'의 한국판이 지난 겨울 극비리에 국내에서 제작되고 있었다는 비밀스런 정보가 본지에 날아든 것은 며칠 전... 본지가 어떤 신문인가... 즉시 취재팀을 급파, 언제나 그렇듯이 관계자 인터뷰에 성공했다.

초등학교 운동회 때 달리기하다가 나자빠지면 생기는 그 아프디 아픈... 이따시만한 딱지가 무릎에 앉게 하고 뺨을 때리는가 하면 손을... 헉... 무려 손을 들고 있게 하는 극악무도한 고문이 횡행하는 작금, 그 관계자의 인권보호를 위해 본지가 최초이자 최후로 인터뷰한 정보원의 신분은 밝힐 수 엄씀을 이해해 주기 바란다.

그가 밝힌 바에 따르면, 지난 12월 전격 크랭크인될 뻔했던 이 영화는 남북합작영화로서, 북쪽의 파트너는 그동안 여러 차례 합작영화를 성공리에 촬영해 왔던 '인민무력부 영화공작소'이며 남쪽은 '딴나라 씨네프로덕션'.

특히 지난 96년 4.11 총선을 기념하기 위한 합작영화였던 '나는 지난 총선 직전 네가 판문점에서 무력시위한 것을 알고 있다...'에서 세트장 준비미비로 총 한 방 안 쏴보고 겨우 진지구축하는 장면만 촬영해야 했던 아쉬움을 이번 영화에서는 만회하고 세계영화제 입상을 겨냥하여, 남북합작영화 최초로 판문점에서의 대규모 총격씬을 포함해 미국넘들 '남보'와 '코만커' 뺨치는 스펙따그르한 액션대작이 기획되고 있었다는 것이다.

이 영화제작을 위해, 합작 당사자들은 작년 북경에서 회동하여 '딴나라 씨네프로덕션'에서는 자본투자를, '인민무력부 영화공작소'에서는 이 영화의 하이라이트인 판문점 총격씬에 출연할 엑스트

라, 스턴트맨 및 소총과 실탄 등 인원동원과 소품제공을 담당하기로 전격 합의했으며, 구체적인 카메라 설치장소 및 콘티까지 짜여졌던 것으로 알려졌다.

영화의 제목은
'이해창 일병 구하기(Saving Private Lee)'
내용은 리인재 통방위와 기명사미 통대장이 철제 도시락으로 국민 레이다망을 교란하는 배신을 때려 이해창 일병이 위기에 처하자, 동포인 북쪽특공대가 분연히 나서 판문점에서 졸라 총 쏴대고 난리를 쳐 국민의 관심을 돌리고 결국 이해창 일병을 구해낸다는, 스토리는 별로 안 중요하지만 하여간 '배달의 기수'에 버금가는 장엄한 大전쟁 서사시.

포스터 제작까지 마쳤던 이 대작영화는 그러나 북쪽의 까닭 모를 취소로 무산되고 말았다.

해외선전용 포스터...

"남북한 문화교류확대뿐 아니라 민족의 동질성과 단결력을 세계만방에 과시할 수 있는 절호의 찬스였으며, 21세기 영화대국으로 가는 징검다리가 될 뻔했던 이 영화가 북쪽의 돌연한 태도변화로 무산된 것은 통탄하지 않을 수 없는 문화적 손실이었다"고 이 관계자는 씨부렸다.

이 소식을 전해들은 '좃선 찌라시 출력소'의 한 관계자는 "씨바 졸라 아깝다... 과거 '금강산땜 vs 평화의 땜' 재난영화 상영할 때도 찌라시 엄청 찍어 장사 잘했는데, 이번에는 신나는 액션장면까정 추가됐으니 상영되기만 하면 대빡이 틀림엄꼬 그랬다면 우리가 영화홍보 찌라시 졸라 찍어서 장사해 먹을 수 있었을 텐데..."하며 아쉬움을 감추지 못했다.

한편, 이 영화의 제작정보를 입수한 안기부와 검찰에서는, 이 영화의 과도한 판문점 사격장면은 사격 한번 제대로 못해 본 국내 통방위 출신들에게 자괴감을 주어 국민화합을 해치고 그 결과 예비군 사기를 떨어뜨리는 반국가적 혐의가 짙다면서 '딴나라 씨네 프로덕션'에 압수수색영장을 발부하였으며 관계자들 또한 소환조사하고 있다.

이에 '딴나라 씨네 프로덕션'은 이것은 분서갱유에 버금가는 엄청난 문화탄압이며, 검찰과 안기부의 문화적 소양부족이 낳은 전근대적 폭거라며 강력히 반발하고 있으며, 직접 당사자인 섭외담당 3명은 딱지 앉은 무르팍을 내밀며 세계인권협회에 고발한다고 졸라 항거하고 있는 상황이다.

한편, 영화를 너무도 좋아해 국내 상영되는 모든 토요심야영화까지 다 본다는 가리봉동 '올배미' 씨(32)는 우리 나라 영화도 외국 영화처럼 영화제작에 얽힌 뒷이야기나 스틸장면을 다큐멘터리로 제작하여 일반에게 공개해야 한다면서, 단 한번도 영화의 비하인드 스토리가 공개되지 않았던 우리 나라 전쟁영화의 제작관행으로 볼 때, 이번 영화와 관련된 일련의 쥐랄도 결국 흐지부지 좋나는 것이 아니냐며 콧구녕을 후볐다.

과연 이번 영화는 그 비하인드 스토리가 밝혀질 것인가.

조또... 또 걍 넘어가는 거 아냐...

— 딴지 문화정치부 기자

1월 26일 (월) **정치** 43

으랏차차, 좃선 화이팅!

한국을 대표하는 연기자 중 한 명인 김혜자...
대부분의 대한민국 사람들에게 그녀는 우리 나라의 전통적인 어머니상을 떠올리게 한다. 그런데 실제 그녀는 담배를 수십 년째 피고, 고향의 맛을 내긴커녕 김치 하나 못 담근다고 한다. 적어도 전통적인 어머니상은 아니다. 오해는 마시라. 담배를 10살 때부터 폈던, 계란 후라이 하나 못하던 본지는 그녀를 욕하고픈 마음 전혀 없다. 각자 사는 법이 있는 거니까.

실제의 그녀는, 그녀 주변의 아주 가까운 사람밖에 모른다. 그런데도 대한민국에 사는 거의 대부분의 사람들은 그녀에 대해 아주 비슷한 느낌을 가지고 있다. 바로 광고와 TV프로가 만들어 낸 '이미지' 덕분이다.

미디어 시대에 '이미지'의 힘은 그 이미지의 주인보다 훨씬 강력하다. 그래서 이 '이미지'만 잘 다루면 당연히 실제 사람과 전혀 상관없는 새로운 인물 하나를 창조해 낼 수 있다.

이렇게 필요에 따라 새로운 이미지를 만들어 내고, 또 그 이미지 중 원하는 부분만 확대하거나, 그것에 뭔가 의미를 부여하고... 뭐 이런 이미지 만들기가 정치적 의미를 가질 때 이를 '상징조작'이라고 한다. 정치인들이 백성들 속여 먹을 때 자주 이용된다.

역사적으로 가장 유명한 '상징조작꾼' 중 하나가 히틀러의 오른팔이자 나치 선전상이었던 '요제프 괴벨스'다. 이 친구는 '상징조작'과 '언론플레이'의 천재였다. 만약 이 친구가 오늘날 미국 같은 나라에서 태어났다면 어마어마한 돈을 벌었을 것이다. 스포츠마케팅이란 개념을 최초로 성공적으로 도입한 것으로 꼽히는 베를린 올림픽도

http://ddanji.netsgo.com
딴지日報

바로 이 괴벨스의 작품이었으니까.

이 친구가 이런 말을 했다. 자기에게 단 하나의 문장만 주면 누구든지 감옥에 보낼 수 있다고. 예를 들어 누군가 "나는 아버지를 좋아한다..." 라고 했다면,

"그렇다면 당신은 오직 아버지만 사랑한단 말인가... 조국은 사랑하지 않는단 말인가... 지금 위기에 처한 이 조국을 구하기 위한 민족의 군대는 사랑하지 않는단 말인가... 당신은 자신만의 안위를 위해 조국을 배신할 수 있는 자다... 보내버려..."

뭐 대충 이런 식으로.

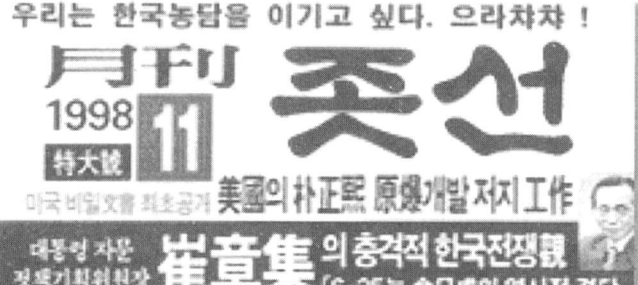

좃선이 정책기획위원장인 최장집 교수를 보고 빨갱이라며 차마 두고 보기 힘들 정도로 미친 듯 짖어대고 있다. 월간좃선 11월호의 맨 위 마빡에 옆에 보시다시피 이런 문구가 박혀 있다.

"최장집 교수의 충격적 한국전쟁관. 〈6·25전쟁은 김일성의 역사적 결단〉"

그리고 광고에 보면 여기 덧붙여

"남진은 민족해방전쟁... 어쩌고 저쩌고..."

내용은 더 가관이다.

월간좃선의 주장과 최교수의 반박문을 몇 가지만 비교해 보자.

사실 본지는 월간좃선의 기사 하나하나와 최장집 교수의 반박문 하나하나 그리고 월간좃선의 재반박문 하나하나를 비교해가며, 이

헛소리를 아작아작 씹고 싶었지만 읽다가 포기했다. 허탈했기 때문이다. 도대체 정상적인 인간이라면 이 지랄을 할 수는 없다.

월간좃선이 마빡에 써붙인 선전문구만 까보자.

"개전 초반은 민족해방 전쟁이었다"

월간좃선이 헤드라인으로 뽑아 졸라 물고 늘어지는 문구다. 그러니까 최장집 교수가 한국전쟁을 '민족해방전쟁'이라고 했다면서, 최 교수는 빨갱이다!! 라고 게거품을 물고 있는 부분.

실제 해당 원문을 그대로 옮기면

〈첫번째 시기에서의 전쟁은 전쟁을 유발한 북한 지도부가 기본적으로 믿었던 바의 '민족해방전쟁' 이었던…〉이다.

그리고 또 이를 달리 표현하여

〈한국전쟁은 전쟁을 통한 공산주의 통일을 지향했던 전쟁으로…〉이라고 쓰고 있다.

즉, 북한이 전쟁으로 공산통일을 하려고 했고, 북한지도부는 그것을 '민족해방전쟁' 이라고 믿었다고, 북한의 한국전쟁에 대한 시각은 그러했다고 말하고 있는 것이다.

자신의 시각이 아니라 그들의 시각이 그러했다는 의미로 '민족해방전쟁' 이란 단어를 인용부호까지 둘러싸서 말을 하고 있다. 인용부호가 그러라고 있는 것 아닌가. 더구나 그 전쟁을 자신이 '민족해방전쟁' 이라고 믿는다면, 그 다음에 '전쟁을 통한 공산주의 통일' 을 지향했다고 말할 리가 있는가. 공산주의 통일이 아니라 민족을 해방시키기 위한 전쟁이라고 해야지.

그런데, 월간좃선에서는 앞뒤 다 짤라버리고 그냥

"최위원장은 그의 책에서 〈개전 초기 한국전쟁은 민족해방전쟁이었으며 국제적으로 변질된 전환점은 38선 이북으로의 북진〉이라는 요지로 해석했다."- (월간좃선 210p)

고 한문장으로 줄여버렸다. 헤드카피로 뽑았길래 졸라 길게 씨부

정치 1㎡월 26일(월)

렸을 줄 알았더니 딱 한 문장이다. 물론 인용부호도 싹 뺐다.

인용부호를 생략해버린 교활한 작태도 골때리지만 아무리 인용부호를 생략해도, 문맥상 북한지도부의 시각을 설명하기 위해 그들의 용어를 그대로 차용했다고 보지 않고, 최교수 자신이 그렇게 믿고 있기 때문에 그렇게 말했다라고 졸라 우길 수 있는 이유는 그 글을 읽을 때 이미 '무슨 문제되는 것이 없을까... 씨바 걸리는 것 없나...' 하는 자세로 읽지 않는 한 불가능한 것이다.

더구나 최교수 자신이 월간좆선과의 인터뷰 중

"해방 이후의 공식 역사가 너무 극우적 요소가 있다고 보고, 그동안 소홀히 했던 좌파 자료를 훑어보면서 그들의 용어를 인용한 것인데..."

라고 그런 용어들이 오해의 소지가 있지만, 그것은 좌파와 우파를 편견없이 쓰고 객관적으로 싣기 위해 그런 용어들을 인용해 썼다고 분명히 밝히고 있는데도 이 지랄을 하고 있다.

더욱 더 가증스런 것은 최교수의 반박문에 월간좆선이 좆선일보 10월 24일자를 통해 다시 반박하면서, 이번에는 최교수의 반박문을 그대로 싣는 척 하면서 인용부호를 넣긴 넣었는데

〈첫번째 시기에서의 전쟁은 전쟁을 유발한 북한 지도부가 기본적으로 믿었던 바의 '민족해방전쟁이었던' ...〉으로,

즉 인용부호가 〈이었던〉까지 포함하도록 교묘하게 고쳐놓았다. 뭐 씹을 게 없을까 하고 반박문을 눈깔 디비지도록 들여다보았을 넘들이 중요한 쟁점부분의 인용부호를 잘못 봤을 리가 없다. 수십 페이지가 되는 것도 아니고 단지 두 줄인데. 이건 일부러 고친 것이다.

이토록 미묘한 문장에서 인용부호가 어디까지 갔는가 하는 것은 매우 큰 차이를 불러일으킬 수 있다. 이 문장만 따로 읽으면 마치 최교수가 '민족해방전쟁이었던' 이라고 한 것처럼 오독할 수 있다.

이 색기덜 정말 악질이다.

"6·25는 김일성의 역사적 결단"이라 했다.

역시 좃선이 선전문구 제일 위에 박아넣고 지랄하는 문구다.

원문과 비교해 보면, 월간좃선에서는 문장의 앞뒤 다 짤라버리고 〈역사적〉이란 단어에 눈을 시뻘겋게 뜨고, 마치 6·25를 아주 잘한 일처럼, 김일성이 큰일 해낸 것처럼 최교수가 말했다는 듯이 뒤집어 씌우고 있다.

월간좃선이 이렇게 나오자, 좃선일보에서는 한술 더 떠서, 10월 20일 기사에서 "6·25는 김일성의 위대한 결단..."이라고 했다고 아예 〈위대한〉이란 단어를 창조해내 집어넣고 있다. 물론 최교수의 원문 어디에도 〈위대한〉이란 단어는 안 나온다. 지난번 김대충 구라주필 사건 때 밝혔듯이 지네들이 필요하면 없는 거 만들어내는 데는 좃선 따라갈 곳이 없다.

최교수의 반박문에 다시 월간좃선이 재반박을 하면서 "역사적이란 말에는 역사에 남을 만한 위대한 이란 뜻이 숨어 있다"면서 졸라 근엄하게 꾸짖고 있다. 물론 그런 뜻도 당연히 있다. 숨어있지 않고 그냥 있어서 그렇지.

그러나 정상교육을 받은 사람이라면 모두가 알듯이 歷史的이란 말에 〈위대한〉이란 뜻만 있는 건 결코 아니다. 영어로 하면 〈historic〉과 〈historical〉... 아니 간단히 우리말로 보자. '역사적 사실(歷史的 史實)'이라고 하면, 그때도 '역사적'이 '위대한'의 의미인가.

원문을 보자.

"그(김일성)의 우세에 대한 지나친 과신이 그를 전쟁을 통한 총체적 승리라는 유혹에서 헤어나올 수 없게 하였고, 결국 그는 전면전이라는 역사적 결단을 내렸던 것이다. 무엇보다도 김일성의 오판을 유도하였던..."

앞뒤 문맥을 보시라. 도대체 거기서 갑자기 '위대한'이란 말이 왜

정치 1월 26일 (월)

튀어나오는가. '지나친 과신'이니 '유혹'이니 '오판'이니 하는 단어가 나오는데 거기서 어떻게 갑자기 '위대한'이란 뜻으로 해석을 하냐고. 결단이란 단어가 뒤에 나왔으니까 더욱 더 얼씨구나 했나본데, 사전 찾아봐라. 결단이란 '결정적인 판단을 하거나 단정을 내림'이라고 되어 있다.

좃선의 주장대로 '위대한'의 뜻이라면, 역사적이란 말을 빼고 거기다 위대한 이란 말을 집어 넣어보자.

"그(김일성)의 우세에 대한 지나친 과신이 그를 전쟁을 통한 총체적 승리라는 유혹에서 헤어나올 수 없게 하였고, 결국 그는 전면전이라는 위대한 결단을 내렸던 것이다. 무엇보다도 김일성의 오판을 유도하였던..."

위의 문장이 말이 되냐. 단어가 어떻게 쓰였는지는 문맥을 통해서 파악을 하는 것이지, 어떻게 문맥을 무시하고 그 단어만 달랑 떼어낼 수가 있냐고.

야 좃선! 니네 '조선인민공화국'이라는 북한국호가 니네 신문이름에 들어있네. 앗! 씨바 니네 빨갱이지.

이거랑 똑같은 수준으로 니네가 지금 씨부리고 있다는 거 니네두 알고 있지? 씨박색덜아.

여기서 그치지 않는다.

"미국이 북한으로 하여금 남침하게끔 유도했다는 입장을 소개하고 있다."면서 마치 그런 입장을 지지하는 듯이 떠들고 있지만 원문에 보면 그런 시각이 있음을 소개하면서, 오히려 그런 수정주의 대표 학자인 '브루스 커밍스'를 정면으로 비판하고 있는데도, 앞뒤 기냥 짤라버렸다. 이런 시각이 있음을 말하고 그 시각을 비판하고 있는데, 그 비판은 빼고 그냥 소개했다고 마치 최교수가 그 시각에 완전 동조한 듯이 말하고 있다.

그 외에도 최교수가 "6 · 25 전쟁을 평가함에 있어 대한민국에게 불리하게, 북한에 대해서는 유리하게 논리를 전개하고 있음을 확연히 드러냈다"고 씨부렸는데, 이 부분에 이르면 정말 학을 띠게 한다. 논문의 논지는 정반대다. 더 말하기도 귀찮다.

그 외에도 12 개 항목이나 더 있다. 직접 한번 보시라.

그런데... 정말 중요한 것은 좃선의 주장이 말도 안 된다는 사실, 그 자체가 아니다.

힘내라! 최터미네이러~

좃선이 이렇게 떠들고 나오면, 그렇게 떠드는 자체로 최교수를 빨갱이라는 '이미지'와 연결시킬 수가 있다. 좃선에게는 그런 힘이 있다.

당장 보시라. 최교수의 논문을 실제 구해 읽을 사람 몇이나 되는가.

아니 그 분야에서 일가를 이룬 석학 논문의 진의를 정확하게 파악하려면 그냥 좃선 신문쪼가리 읽듯 대충 읽어서는 안 된다. 아예 '공부'를 해야 한다, 공부를. 이 짓을 누가 하겠는가.

덤벼라. 좃선!

그러나, 우리 나라 언론 영향력 1위라는 좃선은 전국 가판대에 안 깔린 곳 없이 깔려 있다. 그리고 거기에는 오로지 자기들이 유리한 부분만을, 그것도 왜곡해서 싣고 있다. 반면, 하다못해 최교수의 반박문 전문이라도 볼 사람이 얼마나 되겠는가. 본지 독자나 보지. 이 사실을 좃선은 아주 잘 알고 있다.

이러니 최교수와 좃선일보가 겜이 되겠는가. 이런 힘을 가지고 '빨갱이 최교수' 하나 창조해내기 우습다. 실제 최교수의 논문이 무슨 주장을 하는지 이 게임에서는 전혀 중요하지 않다.

정치 1998 1월 26일(월)

김혜자를 전통적인 어머니상으로 만들어 내듯, 괴벨스가 한 문장으로 사람을 집어넣듯, '빨갱이 최교수' 창조해내 버리면 되는 것이다.

이 미디어 시대에 정말 힘을 발휘하는 것은 '이미지'라는 것을 좆선은 너무도 잘 알고 있고, 그 '이미지'를 지들 맘대로 만들어 낼 수 있을 만큼 강력한 힘을 가졌으며, 또 '이미지'를 다루는데 국내 최고의 기술을 보이는 게 좆선이다.

근데 이 좆선이 최근 열독률도 떨어지고 장사가 안 되고 있다. 통신망마다 좆선폐간 운동도 일어나고, 그렇게 빨갱이라며 절대로 안 된다고 했던 김데중도 대통령이 되버렸고, 수십 년간 밀월관계에 있던 세력들도 실권을 못 쥐고 비리비리하고, 이혜창은 아마추어 냄새 풍풍 풍기고 있고...

그래서 좆선이 옆구리 치고 나온 것이 "좆선이 정한 국가 아젠다" 어쩌고 하면서, 국난극복하자면 모든 힘을 경제에 모아야 한다는 것이었다.

그런데, 이런 말도 안 되는 색깔논쟁이, 최교수를 '빨갱이'로 만드는 것이, 지들이 그렇게 떠들던 암에푸 국난극복에 눈꼽만큼이라도 도움이 되는가. 이게 경제에 힘을 모으는 짓인가. 당근 아니다. 그런데도 왜 월간좆선이며 좆선일보며 합동으로 이 지랄을 하고 있는가.

왜? 최교수가 빨갱이라서 우리를 북한한테 홀러덩 내줄까봐?

혹자는 좆선이 드디어 정신이 나가서 미쳤다고 하고, 또 혹자는 정치적 의도를 가진 조직적인 수구세력 대반격의 서두라고도 하고, 또 혹자는 기명사미 정부의 한완상 사건 때처럼 김데중 정부를 길들이기 위한 레프트 짭이라고도 하며, 또 좆선은 죽지 않았음을 보여주기 위한 발악이라고도 한다. 물론 다 일정 부분 맞는 말이다.

그러나 본지가 보기에는 이제야 좆선이 제 정신을 차렸다.

국가 아젠다 어쩌고 저쩌고... 힘을 모아 경제재건...

1月 26일 (월) 정치

이런 거 해봐야 장사에 도움도 안 되고, 우왕좌왕 이것저것 건들 어 봐도 역시 지네가 제일 잘하고 오랜 노하우가 쌓여 있는 것은 바 로 색깔논쟁을 통한 '상징조작'이며, 북한 팔아먹는 것이라는 것을, 역시 그걸 해야 장사가 된다는 것을 요즘 처절하게 깨달은 것이다.

약간 우왕좌왕한다 싶더니 좃선이 드디어 완전하게 '정상'으로 돌 아온 것이다.

그래 니네는 그런 거 물고 늘어져야 정상이지. 잘한다. 좃선이여. 숨기고 있던 니네 속마음 다 털어놔라. 감추고 있던 니네 이빨 다 드 러내라. 그래서 사람들이 니네가 도대체 어떤 생각을 하는지, 그 더 러운 속내를 알 수 있도록 속속들이 니 똥꼬를 활짝 열어제껴라!

으라챠챠!

씨바 화이팅 좃선!!

- 딴지 언론정치부

이화여대여, 귀꾸녕이 먹었는가!

우리가 외환위기를 향해 치닫고 있던 작년 10월, 프랑스에서는 모리스 파퐁이란 사람이 비시 정권하에서 저지른 일에 대한 재판이 있었다. 이 재판은 프랑스 사회를 들썩거리게 만들었다.

왜...
비시 정권은 뭐고...
모리스 파퐁이란 자는 왜 재판을 받았고...
프랑스는 왜 그 재판으로 술렁였는가...

1940년, 히틀러의 군대는 난공불락으로 믿었던 마지노를 무너뜨리며, 6주만에 프랑스의 심장, 파리를 점령해 버렸다.

혼비백산 도망간 당시 프랑스 내각은 외국으로 정부를 옮겨 계속 싸우자는 레이노 수상 중심의 주전파와 이미 전세는 기울었으니 패배를 인정하고 휴전을 해야 한다는 페당 부수상 중심의 휴전파가 맞섰다.

이 대립에서 결국 휴전파가 이기면서 페당이 수상에 취임한다.

당시 페당의 논리는 이랬다.

"본토를 포기해서는 안 된다. 우리가 프랑스를 떠나면 다시는 프랑스를 찾을 수 없을 것이다..."

페당은 취임 즉시 휴전을 선포하였고, 점령군 나치와 타협하여 공화국 정부를 수립했다. 이 정부가 임시수도로 정한 곳이 바로 남부 프랑스의 휴향도시인 비시였다. 2차대전이 끝날 때까지 향후 4년간 프랑스에서 지속된 비시 정권은 그렇게 탄생했다.

4년 후 프랑스인에 의해 전면 부정되었던 이 비시 정권은 기실 '합법적'인 것이었다. 점령군이 강제로 수상을 임명한 것도 아니고, 파리가 함락되자 프랑스인들이 스스로 새로운 수상을 세우고 헌법을 준수하며 탄생한 정권이었으며, 또 그 권위 아래 휴전협정까지 맺었다.

게다가 페당이 주장한 대로 어차피 져버린 전쟁, 끝까지 싸워서 국가를 완전 피폐하게 만드는 것보다 휴전협정을 맺는 것이 물적, 인적 피해는 훨씬 적었던 것도 한편으론 사실이었다. 또한 페당은 휴전한 것이지 항복한 것은 아니므로 "(프랑스의) 명예는 구조되었다..."고 말했다.

진격하는 독일군을 바라보는 파리지엥...

전쟁이 끝나고 드골에 의해 민족의 배신자로 재판에 회부되었던 페당은 이런 나름대로 어쩔 수 없었다는 '상황론'에 기대어 이렇게 자신을 변호했다.

"나는 하나의 목표만을 가졌다. 바로 프랑스를 최악으로부터 보호하는 것... 만약 내가 프랑스의 칼이 될 수 없다면 방패라도 되려고 했다..."

즉, 프랑스 바깥에서 드골이 프랑스의 자주독립을 위해 싸우며 프랑스의 '칼'이 되었다면, 자기는 프랑스 내부에서 점령군의 요구에 대항하며, 점령군과 프랑스 국민 사이에서 일반국민을 보호하는 '방패'가 되었다는 논리였다.

그러니까 독일의 유태인 학살에 동조하고 독일이 각종 프랑스 물자나 프랑스인을 징용, 징발하도록 허용할 수밖에 없었던 것도, 또

정치 1월 26일(월)

레지스탕스를 탄압했던 것도 전부 보다 많은 프랑스 국민을 보호하기 위한 어쩔 수 없는 '희생'이었으며 불가피한 '협력'이었다는 논리였다.

이러한 협력의 대열에는 유명한 문인작가들, 정치인들, 언론인들이 대거 포함되어 있었으며, 이들은 오히려 점령군 독일보다 더 강한 어조로 독일과의 '협력'을 촉구했다.

어째 전혀 낯설지 않은 논리이며 풍경이다...

그러나...

파리를 되찾은 날 샹제리제를 행진하는 드골과 시민들...

제법 그럴듯한 이 '상황론'은, 비시 정권의 정통성을 부정하며 영국에서 '자유프랑스' 망명정부를 이끌던 드골과 조용히 숨죽이고 있던 프랑스 국민에 의해 독일 패전과 동시에 박살난다.

가장 먼저 프랑스의 모든 경찰서장이 해임되었고, 그 중 5명에게는 사형선고가 내려졌다.

또한 비시 정권에 협조했던 수백 명의 판사가 처벌되었으며, 비시 정권에 몸 담았던 정치인들은 정치활동이 금지되었고, 비시정권하에서 경제적이득을 취했던 경제인들은 그 재산을 몰수당하고 그 회사는 국유화되었다.

그 외에도 군인, 외교관, 언론인, 문인, 그리고 교육자... 등 어떤 형태로든 '협력'했던 모든 계층은 집요하게 색출 당해 처벌되었다.

그럼 왜 모리스 파퐁이 1940년대가 아니고 1990년대에 재판정에

섰느냐...

이 재판은, 그가 비시 정권하에서 비인도적 행위를 했던 것이 발각되면서 비롯되었다. 파리경찰청장 등 공직을 거쳤으며 한때 레지스탕스를 지원했던 경력까지 있었던 모리스 파퐁은 점령 독일군에 협조하여 프랑스 내의 유태인 추방에 관한 서류에 서명을 했고, 그 서류가 30여 년이 지난 다음 발견된 것이다.

이러한 반인륜적 범죄에 대해서는 공소시효를 없애버린 프랑스는 수십 년이 지났지만 그를 가차없이 재판정에 세웠다.

이 재판은 유태인 대량학살에 당시 프랑스는 도움을 준 적이 없고, 모든 잘못은 독일에게 있다는 입장을 고수해 왔던 프랑스인들의 자존심을 뭉개며 프랑스를 온통 들썩거리게 만들었다.

자유, 평등, 박애를 부르짖는 자존심 강한 그들이 불과 몇 십 년 전 그들 선배가 나치에 협력하면서 인권을 유린했었다는 사실을 인정하고 공개적으로 거론하는 것이 고통스러웠을 게다.

그들은 "우리는 아직도 과거를 정면으로 응시해 심판받을 수 있을 만큼 성숙하지 않은 것인가..."라며 부끄러워 했다. 그러면서도 이 법정에는 고등학생들이 방청객으로 나와 있었다 한다. 역사수업의 현장으로...

지난 14일 이화여대에서는 김활란 박사 탄생 100주년을 기리기 위해 내년부터 여성의 지위향상에 공헌한 사람에게 상과 상금(내국인:5천만 원, 외국인:5만 달러)을 수여하는 '우월 김활란상'을 제정한다고 발표했다. 이 상과 함께 그를 기리는 전시회와 세미나, 음악회 등을 열고 기금도 조성할 방침이라고 한다.

훌륭한 일을 한 사람에게 상과 상금을 준단다. 반가운 일이다. 그런데, 도대체 김활란 박사라는 사람이 누구길래 이화여대에서는 그 이름을 딴 상까지 제정한다는 것인가.

70년대 계몽사에서 나온 어린이를 위한 '위인전집'에는 김활란 박사가 일제에 항거하고 또 고문까지 당한 독립투사로 묘사되어 있다. 몇 년 전에는 그의 생을 만화로 기록한 '김활란 선생님 그림전기'라는 책(임수 글, 그림/루디아선교회)도 나왔다.

그는 '위인' 급에 해당하는 사람인 것이다.

왜?

그는 우리 나라 여성박사 1호이자, 이화여대 총장이었으며, YWCA 뿐 아니라 각종 여성단체의 창립자이고, 유엔총회와 유네스코의 한국대표였으며, 한국일보가 인수해 지금도 발행되고 있는 영자신문 〈코리아 타임즈〉를 창간했고, 우리 나라 최초로 단발머리를 했던 신여성이었다.

최초의 단발머리…

그의 후배이자, 이화여대 신문방송학과 제1회 졸업생이며 한국 최초의 여성주필로 한국일보의 이사이기도 한 장명수 주필은 "여자여, 배우자, 세계로 가자 …"라는 글에서 김활란 박사에 대해 이렇게 적고 있다.

"여자를 차별하는 뿌리 깊은 인습, 폐교를 위협하는 일제의 탄압에 저항하며 그는 여성의 인간화를 위한 노력을 포기하지 않았다. 세찬 비바람도 그가 높이 든 두 개의 깃발을 꺾지는 못했다. 그는 '기독교 신앙'과 '여성 교육'을 함께 전도했다..."

분명 '위인' 급이다. 한국을 대표하는 여성지도자로 결코 손색이 없다.

그런데, 김활란 박사에게는 이런 알려진 업적 이외 숨겨진 놀라운 '업적'도 있다. 바로 친일 매국 행각이다.

친일... 사실 이 말은 어떤 면에서는 참 식상한 것이다. 끊임없이 거론되지만 한번도 우리 사회에서 제대로 심판받은 적이 없기에 또 그 이야기냐... 라는 심정에서 그러하기도 하거니와, 그 당시에는 누구나 어쩔 수 없이 어느 정도 '협력'하지 않을 수 없었다는, 불가피했다는 '상황론'이 알게 모르게 우리들 사이에서 통용되고 있기 때문인 듯도 하다.

프랑스의 경우 4년간 비시정권하에서 독일에 '협력'했던 사람들을 단죄하는 과정에서 7,000명이 넘는 사람이 사형선고를 받았고, 4만 명이 넘는 사람이 유죄판결을 받고 감옥으로 갔다.

그러나, 우리의 경우 40년간이나 일제하에서 있으면서 적극적으로 '협력'했던 사람들이 무수했지만 사형선고는커녕 단 한 명도 유죄판결을 받은 사람이 없었으니 이제 와서 다시 친일행각이니 친일파니 해봐야 먹고 살기도 바쁜 요즘 사람들의 피부에 깊숙이 와 닿지 않는 건 물론이요, 어째 어색하기까지 한 것 같다.

그러나...

백 번 천 번 양보해, 당시 소정의 목적을 달성하기 위해 어느 정도의 친일은 어쩔 수 없었다고 항변하는 것을 100%로 인정한다하더라도, 적어도 김활란 박사가 했던 행위는 그 '어느 정도'를 넘어섰으며, 더구나 이런 과거의 부끄러운 행적을 덮어버리고 오히려 그를 기리는 상까지 제정한다는데 이르러서는... 드디어 본지 빡 돌아버리는 것이다.

여태 앉아서 차분한 목소리로 지껄이다가, 이 부분에 이르러서는

 정치 1 ㅁ월 26일(월)

벌떡 일어나 게거품 물고 하늘을 향해 졸라 짖어댈 수밖에 없게 되는 것이다.

왜...

그가 각종 친일단체의 임원직을 맡았고, 또 그 단체를 통해 혹은 방송, 강연 등을 통해 일제침략을 미화하고 일제의 민족말살정책을 고스란히 선전한 매국행위들을 끊임없이 했던 것은, 당시 여성계몽운동이란 목적을 달성하기 위해서 어쩔 수 없이 했던 '협력' – 사실 그의 '협력'은 30년대 후반에 들어서면서 더 이상 '협력' 수준이 아니라 일제에 '충성'이라고 불러야 마땅했지만 – 이라고 졸라 억지로 이해해 보기로 하자.

그러나, 그녀가 스스로 야마기 카쓰란(天城活蘭)으로 창씨개명을 한 다음 해인 1942년 일본의 전면적인 조선인 징병을 독려하고 남편과 아들을 전장으로 보내는 여성들을 설득하는 연설과 글을 남발하기 시작하면서부터 그녀의 매국행위는 도저히 용서할 수 없는 수준에 다다른다.

그는 일제의 침략전쟁에 죽으러 끌려가는 젊은이들 등을 떠밀며

"이제야 기다리고 기다리던 징병제라는 커다란 감격이 왔다. 이제 우리에게도 국민으로서의 최대 책임을 다할 기회가 왔고, 그 책임을 다함으로써 진정한 황국신민으로서의 영광을 누리게 된 것이다. 생각하면 얼마나 황송한 일인지 알 수 없다. 이 감격을 저버리지 않고 우리에게 내려진 책임을 다하기 위하여 최선을 다할 것이다(신세대. 1942년 12월호)."

라고 씨부렸다. 이 뿐 아니다. 기가 탁 막히게 하는 글이 많다. 독자여러분들이 직접, 반드시 확인해 보시기 바란다(참고 인터넷 반민특위 사이트).

이쯤되면 변명의 여지가 없다. 그가 아무리 여성계몽에 많은 업적을 세웠어도 민족과 맞바꿀 수는 없다. 그의 업적을 깎아내리려 하는

것이 아니라 그가 저지른 과오들을 제대로 보자는 것이다.

　모리스 파퐁은 독일군에 협력하여 이민족인 유태인을 수용소로 보내는 서류에 '서명'을 했다고 수십 년이 지난 후 비인도적 전범으로 재판을 받았다. 김활란은 '서명' 정도라 아니라 같은 민족인 우리 젊은이들을 죽음으로 보내는 연설과 글을 스스로 그렇게 많이 토해내고도 재판은커녕 한국을 대표하는 여성지도자로 최고의 명예를 누리다 갔다. 단 한 번도 공식적으로 반성한 적도 없이.

　그도 그럴 것이 해방 후에도 단죄되어야 할 자들이 단죄하는 자리에 앉아 있었으니 누가 누굴 단죄했겠는가.

　이 사실 하나만 가지고도 충분히 쪽 팔린다. 그런데 이제 아예 그를 기리기 위해 상을 제정한다고 한다. 이런 것이 바로 제대로 역사를 청산해내지 못한 민족이 짊어져야 하는 조가튼 현실이다. 사실 우리는 일본이 교과서를 통해 역사왜곡한다고 열낼 자격도 없다. 우리 꼬라지가 이런데 누구보고 탓을 하는가.

　이런 지적에 이화여대는 물론 꿈쩍도 안 한다. 그분의 과거 작은 허물로 커다란 업적을 훼손하려해선 안 된다... 식으로 대응하고 있다.

　지난 프랑스 월드컵 때, 경찰이 사망하는 등 커다란 물의를 일으켰던 훌리건 난동...

　이들 영국의 훌리건이 자신들을 진압하려는 프랑스 경찰들과 대치하며 뭐라고 프랑스 경찰들을 조롱했는 줄 아시는가.

　이들 영국 난동꾼들은 지난 2차대전 당시 나치에 협력했던 프랑스 비시 정권의 부끄러운 과거를 들먹이며 프랑스 경찰들을 야유했다. 난동꾼들이 말이다...

　이화여대여... 이 나라 여성 교육의 산실이라고 자부하는 이화여대여... 김활란 상 제정을 반대한다는 것이 그대들의 권위에 도전하는 것으로 보이고 친일행적 따위는 작은 허물로만 보이는가... 그런 역사인식으로 이 나라 교육을 말하는가...

정치 1997월 26일(월)

그대들은 두렵지 않은가... 그대들은 들리지 않는가... 역사의 야유가...
씨바 제발 귀꾸녕을 열어라...

- 딴지 정치부

[르뽀] 여의초등학교 단식투쟁 사건

　갑자기 며칠 전부터 엽기적인 초등학생 단식 사건이 발생하였다는 흉흉한 소문이 나돌아 탐문취재에 나섰다.
　소문의 진원지는 서울 여의도의 구케초등학교... 초등학생 299명이 공부하고 있는 이 곳이 6학년 1반 이케택 군이 단식을 벌이고 있다는 현장이었다.
　이 학교에서는 경상도 학생이 반장을 하던 1반이 학교 개교 이래 계속 전교회장을 배출해 왔는데 이번에 처음 전라도 학생이 반장을 하는 2반에 전교회장을 넘겨주게 되었고, 이에 따라 조도 심각한 갈등이 일어나고 있는 것이었다.
　즉 2반 출신 전교회장 김데중 학생은 당선되자 지금까지 공공연히 일어났던 학교 내 컨닝 사건을 학교선도부를 통해 조사하여 '학내비리척결'에 나섰고, 평소 컨닝을 일삼아 부정하게 우등상을 독식하던 1반이 이에 강력 반발하고 나선 것이다.
　그동안 수적으로 열세여서 쉬는 시간 말뚝박기나 오징어 가이상을 할 때 짜부되곤 했던 2반이 전교회장을 드뎌 배출하자, 1반 학생들은 전교회장이 그동안의 보복으로 학생빼가기를 자행하는가 하면, 지금까지 다들 알면서 암묵적으로 일어난 컨닝 사건을 새삼 들추고 있다며 이는 명백한 1반 죽이기라며 씨바거리고 있다.
　컨닝 사건의 수사가 본격화되자 1반 학생들이 선도부에 불려가 궁디가 시퍼렇도록 쥐터지는 사건이 빈발하고, 급기야 몇 명 학생이 정학처분을 먹자 전교회장을 뺏긴 후 주번생활조차 제대로 하지 않아 학교 정상화에 방해가 되고 있던 1반 학생들은, 이헤창 학생을 새로 반장으로 뽑고 이헤창 학생이 "조또 이넘의 핵교..."라고 조디를 열면서 강력대응의 수순을 밟기 시작했다.

한편 컨닝 사건의 수사가 확대되면서 1반의 끝줄 줄반장이었던 이케택 학생까지 용의선상에 들게 되었고, 선도부에서는 자세한 조사를 위해 이케택의 선도부 출석을 통보하였다.

그러나, 평소 줄반장을 벗어나는 게 꿈에도 그리는 소원이었던 이케택 학생은 자신을 수사하려 하자 이를 기회로 자신에 대한 인지도를 높여 차기 1반 반장이라도 함 해보려고, 이번 수사는 1반 죽이기에 다름이 아니며 자신을 겨냥한 표적수사라고 펄펄 뛰며 일반 학생들 이목 집중시키기 작업에 돌입하게 되었다.

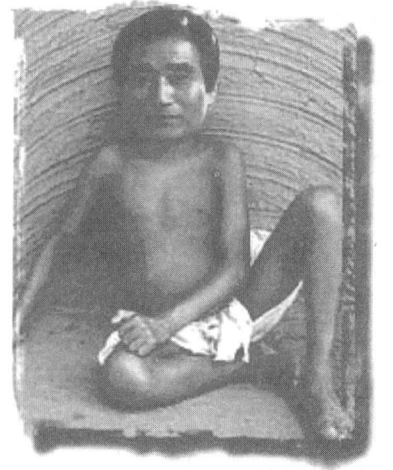

그러면서 그는 1반 복도 쓰레기통 옆에 자리를 깔고 빤스만 입은 채 불공정한 선도부의 조사 중단 등을 요구하며 단식농성에 들어가기에 이르렀던 것이다.

그는 단식농성에 들어가면서 "이번 단식은 나의 학교생활을 걸고 비장히 임하는 일이며, 나의 요구사항이 받아들여지지 않으면 학교의 민주발전을 위해 쓰레기통을 부여안고 쓰러질 각오가 되어이따…"는 입장을 발켜다.

그는 자신을 겨냥한 컨닝 사건수사를 계속할 경우 전교회장 김데중 학생이 저지른 이전의 컨닝 사건인 이른바 '20문제+알파'에 대해서도 조디를 열어버리겠다고 협박하고 있다.

'20문제+알파'란 지난 번 전교회장 선거에 출마한 김데중 학생이 출마로 바빠 공부할 시간이 없자 옆의 학생 답안지를 보고 20문제를 베꼈다고 실토했는데, 1반의 총무인 깡쌈제가 "조또 거짓말이다. 더 많이 베꼈다. 23 문제 이상은 된다!"고 주장해 파문을 일으켰으며, 그러다 김데중 학생이 전교회장으로 당선되자 학교 선도부에서는 전교회장으로 출마한 학생들이 바빠서 공부를 못하고 컨닝을 하는 것은 암묵적인 학교의 관례였으며, 당시 선거 상대였던 기명사미 학생의 경우 입학부터 졸업까지 오로지 컨닝 하나로 버텨왔다는 것을 감안하여 무혐의로 처리한 사건이다.

한편 2반에서는 1반의 이러한 반발은 터무니없는 일이며 지금까지 前 학생회장들의 비호 아래 조직적으로 저지른 1반의 컨닝 사건을 밝히는 것이야말로 '깨끗한 학교만들기'의 초석을 놓는 일이라고 강변하고 있다. 또한 컨닝 사건은 1,2반을 구분하지 않고 엄정히 조사가 이루어지고 있으며 자신들이 선도부를 뒷조종하는 것은 아니라고 주장하고 있다.

이를 지켜보고 있던 대다수 컨닝 한 번 안 해 본 평범한 학생들은, 감투를 쓴 넘들이 비리는 다 저질러 놓고, 이제는 학교기강을 송두리째 흔들고 있다고 개탄하면서 기왕 컨닝 사건의 조사를 시작했으니 아예 뽕을 뽑아야 한다고 조디를 모으고 있다.

한편, 복도 쓰레기통 옆에서 단식투쟁을 벌이고 있던 이케택 학생 옆을 지나가던 한 평범한 학생은 이런 말을 툭 던지고 똥누러 갔다.

"씨바야... 택도 엄는 짓 고마 하고 밥 무거..."

- 딴지 정치부 기자

정치 1월 12일(월)

좃선, 딴지에 정면도전하다!

지난 4호에서 본지는 본지 음해를 일삼는 기존 언론의 음모를 폭로한 바 있다. 국내 최고권위를 자랑하는 민족 精論紙인 본지와의 정면대결을 어떻게 해서든 피해보고자, 본지를 '포복절도, 기상천외, 유머 신문'이라 격하하는 만행을 일삼던 기존 언론사주들의 가증스런 '딴지타도 궐기대회'를 만천하에 폭로한 것이었다.

그러나, 언론카르텔까지 결성하며 자행했던 그런 비겁한 꼼수로도 본지의 폭발적인 성장세를 도저히 꺾을 수 없자, 이제 드뎌 본지 고유의 감동적이고 신성스런 영역인 '싸이비 루머보도' 분야까지 침범, 본지에 정면도전하는 언론이 등장해 본지 편집국 콧구녕을 간지럽히고 있으니...

오호... 바로 좃선이다.

그동안 본지의 출현에 관한한 단 한 줄도 보도하지 않으며 어떻게 해서든 본지의 성장을 막아보려 했으나, 아무리 발버둥쳐도 도저히 자신들의 힘으로는 본지의 선진적인 보도기법과 첨단제작기술을 뛰어 넘을 수 없음을 깨닫고 처절한 패배감에 똥부림치고(주: 똥 누타가 닦지도 않고 벌떡 일어나 똥꼬를 휘두르며 괴로워하는 몸부림) 있었다는 것은 이미 언론계에 모르는 넘 빼고 다 아는 주지의 루머였다.

그러던 중... 지난 8월 31일자, 좃선 7면 플라자 코너에 '클린턴 힐러리에 맞아 눈에 시퍼런 멍'이라는 제하의 놀라운 기사가 터져나왔다. 당일 인터넷 버전에는 아예 1면에 꽉 박아넣은 야심찬 기사였다.

내용은 이랬다.

"전략... 타블로이드판 주간지 '위클리 월드 뉴스'가 최신호에서 커버스토리로 보도했다. 그칠 줄 모르는 섹스 스캔들에 지친 힐러리가 지난 3일 오후 3시 15분쯤 백악관 집무실에 갑자기 들이닥쳐 서

http://ddanji.netsgo.com

류결재 중이던 클린턴의 얼굴을 핸드폰으로 때렸다는 것.

밖에서 클린턴 부부의 언쟁에 귀를 귀울인 소식통들은 "더 이상 참지 못하겠다"고 고함치는 힐러리에게 클린턴이 "입다물고 좀 앉아봐"라며 달래던 중 갑자기 '퍽' 소리가 났다고 잡지는 전했다. 깜짝 놀란 경호원 등이 집무실로 뛰어들어가 보니 바닥에 주저앉은 클린턴의 왼쪽 눈가와 콧잔등에서 피가 흐르고... 후략"

이 기사에 본지 약간 충격을 먹었다.

씨바... 생각보다 졸라 거쎈 반격이었다. 이렇게까지 쎄게 나올 줄이야... 본지가 방심한 것이었다... 더구나 외국전문세력과 결탁하다니... 본지가 너무 좃선을 과소평가하고 있었던 것이다. 아무리 그래도 외국선수를 끌어들이기야 하겠냐며 느긋해 하던 본지의 판단은 너무도 안이했던 것이다.

본지 편집국은 조용히 본사사옥 화장실 앞에 모여 원숭이가 서로의 털을 골라주듯 서로서로 똥꼬털에 낀 똥가루를 털어내 주고, 똥침 한 방씩을 다정스럽게 쑤욱 찔러 주는 것으로 서로를 다그치며 깊이 반성했다.

좃선이 인용 보도한 외국전문세력 '위클리 월드뉴스'... 그들은 과연 누구인가.

그들은 미국에서 주로 슈퍼 간 아줌마들이 계산대에서 차례 기다리면서 졸라 지겨울 때 펼쳐보고, 기냥 화장실로 던져버리는 심심풀이 땅콩 잡지로, 사실보도를 잡지의 수치로 생각하며 단 하나라도 사실인 것을 보도할 때는 편집진 모두가 자폭할 각오가 되어 있는 투철한 프로 싸이비잡지다.

정치 1ㅁ월 12일 (월)

그들이 그간 다룬 주요기사를 보면,

'인간보다 큰 파리 발견', '경악 악어인간 출현' '다리가 네 개인 여자 등장' '인어가 출현하다' 등등 하나같이 졸라 주옥같은 기사들이다.

어디 그뿐인가...

정치면에는 '외계인은 클린턴을 지지한다!!', '후세인 호모로 판명, 에이즈로 위독' 등의 전 세계적 특종을 냈고, 문화계 소식으로는 '사마귀 피아노 독주회 단독 중계' 같은 엄청난 기사를 토해낸 곳이었다.

이런 외국전문세력을 끌어들이다니...

그 뒤로 좃선이 절대 '클린턴 힐러리에게 맞아 눈탱이 밤탱이 되다' 는 기사가 사실은 위클리 월드뉴스가 그런 성격의 잡지인 줄 모르고 낸 오보였다는 정정보도를 내지 않는 것을 보니, 이는 틀림없이 이런 외국전문세력을 끌어들여 본지와 전면대리전을 펼치겠다는 포석으로 해석할 수밖에 없다.

아직 뉴욕타임즈나 워싱턴포스트지가 본지를 인용하지 않고 있는 상황에서 좃선이 먼저 '위클리 월드뉴스'를 인용한 것은 본지의 선진적 보도시스템에 압도당한 좃선이 외국전문세력을 앞세워 본지의 싸이비 루머보도 영역에 정면도전하는 행위로 받아들일 수밖에 없다는 것이다.

좋다. 좃선이여. 그리도 딴지가 두렵더냐. 씨바 함 해보자.

덤벼라!

- 딴지 언론정치부

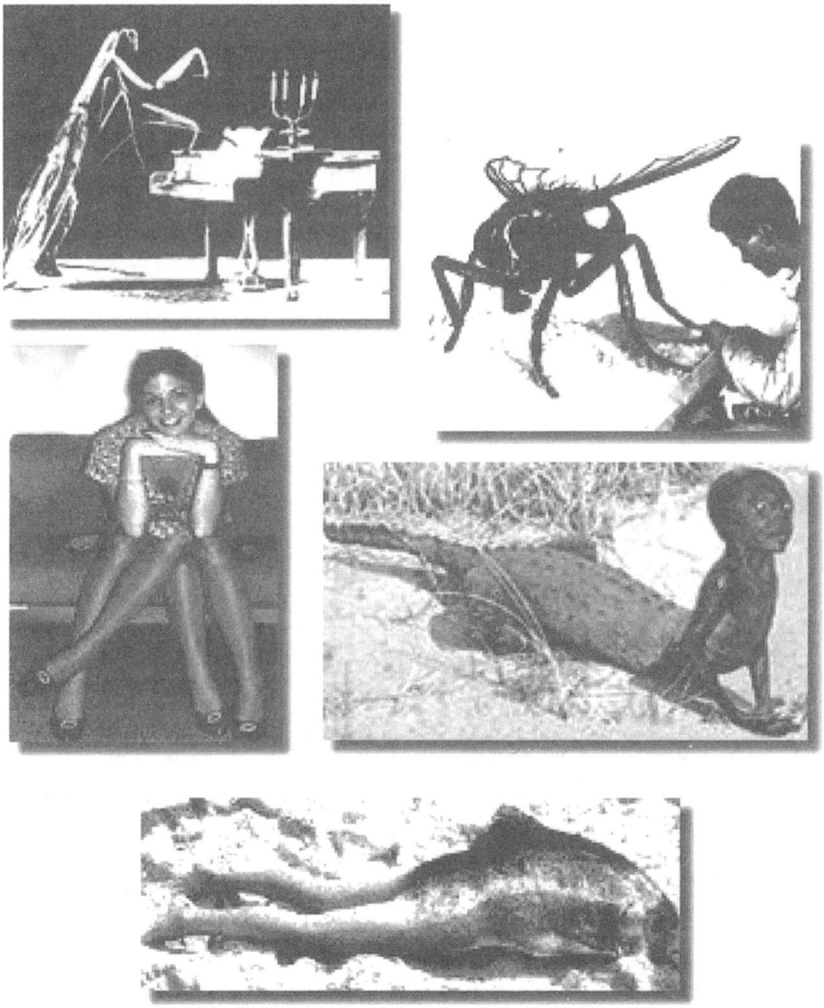

1미월 12일(월) **정치**

'위클리 월드 뉴스'의 기사 사진들...

정치 ㅁ월 28일(월)

철도청의 획기적 방안을 환영한다!

　본 논설우원은 21세기 명랑사회를 위해 우리 백성들이 실천해야 할 바를 열라 외쳐오고 있다. 물론 정부당국의 강력한 정책의 실천도 따라야 한다. 정갈한 21세기의 길은 참으로 어렵고 힘든 일일 것이다.

　어제, 퇴근길에 좌석버스 안에서 반가운 뉴스를 들었다. 철도청에서 그간의 악습을 혁파하고 전 역의 구내 화장실을 24시간 개방한다는 중대결단을 내렸다는 것이다.

　바로 이것이다. 이것이 그간 본 논설우원이 열라 주장해 온 21세기에 대한 올곧은 실천방안이다. 넘 감격스러 눈시울이 시큰거렸다는 점을 이 자리에서 고백한다. 본 논설우원 그간 랩과 댄스, 그리고 술에 심취해 밤에 비틀거린 적 무척 많았었다.

　그때면 항시 대소변이 그리워지곤 했고 화장실을 찾아 상가를 전전했으나 대부분 자물쇠로 굳게 잠겨서, 식은땀을 흘리며 자물쇠 부여잡고 아우~ 늑대 울음소리 내며 울부짖었던 적 한두 번이 아니었다.

　똥단속의 폐해에 대해선 아무리 강조해도 지나침이 없겠다.

　우리 조상은 옆집에 똥뚝간에 똥이 넘쳐 그집 순이네가 와서 변소 사용을 요청하면 흔쾌히 허락한 정 많은 민족이었다. 때론 자신이 쓰던 똥걸레를 수줍게 건네며 함 써보시라 권유 드렸던 이웃 사랑의 조상이었단 말이다.

　산업사회와 개인주의의 팽배로 변소가 어느덧 단속의 대상이 되었고 그로 인해 지나가던 똥마린 나그네들이 무수히 잠겨진 변소 문고리를 붙들고 사경을 헤메고 있는 작금이란 말이다.

　이 시기에 정부조직인 철도청에서 전 국민이 맘껏 쌀 수 있는 명랑사회를 이룩하고자 화장실을 전면 개방한다니 참으로 만감이 교차하는 바이다. 그간의 고통이 다 해소되는 후련함이다.

김대중 님, 넘 감사함다. 바로 이것이야말로 국민의 정부가 우선적으로 해야 할 일이었다. 딴나라당 파괴와 사정에 지친 국민의 항문을 시원스레 달래준 정부당국의 벅찬 실천이 아닐 수 없다.

끝으로 정부주도의 변소 열기를 정착화시켜 범국민적인 똥단속 철폐운동을 통해 전 상가와 건물의 화장실 24시간 개방을 이룩하기 위해 김대중 님께선 좀더 몰아치시기를 강력히 촉구한다!

- 감격에 젖은 논설우원 안동헌 p7170@hitel.net

정치-이주의 포커스 ?월 14일 (월)

딴지, 지구를 구하다!

지구상에서 극소수의 사람들만 알고 있는 충격적인 비화를 공개할까 한다. 이 비화가 공개될 때 인류에 미칠 파장이 걱정되는 바이긴 하나 무엇보다 중요한 것은 언제나 진실을 밝히는 것이기에 본지는 과감히 그 공개를 결정했다. 고독한 결단이었다...

지난 7월 초 지구의 평화를 위해 밤낮없이 뛰고 있는 3총사 슈퍼맨, 배트맨, 원더우먼이 전격적으로 파업을 선언했다. 이들은 할리웃의 한 스튜디오에서 극비리에 기자회견을 갖고 근 30년간 지구의 평화를 위해 동분서주했으나, 더 이상 열악한 복장으로는 근무할 수 없다며 전면파업을 선언했다.

이들 3총사는 본지와 가진 '언제나 단독' 기자회견에서, 탄생 이후 줄곧 똑같은 빤스를 착용하여 만성습진, 가려움, 피부병 등 심각한 부작용에 시달리고 있으며, 단조로운 색깔과 디자인의 빤스를 착용하는 것은 날로 발전하는 세계 패션빤스 조류에 역행하는 전근대적인 처사라고 강력히 성토하였다.

이들은 파업철회의 요구조건으로 단조로운 색상의 빤스 교체, 요일별 빤스의 제공 등을 제시하며 이 조건이 받아들여질 때까지 무기한 파업에 돌입한다고 밝혔다.

이에 본지는 이 파업의 우주적 파장을 고려하여 일단 UN안보리에 통보하였다. 이들의 기자회견 내용을 본지를 통해 전해들은 UN에서는 이들의 파업은 지구평화와 안전에 심각한 위기를 가져오는 중대한 사건이라고 판단, 긴급히 UN 안전보장이사회를 소집하였다.

UN 안보리에 참가한 각국의 대표들은 이들의 장기적인 파업은 스타워즈와 같은 대규모의 우주전쟁을 야기할 우려가 있고, 특히 이들이 노빤스로 전 세계 하늘을 날아다닐 경우 슈퍼맨, 배트맨의 힘찬 자지와 원더우먼의 머찐 저통에 자괴감을 느낀 일반대중들이 삶의 의욕을 상실하고 이는 곧 전 인류의 무기력화로 이어질지 모른다는 학계의 보고에 따라 이들의 요구조건을 전격 수용하기로 결정하였다.

이에 UN에서는 세계빤스협회에 공문을 보내 이 사태를 해결할 적임자를 추천해 줄 것을 요청하였으며, 세계빤스협회에서는 당연히 세계 유일의 엽기성 공인검증기관이자 세계 최고의 똥꼬 관련연구소를 겸하고 있는 본지를 사태해결을 위한 전권대사로 임명하였다.

이에 본지는 본지 전속 광고모델인 김데중 대통령 아자씨를 그들이 파업을 벌이며 농성중인 LA로 급파하였으며, 이때 본지가 심혈을 기울여 개발한 각종 특수빤스 천여 장을 공수하였다.

지난 7월 미국을 방문했던 김데중 대통령 아자씨의 실제 극비임무는 바로 빤스를 통한 세계평화 수호였던 것이다.

이런 것도 모르고 대통령 아자씨가 미 국회에서 영어를 했는데, 간 목적을 제대로 이뤄냈는지 못했는지에 집중되어야 할 견제와 비판이 영어를 하면 되네 안 되네 하는 조또 씰데읎는 부분에 집중되는 걸 봤을 때 본지는 심히 안타까웠다.

하여간 이때, 공수된 빤스를 보고 슈퍼맨 등은 입이 함지박만해졌으며, 이들은 곧장 파업을 풀고 탈의실로 직행, 새로운 패션빤스를 입어보며 행복한 기분을 만끽하였다.

딱 붙는 삼각빤스로 심각한 만성습진 증상을 보이던 슈퍼맨은 널널한 사각빤스를 선택하였으며, 슈퍼맨에 강력한 라이벌 의식을 가지고 있던 베트맨 역시 이에 질세라 오랜 칼라삼각빤스에 대한 꿈을 접고 사각빤스를 선택했다고 한다.

민무늬빤스에 식상한 원더우먼이 현란한 자주색 꽃빤스를 입기로 함으로써 그들의 파업은 끝

http://ddanji.netsgo.com

정치-이주의 포커스 9월 14일(월)

이 났다.
　　그들이 날아가기 직전, 평생의 소원이 슈퍼맨 빤스 입어보는 것이었던 김데중 아자씨는 자신이 그 옷 한번 입어보게 해주지 않으면 빤스고무줄을 주지 않겠다며 슈퍼맨을 협박, 세계 최초로 그의 작업복을 입고 기념촬영하는 행운을 누리기도 했다.
　　이번 사태를 평화적으로 해결하는데 혁혁한 공로를 세운 본지에 대한 예우차원에서 미 대통령 꼴렸던이 본지의 전속모델 김데중 대통령 아자씨를 백악관으로 초청하였다.

특수제작된 습진방지용 사각빤스를 입고 자랑스러워하는 아자씨..

　　이때, 김데중 아자씨는 백악관 만찬 도중 행한 즉석연설을 통해 "미 대통령이 빤스 내부 문제로 치정사건에 휘말리는 것은 세계평화와 안전에도 악영향을 끼치는 부적절한 문제이므로, 꼴렸던을 위해 마징가Z가 착용하던 무쇠로 만든 정조대 빤스를 착용시켜야 할 것..." 이라고 밝혔다. 본지의 지속적인 마징가 연구는 바로 이 무쇠정조대 빤스 개발과도 밀접한 관계가 있었던 것이다.
　　한편, 이러한 소식을 전해들은 타잔도 자신의 빤스를 최신 디자인의 가죽빤스로 만들어 줄 것을 요청하며, 무기한 농성에 들어간 것으

"무쇠로 만든 정조대 빤스" 연설에 상당히 안타까워하며 허탈하게 쳐다보는 꼴렸던

로 전해진다...

본지가 우주평화를 위해 열심히 뛰고 있는 가운데, 본지 독자 중 이미 마징가 고찰을 통해 그 탁월한 엽기성을 과시했던 '오징어'씨가 독자투고란을 통해 슈퍼맨에 얽힌 의문점 몇 가지를 제시해 왔다.

이런 문제는 전 세계에서 오로지 본지 독자들만이 해결할 수 있는 고난이도의 문제다. 우선 질문부터 살펴보자.

첫째, 그가 입는 옷은 내복인가.

항상 위급한 순간이면 엘리베이터나 회전식 문에서 변신을 하는데 겉옷을 벗으면 바로 슈퍼맨옷이 나타난다. 그렇다면 슈퍼맨옷은 내복인가. 혹시, 옷이 아니라 몸에 색칠한 건 아닌가? 그러면 옷 위에 팬티 입은 건 말이 되는데...

둘째, 여름에 반팔 입을 땐 슈퍼맨옷을 어떻게 입고 다니나. 팔을 접어서 입는 것인가? 아님 웃옷은 따로 망토랑 들고 다니다가 급할 때 갈아 입나.

셋째, 루이스는 진짜로 클라크가 슈퍼맨인지 모르나.

혹시 알면서 모른 척 하는 건 아닐까. 공주병에 걸려서 자신이 슈퍼맨과 사귀고 있다는 그런 기분을 즐기려고 하는 건 아닌가.

넷째, 가슴의 S는 무엇을 의미하나.

혹 우리는 본인의 뜻과는 관계없이 걍 Superman이라고 하는 것은 아닐까. 본인은 'Sexy Man'이라든지 'Sadist Man' 혹은 'Span Man'을 원하지 않을까. 자신은 자신을 슈퍼맨이라고 부르는 것에 짜증 나지는 않는지 물어봐 달라.

역시 이런 의문점들은 오로지 본지의 독자들만이 해결할 수 있는 문제들이다. 혹 슈퍼맨이 사는 동네 쌀집 주인이라던가, 어릴 적 같이 말뚝박기하며 놀았던 분 혹은 슈퍼맨 자신의 투고를 기대한다. 이상.

- 딴지 정치부 대변인실

SQ

고객이 기대를 무찌르는 기업이 되겠습니다.
고객이 KO될때까지 KO! SQ.

경제

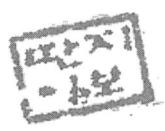

▶ 정치 경제 사회 국제 문화/생활 정보통신/과학 ▶ BEST 스포츠 테마신문

[벤처시리즈] 벤처, 한국의 희망인가?
[진단과 처방] IMF극복이 어려운 두 가지 이유
암에푸에 살아남는 일곱 가지 비법!
IMF시대의 이력서 작성 요령
[미니인터뷰] "삼승 맛이 갔어요…"
[그것을 알려주께] 자동차 안전
자동차 안전-부연설명

이주의 포커스

[집중분석] '보증' 을 홀딱 벗긴다!

http://ddanji.netsgo.com

벤처시리즈
벤처, 한국의 희망인가?

누가 뭐래도 요즘 시중의 fuzzword는 단연 '벤처'이다.(Fuzzword? 사전 찾아보시라. 배워 남주나.) '구조조정'이니 '정리해고'니 '빅딜'이니...

진단과 처방
IMF극복이 어려운 두 가지 이유

여러 사람 살 맛 안 나게 만든 IMF가 왜 발생했는가에 대해 가즌 년놈들이 조잘대고 있는데 대개 세 가지 정도로 정리된다.

암에푸에 살아남는 일곱 가지 비법!

일부 한 달 벌어 반 달 먹고 사는 직장인들과 위축된 투자심리를 가진 가증스러운 서민들의 반란으로 인해 암에푸가 발생하였다는 구케의원님들의 발언을 거울삼아 암에푸 시대를 사는 우리 직장인들의 정리해고 없는 회사 생활을 위한 일곱 가지 비법을 공개한다...

IMF시대의 이력서 작성 요령

암에푸로 취직하기가 넘도 어렵다. 이런 시대에, "본인은 귀사가 지향하는 21세기 비전에 어쩌고 저쩌고..." 이런 구태의연한...

경제

미니인터뷰
"삼숭 맛이 갔어요…"
어느날 울나라에서 젤 잘나갔었다는 삼숭에 다니는 어떤 놈에게서 연락이 왔다...

그것을 알려주께
자동차 안전
지난 번 '석두홍 씨가 세 번째 SM 파이브를 타는 진짜 이유...' 기사가 나간 후 무려 30통의 E 메일이 기자에게로 날아왔다.

자동차 안전 – 부연설명

이·주·의·포·커·스
집중분석
'보증'을 홀딱 벗긴다!

요즈음 갱제상황이 갈수록 나빠지면서 부부나 가족, 친인척간의 '내 돈 내놔' 갈등이 법정까지 비화되는 사례가 증가하고 이와 관련된 법률상담도 늘어나고 있다고 한다...

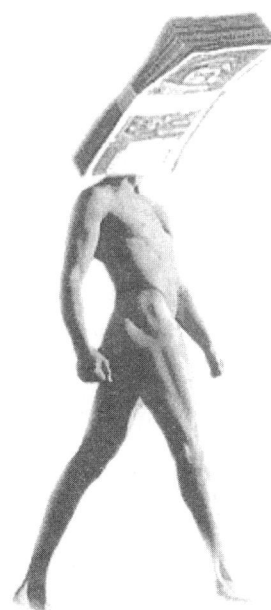

또한 금융계 관계자에 따르면 기업부도, 소비자 파산, 감원, 감봉 등이 급증함에 따라 빚보증을 잘못 선 죄로 매달 월급을 압류당하는 회사원들이 졸라 늘어나는 바람에 심지어 결혼을 앞둔 처녀가 애인의 월급명세서 확인 전에는 동침을 기피하는 참으로 인륜을 저버린 희대의 엽기적 사태도 스스름 업씨 발생한다고 하는데...

경제 9월 28일 (월)

[벤처시리즈] 벤처, 한국의 희망인가?

누가 뭐래도 요즘 시중의 fuzzword는 단연 '벤처'이다.(Fuzzword? 사전찾아보시라. 배워 남주나.)

'구조조정'이니 '정리해고'니 '빅딜'이니 단어들이 있음에도 불구하고 '벤처'가 fuzzword로 인기있는 이유는 딱 하나다. 아무 부담없이 사용할 수 있다는 거다. '구조조정'이나 '빅딜'에 대해서 씰데없이 씨부렸다가 욕들어먹기 딱 좋은지라 맘 독하지 않은 놈은 쉽사리 나불대기 어렵다.

이런 점에서 '벤처' 만한 게 없다.

"한국 경제의 돌파구를 마련하기 위해 벤처를 육성해야함다" 라고 목소리만 돋구면 개도 소도 옳소 하며 박수치지 않던가. 이러다보니 연일 신문에는 벤처라는 단어가 등장하고 여기저기서 벤처기업육성에 관한 세미나가 열리고 세상을 눈치 하나로 살아온 대학교수들은 뒤질세라 벤처전문가임을 자처하고 있다.

과연 벤처는 한국경제의 문제를 해결할 수 있는 키워드인가?

이에 딴지일보는 명랑사회 구현의 역사적 소명의식을 가지고 벤처의 조디부터 똥꼬까지 발랑 까집어 한국벤처의 화끈한 누드를 독자 여러분에게 보이고자 한다.

1 벤처가 뭐꼬?

벤처(venture)! 이는 듣기만 해도 가슴이 설레는 말일까?

울나라엔 벤처기업이 법적으로 정의되어 있다. '벤처기업육성에 관한 특별조치법'에 의해서 4가지 경우에 해당할 경우 중소기업청에서 벤처기업 확인서를 발급해 준다. 즉, 법령에 의해 벤처기업이 구분된다는 이야기다.

졸라 웃기는 야기다.

벤처기업의 정의는 High risk, High return이란 말이 단적으로 대변한다. 졸라 망할 확률이 많지만 허벌나게 재수가 좋아 성공하면 디지게 돈 많이 버는 사업, 이게 바로 벤처의 정의다.

따라서 법적으로 정하는 4가지 경우는 벤처하고 조또 상관없는 항목이다. 근디 여기서부터 실타래는 꼬이기 시작한다.

우리 생각과 달리 미국 투자자들이 투자하는 벤처기업의 업종 중에 주요업종은 유통업과 건강관련산업이다. 정보통신업 못지않은 수익율을 올려주기 때문이다. 따라서 벤처기업과 업종은 상관없다.

법적으로 정의되는 울나라 벤처기업은 사실상 첨단 또는 신기술을 가진 기업을 의미한다. 수익성과 효율성보다 특허니 R&D니 하는 특정업종의 기업에 유리하게 벤처기업 판정을 내린다. 여기까지는 무리긴 하나 별 문제없다.

진짜 문제는 법적으로 벤처기업임을 확인받으면 정부자금을 쉽게 먹을 수 있다는 점이다. 이런 이유로 오늘도 수십 개의 벤처기업이 탄생하고 있으며, 정부는 벤처입국을 목청껏 부르짖고 있다.

❷ 벤처기업의 진짜 조건은 뭐꼬?

비온 뒤 소나무 밑에서 빨딱빨딱 솟아나는 송이버섯처럼 여기저기서 기어나오는 벤처기업이 다 벤처기업일까. 그랬음 좋으련만 불행히도 대부분은 무늬만 벤처다. 무늬를 살짝 벗기고 안을 들여다 보면 조또 아이다.

벤처기업의 특성은 무엇일까? 세 가지로 요약해 보자.

❶ 똘똘한 창업자다.

기존의 고리타분한 사업을 그대로 재현하는 게 아니고 새로운 발상과 기술로 신규시장을 창출하고 기업을 성장시킬 수 있는 능력을

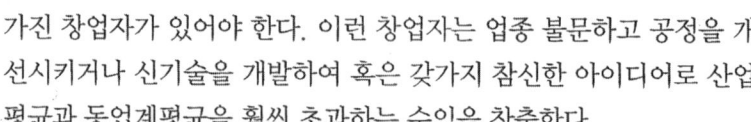

가진 창업자가 있어야 한다. 이런 창업자는 업종 불문하고 공정을 개선시키거나 신기술을 개발하여 혹은 갖가지 참신한 아이디어로 산업평균과 동업계평균을 훨씬 초과하는 수익을 창출한다.

❷ 기업공개가 가능한 수준으로 성장할 수 있어야 하고 고수익을 창출해야 한다.

삼승전자 같은 대기업의 사업부가 신기술로 새로운 사업을 한다고 해서 벤처라고 하지 않는데 이미 기업공개가 되어 있고 외부의 자금유입이 필요없기 때문이다.

또 개인돈을 투자해서 외부자금 없이 새로운 사업을 할 경우 사업의 내용은 벤처이나 자본시장에서는 벤처기업이라고 하지 않는다. 이럴 경우 굳이 기업공개를 할 필요가 없기 때문이다. 따라서 우리가 일반적으로 벤처기업이라고 할 때는 외부자금의 투자를 받아 성장하고 기업을 공개하는 수순을 밟는 기업을 의미한다.

❸ 경영과 자본이 분리되어야 한다.

창업자는 창업자일 뿐이지 회사가 성장하더라도 계속 소유권을 주장해서는 안 된다. 즉 내 회사라는 생각을 가져서는 안 된다. 외부자금 받으면서 내 회사임을 주장하는 한, 지 아무리 잘나도 벤처기업은 아니다.

3 벤처기업의 실상을 까보자!

통산부자료에 의하면 96년 말 기준으로 벤처기업 수가 1,500개를 넘었다고 하니 지금은 수천 개가 될 것이다. 정부에서 앞으로 수만 개를 창업하도록 지원해준다고 하니 울나라는 가히 벤처 천국이 될 게 틀림없다. 그러면 앞에푸 끝날까?

어림도 없다. 통계로 잡히는 벤처기업의 대부분은 무늬만 벤처이다.

최근 몇 년간 이름 빵빵하게 날리던 벤처기업 중 지금 제대로 되는 회사가 몇 개 있는가? 암에푸로 대기업 빌빌거리는데 그 잘난 벤처기업은 왜 따라서 빌빌거리는가? 한국에 진짜 벤처기업 별로 엄따는데 근거가 뭘까?

❶ 벤처기업의 지향시장에 문제가 있다.

울나라 잘나갔던 벤처기업은 내수시장이 무대였다. 한마디로 대부분 대기업 하청업체였다는기다. 대기업이 직접 할 만한 규모의 시장이 아닌 곳을 목표로 해서 창업하고 돈 벌었다. 창업자의 이력서를 보라. 거의 대기업 출신이고 자기 있던 회사에 납품하고 있다. 암에푸로 우리 갱제가 꼬꾸라지니 따라서 꼬꾸라질 수밖에 엄따. 지금 와서 수출한다고 지랄하는데 겜이 되나.

미국 벤처기업은 목표시장이 세계시장이다. 물론 내수시장만 하더라도 우리와는 비교가 되지 않는다. 대만 벤처기업도 마찬가지다. 내수가 워낙 빈약하여 첨부터 세계시장을 대상으로 영업을 한다. 울나라 기업은 창업 후 졸라 잘나가다 몇 백억 원 정도의 매출을 하면 탁 막힌다. 더이상 팔 데도 팔 꺼도 엄따. 해외로 눈 돌리자니 겜이 안 된다. 그나마 지금 제대로 되는 몇 안 되는 벤처기업은 세계경쟁력을 가진 기업들이다.

❷ 첨단,첨단하지만 쥐뿔도 없다.

사실 울나라에 무슨 원천기술이 그리 있는가? Core technology나 Edge technology의 대부분은 외국에 있다. 대부분의 벤처기업은 공개된 기술을 가지고 응용하는 단계일 뿐이다. 물론 응용기술이라고 가치가 떨어지지는 않는다. 문제는 응용기술을 원천기술로 착각하는 데 있다. 자신이 가진 무기를 정확히 파악하지 못하면 엉뚱한 곳만 쑤시게 된다.

경제 ㄸ월 28일 (월)

벤처기업이란 말이 나오기 훨씬 이전부터 '기술집약형 중소기업' 이란 말이 있었다. 아직도 조세감면규제법에는 기술집약형 중소기업에 대한 세제혜택을 주고 있다. 조감법에 보면 해당업종을 구체적으로 나열해놨는데 요새 말하는 벤처기업과 그대로 일치한다.

기술집약형 중소기업이란 말 그대로 노동집약형 중소기업의 반대이다. 울나라 중소기업 대부분은 이 둘 중 하나다. 근데 기술집약형 중소기업은 솔직히 말해 고용효과는 별로 엄따. 기술집약형이니끼니. 그렇다고 해서 세상을 말아먹을 만큼 기술력이 뛰어나다는 말은 아니고 완죤히 몸으로 때우는 건 아니고 먹고 살 만한 기술은 있다는 야그다. 바로 요즘 말하는 벤처기업이다. 더도 덜도 아니다.

❸ 기업경영을 얼라 장난으로 생각한다.

미국 벤처기업이 세계시장을 선도하는 이유 중의 하나는 신기술이 중심이 되어 창업한 다음 외부에서 기업경영에 필수적인 인력을 아웃소싱한다는 거다. 울나라는 엔지니어 사장이 창업해서 기업규모가 커져도 창업멤버끼리 똘똘 뭉쳐 외부의 수혈을 받지 않는다.

왜 미국에서는 창업자가 회사가 성장하면 CTO(Chief Technology Officer, 기술담당임원)로 가고 CEO(Chief Executive Officer)로 외부전문가를 영입하는가. 지 아무리 잘나도 기술개발하는 거랑 회사경영하는 거랑 다르기 땜이다. Yahoo의 CEO는 창업자인 제리양이 아니라 쿠글이라는 전문경영인이다. Netscape의 창업자도 CEO가 아니라 CTO이다. 울나라 벤처기업에는 이런 창업자 있던가?

벤처는 가장 자본주의적인 개념이다. 능력있는 놈 능력만큼 벌어라 이거다. 울나라 벤처기업가들은 창업 때부터 기업공개 후까지 회사는 단지 지 회사일 뿐이다. 외부투자를 받으면서 안정적인 지분을 염려하느라 밤잠을 설친다. 지 회사라는 생각이 강하니 경영도 지좇 꼴리는 대로 하고 돈도 지맘대로 쓴다. 외부투자자는 돈이나 처박고 간섭하지마라다. 주주는 조또아이다. 자본주의는 철저한 도덕관념이 없으면 망한다. 소유와 경영을 혼돈하는 이런 사고로는 절대로 세계적인 기업이 될 수 없다.

4 벤처기업육성 효과 있나

정부는 벤처기업 육성에 목숨건 것처럼 보인다. 허기야 지금까지 울나라 GNP 높여주던 재벌그룹이 갤갤거리고 왕년의 경제 견인차 역할을 하던 노동집약적 산업은 이미 물건너 간 지 오래니 그나마 잡을 지푸라기라고는 벤처기업밖에 없을 게다. 창투사에 돈 빌려줘도 제대로 투자 안 하니까 이제 직접 펀드를 만들어 투자하고 있다.

근데 골때리는 것 중의 하나가 정부가 벤처기업 육성하는 목적이 고용창출효과라는 거다. 대학생들 졸업해도 취직 못하니 대학생들 창업하라고 꼬드기고 별 짓을 다한다. 수조 원을 창업하는 벤처기업에 몇 억씩 때려박고 한 회사가 고용인원이 몇 명이면 우와~~~ 고용창출효과가 직인다는 거다. 그 돈 받을려고 목욕탕도 개소주집도 벤처기업 확인서 뗄려고 눈이 뻘개있다.

그 많은 돈 다 누구 주머니에서 나가는지 생각해 보자. 다 우리 세금이고 외국에서 빚내온 돈이다. 불쌍한 국민 돈 가지고 벤처놀음 하고 있다.

정부가 바라는 대로 수많은 벤처기업이 창업하면 몇 년 뒤 망한 회사에서 쏟아질 그 엄청난 실업자와 떼먹힌 돈은 누가 책임질 것인가. 지금 정부의 정책은 망할 게 뻔한 회사에 돈 부어주는 거다. 2,3년 전 정부가 정보화촉진기금 등으로 정책자금 지원을 해준 회사들의 상환일이 이제 점점 다가오고 있다. 이제 하나 둘씩 배 내밀고 뒤집어지고 있다. 내년만 되면 미상환되는 정책자금 때문에 여러 놈 골치 아프게 될 것이다.

결론적으로 지금 이 꼬라지로는 벤처기업 날샜다. 무늬만 벤처지

재수좋아 떼돈 벌면 지금 욕먹는 재벌짓 그대로 할 것이다. 원래의 벤처정신과 어느 것 하나 맞아 떨어지는 게 없다. 있다면 한큐를 바라는 것뿐이다. 그것도 실력없는 재수로.

그럼에도 불구하고 우리는 가끔씩 제대로 된 벤처기업을 볼 수 있다는 게 다행이며, 또 그런 기업이 많아져야 한다는 당위성이 존재한다.

똥폼이 아닌 진짜 폼나는 벤처기업이 많이 생기고 성장하기 위해서 그럼 어떻게 해야 하나. 나미처럼 빙글빙글 돌면 되나. 궁금하지?

애석하지만 본 기자 손가락에 통증이 오고 화장실 간 지 오래 되어 똥꼬가 뻑뻑한 관계로 요건 2부에서 다루기로 하겠다. 이상.

— 노땅 샐러리맹꽁이인 모창투사 아날리스트 겸 딴지갱제부 제1호 정식기자,
욕재이 용 young@lee.mail.org

[진단과 처방] IMF극복이 어려운 두 가지 이유

여러 사람 살맛 안 나게 만든 IMF가 왜 발생했는가에 대해 가즌 년놈들이 조잘대고 있는데 대개 세 가지 정도로 정리된다.

1️⃣ 하나는 소위 '날벼락론'으로 우린 정말 멀쩡했는데 갑자기 날벼락이 떨어졌다는 거다. 따라서 대비할 수도 없고 우리 잘못도 아니라는 거다. 요건 주로 IMF를 예견하지 못했다는 비난을 듣는 경제학자들이 주로 목에'핏대 세워 주장하는 바인데 우리 경제의 펀드멘탈(기초체력쯤으로 해석되나… 경상수지, GDP 대비 외채비율 등등)은 이미 그 당시 나가리 나 있던 동남아 국가와는 정말 달랐는데 갑자기 마른 하늘에서 날벼락쳤다는기다.

2️⃣ 또 하나는 이와 반대되는 견해로 사실은 부실덩어리였는데 껍데기만 화려했다는 주장이다. 따라서 IMF는 인과응보다라는 주장인데 경쟁력이 행편없고 단기외채 비중이 높았다는 게 다 이런 류다. 요새 가장 먹히는 주장이다.

3️⃣ 마지막 주장은 관점이 다른 데 외부요인을 든다. 헤지펀드 같은 국제투기자본의 희생양이라는 거다. 글마들은 피도 눈물도 없는 쓰키들이라서 약간의 헛점만 보이면 냅다 박살을 낸다는 거다. 문제는 다소 있지만 이런 꼬라지될 정도는 아니었는데 글마들 땜에 이 꼴 났다는기다.

왜 IMF 위기가 왔는지를 살펴보는 이유는 뭔지 정확히 알아야 극복할 수 있기 땜이다. 간뎅이가 부었는데 두개골 열어보는 참사를 피하기 위해서다.

사실 대부분의 이유는 다 맞는 말이다.

어차피 한두 가지 이유 땜에 이런 꼬라지된 거 아니니까 말이다. 위의 세 가지뿐만 아니라 온 동네 개와 소가 주장하는 거 다 맞다. 하

경제 4월 14일 (월)

나도 틀린 거이 엄따. 글치만 그런 이유들은 근본적인 원인이 아니라 단지 방아쇠(trigger)에 불과할 따름이었다.

또는 IMF위기란 총알을 우리에게 발사케한 손가락이었을 따름이다. 단기외채 비중이 넘 높았다 하는 거 다 단지 방아쇠였을 뿐이란 말이다. 그럼 진짜 원인은 무엇인가?

바로 부패와 허세이다. 이 둘이야말로 IMF 위기를 초래케한 원흉들이다.

IMF의 원인이랄 수 있는 모든 원인들의 근본이자 대빵이다. 영사미만 똘똘했으면 이 꼴 안 났다는 거이 개소리다. 갱식이 조지는 거 헛지랄이다.

귀신 할애비라도 부패와 허세, 이 두 놈이 건재하는 한 우린 IMF 위기를 피할 수도 없었고 또 극복할 수도 없다. 도대체 일마들이 뭔디 이처럼 우리를 괴롭히는가...

갱제와 관련없어 보이는 부패는 실로 엄청난 사회적 비용을 초래한다. 울나라가 얼마나 부패했는가는 독자 여러분이 생각해 봄 안다. 관청의 급행료부터 시작해서 주차장 아자씨에게 몇 천 원씩 쥐어주는 것까지 부패의 사슬에서 자유로운 이 거의 없다.

일전에 어느 TV에서 울나라 부패산업(허벌나게 규모가 크고 영향력 있는 산업임. 단, 무쓱하게 BUFFET와 혼동하는 또라이 없기 바람)에 대해 추적한 적이 있는데 거기 나오는 사람이 거의 한 해 정부예산 규모의 부패비용이 발생한다고 했다(사실 정확히 기억은 안 나지만 야튼 엄청났다).

정치인과 기업인, 교사와 학부모와의 뒷돈 거래는 일시적인 뉴스거리는 될망정 결코 뿌리뽑히지 않는 튼튼한 사슬이었다. 욕하고 돌아서면 잊어버리는 이유가 도대체 뭔가? 욕하면서 우리도 뒷골 땡기기 때문이다.

내 처형은 10평 남짓한 전세방에 사는 고딩교사이다. 가끔씩 터져

나오는 샘들의 비리를 들을 때마다 처형 생각이 나서 슬프다. 너무 샘짓이 하고 싶어 겨우 샘이 되었고 학부모에게 모 받는 거 디지게 사양하는 처형... 그래도 넓고 깨끗한 집에서 살고플 처형... 우리 사회는 깨끗한 자를 넘 슬프게 한다.

부패가 울사회에 상존하는 한 IMF 극복은 물건너갔다. 부패는 효율성을 저하시켜 생산성 향상에 쥐약이다.

1996년 기준으로 미국 제조업의 총자산 순이익율은 6.72%였다. 빌린 돈 이자 다 갚고 세금 다 낸 뒤 이익율이니 자기자본 순이익율은 15%에 가깝다.

반면에 울나라 제조업은 총자산순이익율 0.5%에 자기자본 순이익율 2.02%였다. 은행에 맡기면 안전하고 수익율도 훨 노픈데 모하러 사업할까? 오너들이 회사돈 쌈지돈처럼 빼먹을 수 있기 때문이다. 오너가 회사돈 빼먹는데 그 밑에 있는 샐러리맨들은 기냥 있을소냐...

그 짓 하다보니 수익율이 개판으로 나올 수밖에 없다. 이런 구조로는 기업이 살아날 수 없다.

따라서 부패에 관한 한 우리는 보다 더 단호해질 필요가 있다.

'경실련' 같은 재야 민간단체들은 다른 거 다 제껴두고 '부패방지법' 제정에 혼신의 힘을 기울여야 한다. 지금 상태로 부패를 방지할 수 있는 방법은 부패에 대한 혹독한 처벌이 부패의 대가를 상회하는 것밖에 없다.

받아 처먹은 공무원은 퇴직금없이 해고하고 봉투 먹는 샘은 가차없이 짤라라. 공무원 및 준공무원의 부패만 사라지면 민간 내부의 부패는 저절로 사라지게 된다.

허세는 또 다른 IMF위기의 원흉이다. 일마는 부패보다 더 교활하고 노련한 놈이라 없애기 정말 힘들다. 대표적인 허세가 바로 기업들의 외형부풀리기이다. 수익성보다는 매출 늘리기에 급급하다가 지금 다 말아먹고 있지 않은가. 무리한 차입 이거 또한 외형부풀리기를 위

경제 9월 14일 (월)

한 수단이었다.

며칠 전 지하철에 붙은 벽보를 보니 IMF 땜에 모조리 뒈지는데 재벌과 언론만 살찐다며 노가리 까놓은 글을 봤다. 참으로 엿 같은 소리다. 지금 재벌과 언론도 좆빠지고 있다. 다 허세의 말로다.

특히 허세부리느라 발행부수 늘여 팔리지도 않는 무가지 펑펑 찍어낸 신문사들 요새 좆되고 있다. 내 친구 놈 신문사 기자인데 월급 하도 적게 나와 서울에서 경기도로 이사간다. (근디 돈 없어서 이사가는 곳이 왜 하필 내가 사는 동네란 말인가 쓰빠... 글마한테 내가 그랬다. 때려치고 우리 신문사로 오라고...)

허세는 기업뿐만 아니라 우리 개인 모두에게 깊이 스며든 지병이다. 울나라 돈가치는 허세 땜에 엄청쓰리 떨어졌다.

룸살롱 가바라. 부패로 만들어진 돈으로 허세부린다. 옆에서 알짱거리는 가씨나 값이 10만 원이다. 술 처먹고 가씨나랑 나가서 한 빠구리 틀려면 20~30만 원을 또 줘야 한다. 이거 지 돈 가지고 하겠나. 절대 아니다. 술집에서 두세 시간 옆에 앉아 알랑거리는 값 3만 원, 벗고 지랄하는 값 시간당 3만 원으로 내려오지 않으면 울나라 아직도 부패와 허세에 벗어나지 못했다는 기다. 따라서 IMF 극복할려면 접대부 값 대폭 인하해야 한다(이런 C... 옆길로 새부렀다).

문제는 이러한 부패와 허세를 없애기 무지 힘들다는 데 있다.

정리해고, 외자유치 따위는 여기에 대면 새발의 피다. 내 주끼 전에라도 부패와 허세가 사라지는 세상 왔음 소원이 없겠다 C8...

— 노땅 샐러리맹꽁이인 모창투사 아날리스트 겸
딴지 갱제부 제1호 정식기자, 욕재이 용 young@lee.mail.org

암에푸에 살아남는 일곱 가지 비법!

　일부 한 달 벌어 반 달 먹고 사는 직장인들과 위축된 투자심리를 가진 가증스러운 서민들의 반란으로 인해 암에푸가 발생하였다는 구케의원님들의 발언을 거울 삼아 암에푸 시대를 사는 우리 직장인들의 정리해고 없는 회사생활을 위한 일곱 가지 비법을 공개한다.
　이 좌우명을 지킨다면 당신은 직장에서 주목받고 상사에게 사랑받으며 부단히 휘몰아치는 미친 정리해고제에도 절대 짤리지 않을 것임을 보장한다.

1. 당신이 회사에서 꼭 필요한 사람임을 깨닫게 한다.
　- 출근시 언제나 가장 나중에 출근해서 회사의 기밀누설을 방지하고 퇴근시 언제나 가장 먼저 퇴근해서 일하는 분위기를 조성한다.
　전화는 대부분 사적인 전화로 일관해서 산업스파이의 도청을 피하고 술자리에선 언제나 상사에 대한 험담으로 경쟁회사로 하여금 진실을 파악하지 못하도록 하며 회사의 기밀은 늘 공공장소에서 확성기 등을 이용해 공표함으로써 기밀이 기밀 아닌 것처럼 보이게 하는 역전술의 기대효과를 노린다.
　이제 당신이야말로 회사에서 가장 필요로 하는 뛰어난 전략가임이 만천하에 드러나게 될 것이다!

2. 당신은 언제나 숨어서 노력하는 사람임을 알려준다.
　- 컴퓨터 바이러스에 관한 이야기를 하고는 진지한 표정으로 컴퓨터 모니터에 에푸킬라를 뿌린다. 사람들이 놀라는 표정을 지으면 조크였다고 소리치고는 몰래 모니터 옆에 모기향을 피우

고 사라진다.
이제 당신은 언제나 남몰래 노력하는 사람임이 타인에게 각인 될 것이다!

3. 당신은 늘 상사를 존경하는 사람임을 일깨운다.
   - 연말연시가 돌아오면 평소 존경하던 상사에게 오로지 당신만이 줄 수 있는 마음에서 우러난 선물을 한다. 배가 나온 상사에겐 아동용 허리띠를, 목욕탕만 가면 초라해지는 상사에게는 뻔데기 한 상자를, 키가 작아 컴플렉스가 있는 상사에게는 스머프 인형을, 대머리 상사에게는 헤어밴드 또는 무스를 선물한다.
   이제 당신은 당신 주위의 상사들에게 입에 침이 마르도록 칭찬을 들을 것이다!

4. 당신은 다른 사람보다 회사의 경비절감에 일익을 담당함을 깨우쳐 준다.
   - 아침마다 당신의 집으로 배달되는 광고물(찌라시)을 모아서 뒷면을 이용, 기획안을 작성하거나(배가 나온 상사에겐 숙변제거 광고지를, 목이 굵은 상사에겐 아바이순대 광고지를, 바싹 마른 상사에겐 영광굴비세트 또는 마른 오징어 광고지를 활용한다.) 포스트 잇 대신에 점심식단에서 남은 호박잎, 상추, 백김치줄거리 등을 이용하여 전화메모 등을 기록하여 상사의 책상 위 또는 피씨 모니터에 붙여놓는다.
   잘 안 붙을 경우 약간의 침도 무방하다. 당신의 경비절감 능력은 이미 회사 전체에 소문이 났을 것이다!

5. 당신은 직장뿐만 아니라 사회에서도 존경받는 인물임을 부각시킨다.
   - 당신의 책상 위를 신용카드회사에서 보낸 팬레터, 은행 대출계에서 보낸 최고장(최고의 고객에게 보내는 은근한 칭찬이 담긴 편

지), 구청 교통과에서 고위공무원이 시도때도 없이 보내는 하얀 창봉투 등으로 장식해 놓는다.

아울러 당신의 싸인 한 개라도 얻고 싶어하는 여러 통신판매회사의 열렬한 흠모의 서신이라도 함께 펼쳐 놓는다면 당신은 이제 회사 뿐만 아니라 회사의 적대계층인 명랑사회에서도 여전히 존경받는 인물임이 회사 내에 널리 알려질 것이다!

6. **당신은 시대를 앞서가는 사람임을 드러낸다.**
   - 상사에게 결재서류를 올릴 때 기안자의 싸인란에다 싸인을 하는 방법은 시대에 뒤떨어진 발상이다. 당신이 작성한 서류의 기안자의 싸인란에는 언제나 미키마우스 또는 도날드덕(닭이 아니다)을 배경으로 찍은 스티커 사진을 붙인다.

   물론, 은색 가발을 쓰고 스티커사진을 찍을 수 있다면 당신은 이제 회사 내에서 가장 시대를 앞서가는 인재로 인식될 것이다. 만일 불가피하게 스티커 사진을 찍을 수 없다면 당신만이 가진 특별한 표식-이를테면 당신의 싱그러운 체취가 물씬 풍기는 코딱지 등-으로 타인과의 차별성을 유지한다.

7. **당신은 다재다능한 특기를 가지고 있는 사람임을 돋보이게 한다.**
   - 살벌한 회의 중에 사장의 피끓는 질책과 호통 사이사이에 사장이 좋아할 만한 이벤트 즉, 그 옛날 유행했던 '시골영감 처음 타는 기차놀이에~' 등의 노래를 나직이 불러보거나 사장이 열 받아서 책상을 '탁' 하고 치면 '억' 하고 죽는 척 해본다. 만일 그래도 사장의 얼굴이 밝아지지 않는다면 사장의 열변 사이 사이에 감탄사를 넣어본다.

   예) 사장 : 이번 달 실적이!
   　　당신 : 옹헤야~

경제 1월 12일(월)

사장 : 왜 저번 달보다!
당신 : 옹헤야~

이 정도 했으면 사장은 당신의 다재다능한 특기에 경외심마저 품게 될 것이다!

만일 그래도 짤린다면 그건 당신에게 무언가 문제가 있기 때문이다. 이상.

- 딴지 엽기경제부 윤석배 blue99@netsgo.com

IMF시대의 이력서 작성 요령

암에푸로 취직하기가 넘도 어렵다. 이런 시대에,
"본인은 귀사가 지향하는 21세기 비전에 어쩌고 저쩌고... 최선을 다해... 궁시렁 궁시렁... 졸라 열씨미 노력하겠습다..."
이런 구태의연한 입사지원서로는 도저히 취직을 할 수가 없다. 이에 본지는 암에푸시대에도 100% 취직할 수 있는 이력서 작성 비법을 지원회사별로 분류, 본지 독자를 위해 전격 공개하는 바이다.
일케 쓰면 그 어떤 직장에도 반다시 입사에 성공하게 되어 있다. 이 어려운 암에푸 시대에 한줄기 빛이 되길 바란다.

지원회사	이력서 작성 요령
한국텅신	독도중계소 송신탑 들고 있겠음 (부식수송 절대 사양, 의연한 죽음)
헌대전자	인공위성 고장시 산소통만 주십쇼 (우주선 제공 절대 사양, 미우주선 무임승차 하겠음)
지하철꽁사	갱도 붕괴시 구조 절대 사양 (보험금 회사에 반납)
환전	원자로 안에서 근무 가능(방사능 감수), 비오는 날 고압선 수리시 단전 사양 (낙뢰 위험 감수, 생명수당 필요 없음)
데우조선	장시간 수중작업시에도 산소통 필요 없음 (라이터로 용접 가능)
헌국화약	폭파실험시 밀착 육안관측 후 보고 (단, 불발시 즉시 라이터 사용)
(주)데우	세계경영을 위한 해외 출장시 화물칸 애용 (보도 및 수영도 가능)

경제 ㅁ월 14일(월)

지원회사	이력서 작성 요령
기어자동차	충돌 실험시 본인 직접 탑승 후 보고서 제출 (신체 부자유시는 구술로 보고)
싸조참치	물안경만 주십쇼. 참치 몰아오겠슴다.
검호 타이어	타이어! 입으로도 불 수 있슴다.
기타 공통사항	제반 특별수당 절대 사양, 의료보험 필요 없음, 추가 보너스 수령 거부, 퇴직금 회사 환원, 주업무 외 경비, 청소업무 추가 가능(화장실 청소대 환영), 회사 내 소모품 절대 사용 안 함(자비 해결)

　　현재 안 짤리고 직장에 생존해 있는, 혹은 이 어려운 시기에도 당당히 입사에 성공한 딴지 독자들은 자신만의 입사비법과 생존비법을 다른 딴지 독자들을 위해 전격 공개해 주시길 바란다. 이상.

- 딴지맘대로 경제부기자 졸란의 천칭자리/어릿광대

[미니인터뷰] "삼승 맛이 갔어요..."

어느 날 울나라에서 젤 잘나갔었다는 삼승에 다니는 어떤 놈에게서 연락이 왔다. 평소부터 본 기자를 흠모해 왔다며 입에 침도 안 바르고 칭찬을 해대는 날카로운 판단력을 가진 놈이었는데 삼승에 대해 야그할 게 있다고 해서 본 기자 엄는 시간 쪼개서 글마를 만났다.

기자 : 나 졸라 바쁜 몸이다. 만나자고 한 이유가 뭔가?
글마 : 기자님을 평소부터 흠모해 왔다.

기자 : ...(음...우선 인간이 된 놈이군) 그래서?
글마 : 삼승에 대한 비리를 폭로하고 시푸다.

기자 : 해라.
글마 : 헌대자동차 망할 끼라 했는디 삼승은 벌써 망했다는 기다.

기자 : 엥? 그게 무신 말이고?
글마 : 나 삼승 댕긴 지 10년이 다 되간다. 삼승맨들 로얄티 직이는 거 세상이 다 알지 않느냐. 헌대나 대오, 엘쥐하고는 차원이 달랐다.

기자 : 니 말이 맞다. 딴데 댕기는 놈들은 술 처먹으면 회장 쓰필... 하던데 삼승새끼들은 술 처먹고도 '님'자 붙이더라. 근데 뭔일 났냐?
글마 : 울나라 재벌들 뭐 잘난 거 있었냐. 삼승도 마찬가지다. 삼승 잘난 이유는 직원들 로얄티 직인다는 거 그거 하나밖에 없었

는데 이제 다 끝났다.

기자 : 로얄티가 어디로 출장갔냐?
글마 : 작년 말 삼승이 첨으로 인건비 줄인다고 보너스 안 조따. 담에 보충해 줬지만 직원들 왕쇼크 무거따. 삼승 노조없는 이유가 뭐꼬. 노조 엄시도 젤 대우 잘해준다는 거 아이가. 그때 보너스 안 주면서 C8 소리가 본격적으로 나오기 시작했다.

기자 : 회사 댕기며 C8하는 거 당연한 거 아이가. 그거 가지고 삼승 망해따카면 말 되나?
글마 : 문제는 그기 아이다. 올 초부터 삼승이 직원들 짜르기 시작하는데 이게 보통 골때리는 게 아이다. 사람 비참하게 만들면서 내보내는데 나간 놈은 말할 꺼도 없고 남아 있는 놈도 회사에 대해 학을 떼고 있다. 이제 삼승맨 중에 삼승 사랑하는 스키 거의 엄슬 꺼다.

기자 : 씨빠... 그야 직원들이 그동안 착각한 죄 아이가. 이제야 냉정한 현실 알게 되기고...
글마 : 그런 점도 있지만 삼승은 교육을 통해 직원들이 로얄티를 가지도록 세뇌시켰다. 이제 완전히 회사에 배신당한 느낌이 든다. 직원들 맴 떠나면 회사 잘 될 수 있겠는가. 전부 지 살 궁리하느라 바뿌다.

기자 : 그라마 회사에서 어떻게 하는 게 최선이라 보는가?
글마 : ... 모르겠다. 그치만 이건 아이라고 본다.

기자 : 나도 모르겠다.

짧은 인터뷰를 마친 기자와 글마는 멀뚱멀뚱 벽만 쳐다보다 헤어졌다. 정답이 없는 문제를 풀어야 하는 우리 모두는 답답하기만 하다.

낼은 꼭 용한 점쟁이 찾아 미아리 가야겠다...

- 노땅 샐러리맹꽁이인 모창투사 아날리스트 겸 딴지 갱제부 제1호 정식기자,
욕재이 용 young@lee.mail.org

경제 며월 14일 (월)

[그것을 알려주께] 자동차 안전

지난 번 '석두홍 씨가 세 번째 SM 파이브를 타는 진짜 이유...' 기사가 나간 뒤 무려 30통의 E 메일이 기자에게로 날아왔다. 인터넷에 발을 들여놓은 지 벌써 4년이 되어가는데 본 기자의 인터넷 생활 역사상 한꺼번에 이렇게 많은 메일을 받아본 적은 처음이다.

해외 특파원 여기자분들이 백 통을 훌쩍 넘기고... 하는 말들이 뻥이 아님을 알게 되었다.

메일의 내용을 보면 대부분 '후련하다', '좋은 기사 잘 읽었다', '앞으로도 더 자동차에 대해 까발려 달라'는 등 선정적이고 에로틱한 자동차 폭로기사에 만족하는 것들이었다. 감사드린다.

그러나 부족한 부분에 대해 추가자료를 보내주시거나 의문시되는 점들을 꼭꼭 꼬집어 보낸, 기자보다 한 술 더 뜨는 독자분들도 계셨다.

더 나아가서, 네 통의 반박 또는 이론을 제기해주신 분들이 계신데, 기자는 samsung.co.kr로 끝나는 E 메일 어드레스를 가진 세 분의 반박, 또는 이론에 대해 밝혀두고 싶은 것이 있다. "삼승만 깔아뭉갠거 아니냐"고 하신 것에 대해 본 기자는 삼승자동차에 대해 일방적으로 편협한 시각을 갖고 기사를 쓴 것이 아니라는 것을 분명히 하고 싶다.

국산차의 안전문제는 비단 삼승에 국한된 문제가 아니다. 차근차근 밝혀나가겠지만 다른 국산차들도 숨겨진 비리들이 꽤 있다. 그럼에도 불구하고 SM 파이브가 도마 위에 오른 것은, 가장 최근에 차량의 안전을 정면에 내세워 광고한 것이 삼승이었기 때문이다.

심지어는 이 세 분 중의 한 분은 '티꼬랑 SM 파이브랑 박치기 한 결과를 갖고 1억 원 내기를 하자. SM 파이브에 탄 사람이 멀쩡하면 내가 이기는 거고 티꼬 탄 사람이 멀쩡하면 댁이(기자가) 이기는 거다' 라는 엽기적인 제안을 해오신 분도 있다.

이 분은 뭔가 오해를 단단히 하고 계신 것 같은데, 본지의 패러디 광고를 전혀 이해 못하신 것 같다. 티꼬가 SM 파이부랑 박치기하면 티꼬가 이긴다는 말이 아니라, SM 파이부가 안전을 전면에 내걸고 광고를 하지만 사실 그 차가 그렇게 안전도에 자신있어 할 차가 아니라는 점을 말하고자 하는 것이다.

이번 기사는 지난 기사에 불만과 궁금증을 가진 분들을 위해 질의 문답과 함께 자동차의 안전과 충돌테스트에 대해 부연설명해 보겠다.

본지에 어울리지 않게 지루한 기사가 될 공산이 크지만 본 기자가 단순히 관심이나 끌려고 어줍지 않은 지식으로 개폼잡는 게 아니라는 것을 알려드리기 위한 것이기도 하고, 앞으로 기사의 신뢰성을 확보하기 위해 분명히 해둘 것들이 있어서 그러니 이해해 주시기 바란다. 다음 호에는 보다 에로틱하고 엽기적인 자동차 기사로 여러분께 다가갈 것을 약속드린다.

Q : 석두홍 씨의 정체가 뭐냐? – '한 XX' 님
A : 이미 통신 게시판을 통해 상세한 내용(주민등록번호까지)이 공개된 바 있다. 다만 본지가 개인신상정보를 공개하는 것은 무리가 따르므로 그의 소속이 삼성화재 해상보험의 임원이라는 것만 밝힌다. 직업과 광고 덕분에 "자기 회사 보험에 들어놓고 차 말아 먹은 뒤 할당 떨어진 차를 대차로 메꿨다"는 소리까지 듣고 있는 안된 분이다.

Q : '굴렁쇠' 라는 잡지가 있었나? – '서XX시스템' 님
A : 지난 기사에서 언급한 '굴렁쇠' 라는 잡지는 월간 '오토' 를 말한 것이었다. 딴지의 엽기적 기사투에 익숙치 못한 분들에게 오해의

여지가 있는 표현이었다. 시정하도록 하겠다.

Q : 오프셋 테스트란 어떤 테스트인가? 그리고 스포티지 수출차량에 달린 무릎 에어백이 과연 효과가 있는가? - '서 XX' 님

A : 일반적인 차량의 정면충돌테스트는 차체 앞부분 전체가 충돌대상 - 보통 1.8m 두께의 콘크리트 벽 - 에 충돌하는, 즉 충격점이 차체의 중앙인 테스트인데 비해, 오프셋 테스트는 차체 앞부분의 일부 - 보통 40% 정도 - 만이 충돌하는, 즉 충격점이 차체의 중앙에서 빗겨나간 테스트를 말하는 것이다.

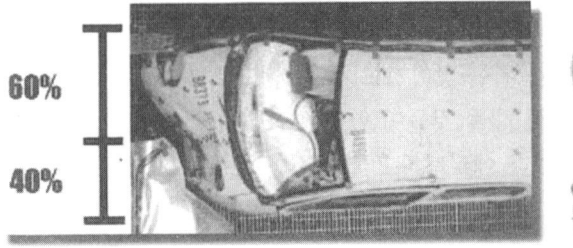

오프셋 테스트

스포티지 수출차량에 장착되는 무릎 에어백(knee airbag)은 세계 최초의 것으로, 미국에서 상당히 호평받은 바 있다. 그러나 구체적인 테스트 결과가 발표되지 않아 효과에 대해서는 확인할 방법이 없다.

Q : 기자, 당신의 정체가 궁금하다. - '이 XX' 님

A : 그냥 제도권 신문에 자동차 전문기사를 기고할 정도의 지식을 갖춘 사람으로만 알아달라. 자세한 것을 밝히면 그날로 업계에서 매장당하기 때문에 신분을 밝힐 수 없음을 양해해 달라. 그렇게 되면 더 이상 본지에서 자동차 기사를 읽을 수 없음은 물론, 기자는 당분간 제대로 된 밥먹기 힘들어진다.

Q : SM 파이부의 충돌테스트 결과가 그리 나쁘지 않게 나온 것으로 아는데 기사에서는 그렇지 않다. 어찌된 것인가? - 'ldkk' 님

A : 삼성의 SM 파이부는 일본 닛산의 세피로/맥시마 94~95년형 모델을 들여와 앞뒤 부분의 디자인을 손보아 내놓은 것이다. 일본을 비롯한 다른 지역에는 SM 파이부의 기본모델이 거의 바뀌지 않은 채로 계속 팔리고 있지만 미국에서는 닛산의 미국법인에서 대폭 손본 모델이 팔리고 있다(96년 중반기에 97년형 모델로 소개).

새로 개선된 모델은 구조적 안전도가 대폭 개선되어 충돌테스트에서 좋은 성적을 거두었다. 기본적으로는 같은 차대를 사용하고 있음에도 불구하고 부분적인 설계변경을 통해 비약적인 안전도 향상을 볼 수 있었다는 것은, 삼성에서도 조금만 더 신경쓰면 진짜로 안전한 차를 만들 수 있다는 얘기다. 좋게 얘기하면 가능성이 있다는 얘기고, 나쁘게 얘기하면 지금 나온 차는 신경을 덜 써서 만들었다는 얘기다.

Q : 소비자들이 느끼는 상해치는 차체보다는 구속계, 즉 Airbag, Seat belt사양에 따라서 매우 상이한 결과를 보인다 - '최 XX' 님

A : 맞는 말씀이다. 때문에 테스트 결과를 발표하는 기관들에서도 '동일등급의 비슷한 크기, 중량의 비슷한 사양의 차에서만 의미가 있다' 고 사전에 밝히고 있다. 또한 테스트 결과의 발표도 동일등급의 경쟁차들을 묶어서 발표하며, 가능한 한 비슷한 사양의 차량을 대상으로 실시하고 있다.

주목할 것은, 많은 테스트들이 에어백이 장착된 차량을 대상으로 실시되고 있다는 사실이며, 이런 안전장비들의 구비여부에 따라 결과가 달라진다는 사실은 '최XX' 님께서 지적하신 그대로다.

경제 7월 14일 (월)

때문에 더욱 더 국내에서 테스트한 결과가 공개되어야 하는 것이다. 에어백이 장착되지 않은 차량의 판매량이 월등히 많은 국내에서는 이에 맞게 에어백 미장착차량의 테스트를 치러야 하며 그 결과를 발표해야 한다는것이 기자의 주장이다.

실제 소비자들이 겪을 수 있는 상황을 미리 테스트해 보고 그 결과를 토대로 개선을 해 나가는 것이 메이커들과 기관이 해야 할 일이다. 이것을 하지 않고 있기에 본 기자는 계속해서 선정성 폭로 기사를 써갈 생각이다.

Q : 차의 아작 정도가 크다고 해서 다 안전하지 않은 것은 아니다 – '이XX'님

A : 맞는 말씀이다. 다만 기사의 내용을 오해하신 것 같다. 차체의 강성이 너무 높으면 운동에너지 때문에 충돌시 받은 에너지가 고스란히 안에 타고 있는 사람에게 전달된다. 그래서 너무 단단한 차는 타고 있는 사람에게 좋지 않은 영향을 준다. 겉으론 멀쩡하더라도 내상을 입을 확률이 높다는 것이다.

이에 대한 자세한 설명은 부연설명으로 제공한 '자동차 안전과 충돌테스트' 를 참고하시기 바란다.

마지막으로 다시 한 번 주장하지만 자동차 안전도 테스트에 관련된 정보는 반드시 공개되어야 한다. 그 어떤 기업도 소비자의 안전보다는 중요하지 않기 때문이다.

— 자동차 전문가 기자 메탈헤드 lightblue@iname.com

자동차 안전 – 부연설명

자동차에 있어서의 안전 개념은 크게 능동적 안전과 수동적 안전의 두 가지로 나누어 생각해 볼 수 있다.

능동적 안전은 사고를 미연에 방지하는 것으로, 각종 경고장치나 주행성능 개선장치와 함께 운전자의 직접적인 동작과 조작을 통해 얻을 수 있는 것이다.

수동적 안전은 사고를 당했을 때 탑승자의 상해치를 떨어뜨리기 위한 것으로, 운전자의 직접적인 동작보다는 차 자체의 구조적/기술적인 부분에 많이 의존한다. 본 기자가 지난 번 기사에서 주목했던 부분은 바로 이 부분이다.

능동적인 안전은 운전자나 차량에 갖추어진 장비에 따라 크게 차이가 나지만 구조적인 측면에 있어서의 안전은 메이커의 설계와 실험에 의해 결정되는 것이기 때문이다.

자동차의 구조적인 안전에 있어 가장 중요한 것은 차체의 보호가 아니라 탑승자의 보호다. 실상은 그렇지 않음에도 불구하고 아직 많은 사람들이 '덜 찌그러지는 차가 안전한 차'라고 생각한다.

차체의 강성이 너무 높으면 운동에너지 때문에 충돌시 받은 에너지가 고스란히 안에 타고 있는 사람에게 전달된다. 그래서 너무 단단한 차는 타고 있는 사람에게 좋지 않은 영향을 준다. 겉으론 멀쩡하더라도 내상을 입을 확률이 높다는 것이다.

탱크와 탱크가 시속 60km로 정면충돌을 한다고 생각해 보자. 돌처럼 단단한 차체 때문에 아마 두 탱크는 모두 깨질 것이다. 깨지지 않는다고 하더라도 안에 타고 있는 사람은 아마 뇌진탕 등 내상을 입

경제 ㅁ월 14일(월)

을 것이 분명하다. 전혀 충격이 흡수되지 않기 때문이다. 이해가 잘 가지 않는다면 콘크리트 벽에 못을 박는 경우를 생각해 보시길.

차체의 안전설계가 어려운 것은 바로 '차체를 적당히 찌그러뜨려 차체의 손상도 줄이고 탑승사의 안전도 확보하는' 것이 어렵기 때문이다. 비단 충돌테스트에서 낮은 점수를 받은 것은 국산차나 일본차 뿐만이 아니다.

새로운 NCAP 규정에 의한 테스트는 상당히 가혹하다. 정면과 40% 오프셋 충돌 테스트는 시속 40마일(64km)의 속도에서 치러지고, 측면충돌테스트는 시속 35마일(56km)의 속도에서 치러진다. 이런 가혹한 충돌 테스트에서 별 네 개 이상을 받는 차는 손으로 꼽을 정도다. 현재 국내에서 팔리고 있는 대다수의 외국차들도 - 그 비싸고 튼튼하다는 빤쓰, 뱀따블유 등도 - 형편없는 성적을 거둔 것이 많다.

NCAP 규정에 의한 테스트에서는 크게 위에서 말한 세 가지 충돌조건에 있어서 탑승자의 상해치를 측정하기 위해 더미(dummy)를 사용한다. 더미는 사람 모양을 한 마네킹과 비슷한 것으로 한 개당 최소 수천만 원에서 수억 원을 호가하는 충돌 테스트에 동원되는 장비 중 가장 비싼 테스트 장비 중의 하나다.

왜 더미를 사용할까? 차체가 얼마나 아작나는지 테스트하려면 굳이 비싼 더미를 사용할 필요가 없는데. 이유는 간단하다. 탑승자의 상해치를 미루어 짐작할 수 있도록 더미 안에 각종 감지장치들이 부착되어 있기 때문이다.

테스트에서는 더미에 장치된 센서를 통해 여러 가지 신체부위의 상해치를 조사한다. 크게 머리, 목, 가슴, 어깨, 팔, 허벅지, 다리 등 신체 각 부위에 가해지는 충격량을 측정하여 그 결과를 분석한다. 테스트를 통해 얻어지는 등급(rating)은 이런 더미가 받는 충격량을 분석하여 얻는, 탑승자가 입을 수 있는 상해도를 나타내는 것이지 차체가 많이 찌그러지고 덜 찌그러지고 하는 것을 나타내는 것이 아니다.

NCAP 규정에 의한 테스트는 미국에서는 고속도로보험안전연구소(Institute of Insurance for Highway Safety)에서 치러지며 유럽에서는 몇 개의 국가별 교통관련기관 및 영국의 유력 자동차 전문지 'What Car', 그리고 국제자동차연맹(FIA)이 주관하여 치른다. 일본과 호주에서도 같은 규정으로 테스트를 실시하는 기관이 있다.

NCAP 규정 외에도 미국 교통국(U.S. Department of Transportation)에서 치르는 시속 35마일 정면충돌 테스트 등 국가나 기관별로 테스트 방법이나 기준에 있어서 많은 차이가 있는 것은 사실이다. 같은 차종을 대상으로 한 테스트라도 기준에 따라서 다른 해석이 가능하기 때문에, 현재 국제적으로 충돌테스트의 기준을 통일시키는 작업이 진행되고 있으며, 그 한 방법으로 제안되어 실행되고 있는 것이 바로 NCAP이다. 때문에 기자를 비롯한 많은 전문가들이 NCAP 테스트를 가장 신뢰할 수 있는 테스트라고 보고 있다.

참고로, 충돌테스트는 위와 같은 고속충돌시 탑승자의 안전도를 측정하는 것 외에도, 시속 5마일(8km)의 저속으로 충돌했을 때의 차량의 손상정도와 수리비를 측정하는 테스트, 보행자와 차량이 충돌했을 때 보행자의 부상 정도를 측정하는 테스트 등이 치러지며, 최근에는 차량에 탑승한 어린이의 안전도를 측정하는 테스트도 치러지고 있다.

어린이 크기의 더미를 이용한 테스트

- 자동차 전문가 기자 메탈헤드 lightblue@iname.com

[집중분석] '보증'을 훌딱 벗긴다!

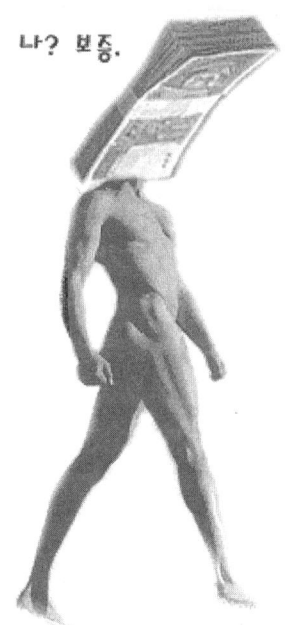

나? 보증.

요즈음 갱제상황이 갈수록 나빠지면서 부부나 가족, 친인척간의 '내 돈 내놔' 갈등이 법정까지 비화되는 사례가 증가하고 이와 관련된 법률상담도 늘어나고 있다고 한다.

또한 금융계 관계자에 따르면 기업부도, 소비자파산, 감원, 감봉 등이 급증함에 따라 빚보증을 잘못 선 죄로 매달 월급을 압류당하는 회사원들이 졸라 늘어나는 바람에 심지어 결혼을 앞둔 처녀가 애인의 월급명세서 확인 전에는 동침을 기피하는 참으로 인륜을 저버린 희대의 엽기적 사태도 스스럼 업씨 발생한다고 하는데... (조만간 숙박업계가 들고 일어날 꺼라고 함)

이에 본 싸이비 기자는 명랑사회를 이룩하는 데 걸림돌이 되는 일이라면 어디든지 찾아가 문제를 따지고, 캐고, 자빠뜨리는 딴지 특유의 기자근성을 발휘, 밑닦다 말고 분연히 일어나 그 사례와 문제점을 알아보기로 하였다.

기자가 만난 사람은 모 대기업의 30대 초반 직장인 '나호구'(30) 씨. 평범한... 그러나 근무시간 틈틈이 딴지를 애독하는 수준 무척 높은 직장인이다. 몇 년 전 친지 '나자바바라'(35) 씨가 사업자금을 위해 대출보증을 간청, 처음엔 극구 망설였지만 나자바바라 씨가 애걸복걸 하도 졸라대는 바람에 혈연에 이끌려 별 수 없이 은행에 가서 보증을 덜커덕 서주고 말았다 한다.

최근 나호구 씨, 그렇지 않아도 직장에서 언제 레이오프 당할지 몰라 노심초사하며 일 열씨미 하는 척 하고 있는데, 한 통의 등기우

편을 받는다.
  허걱~
  "채무자의 이자 및 원금 연체가 우짜고 저짜고 하야 최종 독촉함. 모월 모일까지 보증인이 납부하지 아니하면 급여 압류하게 됨을 통보하니 알아서 기기바람. 알거찌? - 절때 사정 봐주지 않는 '쇠파이푸' 은행 대부계-" 이란 내용이었다 한다.
  그를 만나보자.

기자 : 요즘 심경이 어떤가?
나호구 : 기가 막혀 똥꼬가 떡하니 열려서 다물어지지 않는다. '똥꼬 뚜껑 열렸네~' 하는 영화가 있음 주연으로 나가고 싶다. 하두 억울해 불면의 밤을 보낸 지 벌써 며칠째다.
  근데 전에는 밤새 서 있어도 안 아팠는데 요즘엔 아예 잘 서 있질 못한다. 자지가 바로 서야 가장이 바로 서고, 가장이 바로 서야 가정도 서고 나라도 바로 서는데... 걱정된다...

기자 : 음... 옳으신 말씀이다. 채무자에게 연락은 해보았나?
나호구 : 나자바바라... 이름 보면 짐작이 안 되나? 연락도 안 되고... 놈... 잠수했다. '빚보증 서는 자식은 낳지도 마라' 는 속담이 있는데 요즘 절감하고 있다. 씨바...

기자 : 엄... 우낀 속담이다. 마땅히 남편이 서 있으면 밤새 아내도 애를 쓰고 그러다 때가 맞으면 애가 선다고 한다... 그 애가 장래 빚보증을 설지 안 설지 어찌 알 수 있겠는가. '태아 향후 보증인 가능성여부 감별법' 이라도 있단 말인가. 게다가 요즘 낙태에 대한 논란도 많고 조잘조잘...
나호구 : 조또 열 받는데 나랑 지금 그런 거 따질 땐가?

경제-이주의 포커스 매월 14일 (월)

기자 : 음... 미안하다. 따지는 게 취미다...

나호구 씨는 나자바바라 씨의 친구인 다른 보증인과 함께 두 은행에서 4천만 원 상당의 보증을 섰다고 한다.(지지도 서고... 나라도 서고... 이번 기사엔 서는 게 참 많다.)
근데 은행에서는 유독 나씨에게만 돈을 갚도록 요구하고 있다. 나씨는 금융기관이 공평하게 상환요구를 하도록 사정하였지만 소용이 없었다. 일단 대신 돈을 갚고 다른 보증인에게 소송을 통해 절반의 돈을 돌려받으라는 설명이었다. 해당은행에 가서 알아보기로 했다.
보증의 무써움이 자꾸 알려지면 금융계 일대혼란이 일어나 가뜩이나 어려운 나라 경제가 더욱 심각해질 것이 염려된다며, 극구 취재를 기피하는 여신계 담당자는 딴지일보임을 밝히자 그 집요함과 '취재방해시 삼족 똥꼬얼얼'의 가공할 공포 또한 익히 알고 있는지라, 모든걸 포기하고 취재에 응했다.
한뽀 사태 특혜대출로 행장 갈리고 BIS미달로 얼마 전까지 퇴출하네 맙네 하다가 별반 똑같은 처지의 다른 시중은행과 합병발표로 근근히 한숨 돌린 바로 그 은행이다.
온 국민의 염원에 따라 조만간 퇴출바란다. 이 부실은행의 여신담당자 '고문턱'(32) 씨를 만나보았다.

기　자 : 보증책임의 한계와 내용은 무엇인가?
고문턱 : 빚보증은 책임 한계에 따라 〈포괄근 보증〉, 〈한정근 보증〉, 〈특정채무 보증〉 등으로 나뉜다.
❶ 〈포괄근 보증〉은 은행거래와 관련, 주채무자의 현재 및 장래의 모든 불특정 채무를 포괄하는 보증, 심지어 주채무자가 다른 회사의 빚보증을 서준 것까지도 보증인이 갚아야 하는 이른바 잘못될시 온 가족의 괄약근을 포괄적으로 두고

두고 못 쓰게 하는 아주 무써운 위험천만한 보증이다.
❷〈한정근 보증〉은 주채무자의 당좌거래나 외환거래 등 특정 형태의 거래에 대해서만 책임을 진다.
❸〈특정 채무보증〉은 1건의 특정한 대출에 대해서만 보증인이 책임을 지는 것으로 책임범위가 가장 좁아 똥꼬에 부담이 젤 적다고 하겄다. 아무튼 잘못되면 두고두고 후회하긴 마찬가지다.
일반인들은 대개 〈빚보증=특정채무 보증〉으로 알고 있지만 〈포괄근 보증〉이나 〈한정근 보증〉일 때도 있다. 보증을 설 때는 어느 선까지 책임지는 것인지 찬찬히 뜯어보고 보증서에 보증 종류를 명백히 표시해야 향후 온 가족의 쾌변영위에 지장이 엄따.

기 자 : 보통 보증인과 연대보증인은 어떻게 다른가?
고문틱 : 채무에 대한 책임은 같고 채권자에게 대항할 수 있느냐에 따라 차이가 있다. 민법 437조에 따르면 보증채무의 경우 채권자가 보증인에게 채무의 이행을 청구한 때에는 보증인은 채권자에게 주채무자가 빚을 갚을 수 있다는 사실과 주채무자의 재산에 대해 먼저 강제집행할 것을 청구할 수 있다. 유식한 말로 최고 검색의 항변을 갖는 것이라 하거따.
그러나 연대보증은 그러케 할 수 없다. '연대보증인'은 "주채무자에게 재산이 있으니 그 재산부터 먼저 강제집행하라"고 채권자에게 감히... 요구할 수 엄따. 건빵진 야그다.

기 자 : 그러면 나씨는 기냥 보증인가? 연대보증인가?
고문틱 : 당근, 연대보증이다. 현실적으로 보증하면, 바로 연대보증 형식이다. 채권자인 우리 은행이 유리한 게 연대보증 아니

경제-이주의 포커스 ㅁ월 14일(월)

겠는가? 언감생심... 아니길 바라면, 전통이 있지... 은행을 무시하는 괘씸한 처사다.

기 자 : 한마디로 연대보증은 채권자 맘대로 제도란 야근데 나씨가 보증설 때 그 무서운 연대보증의 책임과 내용에 대한 설명은 해주었나?

고문턱 : 푸하하... 알 만한 사람이 왜 이러나? 주지하다시피 은행은 '대출이자 많이 받고 수신이자 적게 주자'를 기업이념으로 하고 있다. 대출은 해줘야겠지, 믿을 넘은 없지, 보증인 없음 믿고 융자 못해주는 현실이다.
그런데 연대보증의 전율스러운 공포를 사전에 알려주면 누가 보증서주나? 우리로서야 보증 당시에는 암암리에 안심시켜 가면서 때로는 슬며시 권유하는 엽기적 행위도 마다않는 실정이다.
나중에 걸리면 인정사정 없지만... 그리고 보증서 약관에 나와 있다. 잘 읽어봐라. 조또 읽으라고 인쇄해논 약관은 왜 안 읽어보고 도장찍은 후에 몰랐다고 지랄인지... 한심하다.

여기서 잠시 약관이 하는 소릴 들어보자.

약관 : 엄마 나 서민 또 울렸어~~
은행 : 그래 대항민국 만세다~~

기 자 : 나씨 말고 또 한 명의 연대보증인이 있다던데 왜 유독 나씨에게만 다 갚으라고 독촉을 하는가? 공평하게 상환요구를 해야 그래도 한편 싸가지 있다고 하지 않겠나?

고문턱 : 연대보증에는 보증인들이 균등하게 분할된 금액만 부담해

도 되는 '분별의 이익'이 엄따. 즉 채권자가 연대보증인 중 한 넘만 지목해 빚을 모두 갚으라고 요구할 수 있는 것이다. 조또 약오르쥐 용용...

다른 보증인은 당시 재산세 납부근거로 보증인을 인정하였다. 현재는 선순위 담보가 많아 소송을 해도 은행이 건질 수 있는 돈이 몇 푼 안 된다.

구구히 전해내려오는 만고불변의 금언을 모르는가? '월급쟁이가 봉이다.' 일단 급여압류하면 정기적으로 회수가 가능한데 그 쉬운 걸 놔두고 다른 보증인을 물고 늘어질 필요가 있나?

기　자 : 회사에서 급여압류되면 불이익이 있다고 한다. 당근 회사로서는 업무에 방해가 되니깐... 그런 사람은 보통 희망퇴직시 1순위라고 한다. (펑계 없는데 지절로 껀수를 제공하는 애사심으로 똘똘 뭉친 기업관 투철한 사원으로 평가를 받는다고 한다...) 회사의 압력과 절반의 급여압류에 따른 생활고를 못 견뎌 퇴직금으로 상환, 회사를 그만두고 서울역으로 가는 상황도 비일비재하다고 하는데, 보증 잘못 선 죄의 대가가 넘 가혹하지 않은가? 같은 월급쟁이 넘들끼리 너무한다고 생각 안 하나?

고문턱 : 요즘 은행도 똥꼬 바짝바짝 마른다. 불량대출 회수실적이 부족하면 나도 레이오프다. 내 똥꼬 처자식 똥꼬 먼저 원활히 소통시키고 볼 일이다. 은행을 넘 과대평가하지 말아주기 바란다.

기　자 : 은행 얘기가 나왔으니 말인데 저리외채 들여다가 부실기업에 돈 빌려주고, 부실기업 부도로 불량채무가 누적되니까

경제–이주의 포커스 乂월 14일(월)

외채상환도 못하고, 외국넘들이 상환연장도 안 해주고, 새로 꿔오지도 몬하고... 작금 암에푸의 책임은 당신네 금융기관이 지대하고도 혁혁한 공헌을 하였다. 도대체 여신 심사 으 평가기준은 무엇인지 알려날라.

고문턱 : 그... 그건 초일급 대외비 X-file 내부 사안이다. 기사화하지 않는 조건으로 밝히면, 기업여신의 우선 순위 첫째는 낙하산, 둘째는 입김, 세째는 빽이라고 하겠다.
위에서 주라면 심사고 뭐고 필요엄따. 무조껀이다. 그 중에서도 대통령 아들, 청와대 비서관, 구케의원... 뭐 이런 순서가 이따.
이 경우 물론 행장이 사례쪼로 해당기업에게서 챙긴다. 가히 누이 조코 매부 조은, 후대에 면면히 계승 발전시킬 탁월한 시스템이라고 아니할 수 엄따. 물론 문맹정부시절까지만의 야그다. 지금도 그런지는 밝힐 수 엄따.
그 다음이 부동산 담보데 요즘 거품이 빠진 바람에 은행도 피보고 있다. 개인여신은 역시 담보 있어야겠다.
아다라시 담보가 좋겠다. 요즘은 그나마도 안 해준다. 요즘 돈엄꼬 재산엄꼬 빽마저도 엄쓰면 은행에서 돈 빌리지 말고, 그냥 살아라라고 충고하고 싶지만 그래도 은행이 먹고살기 위해서 빌려준다. 보증인만 데려와라. 구조조정 끝난 대기업 월급쟁이라면 얼싸 환영이다. 듀엣이 좋겠다.

기　자 : 人보증제도는 일본에서 건너온 대한민국의 여러 가지 우수운 제도 중 특히 몹쓸 제도라 아니할 수 엄따. 그노므 정 때문에 한국 전통의 가족사회마저 파괴, 수없이 많은 선의의 피해자를 낳고 있다. 제도가 개선될 여지는 엄는가?

고문턱 : 당근 당분간 없을 것이다. 가진 넘들은 약아서 지가 안 당해

보니 그런 폐단을 고치려 하건나? 신용사회가 와야 되는데, 우리 국민성을 잘 알지 않는가? 첨 미국 이민가면 교포들이 친절히 해주는 금언이 있다고 들었다.
"한국사람만 조심하면 사기 안 당한다" 머 이런 거... 기자도 사람 믿지마라. 보증을 부탁하는 친지가 있으면 보증보험을 권하라, 근데 아마 걔들도 망해가는 중이고 열이면 열 또 보증인을 세우라고 한다. 아주 우수운 제도다. 보증은 회피하는 게 최고다.

기　자 : 회피하는 좋은 방법이 있는가?
고문턱 : 취재하느라 수고가 많고 기자의 외모가 무척 준수한 관계로, 게다가 민족정론지 딴지에서 왔으니 특별히 노하우를 알려주게따.
내가 갈고닦은 비장의 필살기 보증 회피방법은 바로 '사오정수법' 이다. 푸하하하하...

기　자 : 백만 딴지 독자를 위해 구체적으로 알려주기 바란다.
고문턱 : 우선 보증을 부탁하는 사람은 어물어물 똥마린 목소리로 전화부터 하기 마련이다.
"저 누구야, 어찌어찌해서 돈이 꼭 필요한데 너 나 잘 알잔니? 넘으 돈 빌리면 잠을 못 잔다. 이번에 보쯩 좀..."
"(이때 얼른 낀다) 어 그래 너 요즘 잘 지내? 오랜만이다. 애는 잘 싸고?... 핫핫... 나는 방구 잘 나오지. 잠깐만, 다른 전화가 왔네.. 잠깐... (졸라 큰 소리로) 뭐욧! 짜장면 배달차가 교통사고가 났다구. 으... 지역경제에 커다란 파장이 일겠군. (다시 전화를 들고) 나 지금 중대차한 일이 생겼다. 앗 네 부장님, 네네 갑니다. 핫핫... 나 미워? 짜장면 좀 배달해

경제-이주의 포커스 ㄲ월 14일(월)

줄래? 안녕. 또 봐여~"
뭐 이런 수법이다. 물론 다신 안 볼 것을 각오하고 단전의 내공을 순식간에 끌어올려 안면근육을 두터움게 해야 한다...
아니면, "뭐 ? 뭐라꼬? 잘 안 들려~ 어 그래 그래, 아빠야~ (옆사람 한번 보고 히죽 웃는다) 아빠래... 덜커덕!" 뭐 이런 방안을 추천하고 싶다. 요즘 사오정 땜에 살 맛 난다고 하게따.

기　자 : 고명한 가르침에 고개가 절로 숙여진다. 신용사회로 가는 길은 금융기관이 앞서서 이끄러야 하지 않나? 중소기업과 서민들의 대출 문턱은 계속 높기만 하다. 뿐인가 ? 예금이자는 할아버지 변비똥만큼 주면서 온갖 수수료는 지 꼴린대로 퍼간다. 도대체 대한민국 금융기관은 언제쯤[1] 제대로 될 텐가?

고문턱 : 그 질문에 대해선 딴지 총수가 잘 써먹는 방법을 패러디해서 션하게 답변해주겠다.
"꼬면 니도 은행 차리면 되자녀?"

슈욱... 퍼벅... 쑤욱... 뻥...(다시 뽑는 소리)
똥꼬를 얼싸안고 일시적 호흡장애를 겪느라 말도 몬하고 있는 고문턱 씨를 뒤로 하고 돌아오는 기자의 마음은 어두웠다. 보증을 홀딱 벗기긴 벗겼는데, 벗겨봐야 내 사람이 되질 않는다.
축 처진 나호구 씨의 뒷모습, 그와 같은 월급쟁이가 한둘이겠는가? 거시기를 짓누르고 있는 삶의 무게가 고스란히 와 닿는 바람에 오늘 엽기행각은 자제해야게따...
연대보증이란 주채무자가 채무이행이 어려울 때 또는 나자바바라~하고 잠적했을 때, 대신 갚겠다는 의사표현이라는 점을 독자 여러

분은 명심, 부득이 보증을 설 때는 자신의 기립능력 한도를 면밀히 살핀 후 서주어 선의의 피해를 최소화해야게따.

(보증을 정말로 회피하려면 회사에서 재직증명서 졸때 안 떼어준다고 해라~ 아님 한 통 띄는 데 오백만 원인데 선납 후 3개월 기다려야 한다고 해라. 싸이비기자가 조은 거 아르켜준다...)

미국은 사람을 담보로 대출해주는 人보증제도가 사문화된 지 오래라고 한다. 개인과 금융기관과의 거래실적과 철저한 신용평가에 따른 대출만이 이루어진다.

인적 보증제도는 반인륜적 반 사회적 아주 시발노므 싸가지 엄는 제도라 아니할 수 엄따. 신용거래정착과 전통 가족관계 유지 및 결혼을 앞둔 남녀간의 원만한 성생활을 위해서라도 반드시 폐지되어야 한다. 나라를 말아먹은 금융기관, 지 똥꼬만 극진히 위하는 행위는 근절되야 마땅하다.

문득 속담을 바꿔야겠다고 생각했다.

"보증 서줘야 하는 나라에서는 얼라를 싸지르지 말라."

싸우스코리아의 병폐가 어디 한둘이겠나? 딴지일보, 기사거리는 걱정 안 해도 되게따는 생각이 똥꼬를 스치운다.

- 섬나라 싸이비 프리랜써 기자 freeverse@hanmail.net

사회

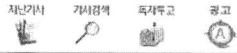

▶ 정치 경제 **사회** 국제 문화/생활 정보통신/과학   ▶ BEST 스포츠 테마신문

10년 만에 걸려온 여자 친구의 전화...
[실화] 내가 경찰서 정문을 돌아보는 이유
일생에 도움이 안 되는 울나라 졸부들...

이주의 포커스

[모집공고] 일본 괴멸특공대 모집!
[딴지캠페인] 버스, 지하철 치한을 박멸하자!

http://ddanji.netsgo.com

사회

10년 만에 걸려 온 여자 친구의 전화...

며칠 전 밤 12시가 다 되어 전화가 왔다.

깜짝 놀랐다. 10년 전 여자 친구였다.

"결혼했다며..."
"응..."
"어떻게 지내니..."
"너는..."

어색한 대화 몇 마디를 나누고 나서 서로 잘 살라고 한마디씩 하고선 전화를 끊었다. 담배 한 대 피워물고 나니 만감이 교차했다...

이·주·의·포·커·스

모집공고

일본 괴멸특공대 모집!

36년간 한민족을 유린하며 온갖 만행을 저질러 수많은 살인과 문화의 찬탈을 자행했으며, 그리고도 지금까지 단 한 번의 진심어린 사과도 하지 않고 급기야 정신대로 끌려가 젊음을 빼앗긴 한국의 여인들에 대한 보상조차 할 의사가 없음을 강조하는 저들을 오늘날 응징하고자 함.

저들의 만행 중 아직도 알려지지 않은 것들이 해마다 새로이 밝혀지고 있으며, 최근에는 중국 해남도에서 수많은 죄없는 한국인들이 강제 징용되어 노역을 하다 학살당한 사실이 밝혀지기도 했다...

사회

(실 화)

내가 경찰서 정문을 돌아보는 이유

제가 대학교 다닐 때 일입니다. 3당 합당으로 민자당이 생기면서 사회가 한참 술렁거릴 때... 그 당시 전 민중미술에 한창 관심있던 때였는데 어느 날 총학생회에서 시위준비를 하는데, 걸개그림 작업을 위해서 같이 남아 있었습니다...

일생에 도움이 안 되는 울나라 졸부들...

17세기 경 영국에서도 부동산 경기를 타고 땅투기로 졸지에 부자가 된 계층들이 생겼었다 한다. 허나 돈만 있으면 뭐하나. 졸부(猝富)들은 빈약한 정신세계 땜에 각종의 콤플렉스에 시달리게 마련이다.

가장 무서운 건...

이·주·의·포·커·스

(딴지캠페인)

버스, 지하철 치한을 박멸하자!

지하철 그리고 뻐스깐의 미친넘들을 박멸하자!
대한민국 여자들 중 어릴 때부터 어른이 되어서까지 단 한 번이라도 버스나 지하철 안의 치한들을 만나보지 못한 요자는 없을 것이다...

10년 만에 걸려 온 여자 친구의 전화...

며칠 전 밤 12시가 다 되어 전화가 왔다.
깜짝 놀랐다. 10년 전 여자 친구였다.
"결혼했다며..."
"응..."
"어떻게 지내니..."
"너는..."
어색한 대화 몇 마디를 나누고 나서 서로 잘 살라고 한마디씩 하고선 전화를 끊었다. 담배 한 대 피워물고 나니 만감이 교차했다...
10년 전이 한순간에 되살아났다...
모든 것이 가물가물해서 정확한 연도가 맞는지는 모르겠지만 아마 대충 맞을 것이다. 아마 87년이었던 것 같다. 기억하시는지... 광화문 일대가 완전히 시민들로 덮이고 존두환이 비상사태를 선포하네 어쩌네... 정말 난리였다.
그러다 너태우가 6·29선언을 하고... 기명사미랑 김데중이랑 너태우랑 선거에서 붙었다. 너태우의 '보통사람, 믿어주세요' 하는 구호... 잘잘못을 떠나 성공적인 구호였다.
그 즈음 난 고3, 재수생 기간을 통과하고 있었다. 다른 것에 관심을 둘 수 없는 '죄인'이었지만 어느 날 우리 집에 자기가 읽던 책들을 들고 와서는 내 침대 밑에 쑤셔 넣고 이런 저런 이야기를 하더니 한 달만 잠적해 있겠다는 대학생 친구 뒷모습을 보며 '정치'를 처음으로 느꼈다. 그래도 그땐 쥐뿔도 몰랐었다.
그 전에 존두환이 체육관에서 몇 명 모아 놓고 북한식으로 거의 만장일치로 대통령에 선출되었었는데 존두환이 '단군 이래 최고의 민족영도자'란 좃선의 사설도 그때 나왔었다. 그때까진 김데중이는 무조건 '빨갱이'인 줄 알았고, 광주는 '폭동'인 줄 알았고, 존두환은 빡정희와 함께 조또 훌륭한 사람인 줄 알았으며, 호헌철폐를 외치며 거리에 나선 대학생들은 '새끼 빨갱이'인 줄 알았다.

TV와 신문에서 그렇게 가르쳐 주었으니까. 특히 좃선일보의 학생들 비판은 대단했다. 내가 시험 볼 때는 없어졌던 걸로 기억하는데 그 전 대입에 논술이 있어서 신문 스크랩을 오랫동안 했었기 때문에 몇몇 신문들 논설을 오랫동안 읽었었다.

내 기억으론 학생들은 무조건 '빨갱이'였다. 하여간 그 놈의 '데모'를 해대는 학생들 때문에 나라가 망해가고 있다고 생각했었다. 부모님들도 대학생이 되면 절대로 데모하지 말라고 신신당부를 하셨고 나도 당연히 그러면 안 되는 거라 생각하고 있었다.

당시 신문들 논지는 간단했다.

학생들이 폭력적 시위를 하고 있는데, 이것은 북한의 사주를 받은 불온한 세력이 뒤에 있으며, 이래서는 북한만 이롭게 하는 것이고 호헌, 즉 체육관에서 다시 대통령을 뽑는 제도는 아무 이상이 없다는 것이었다. 그러니까 존두환에서 너태우로 국민들의 심판을 받지 않고 그냥 쏠렁 정권이 넘어가는 걸 당연하다고 했었다. 그리고 학생들이 국론분열시킨다고 했었다. 당시 거의 모든 신문들이...

지금 생각하면 미친넘의 나라였다.

학생들은 그게 무슨 민주주의냐고, 사람들 죽여서 정권잡은 살인마 존두환 잡아들이라고 난리였고, 그대로 너태우에게 정권 넘어가는 게 있을 수 있는 일이냐고 헌법을 고치라고 주장했었다.

그 전에, 그러니까 87년 초에 박종철 군이 책상을 탁 치니까 억하고 죽었다는 황당한 보도가 나오고 얼마 후 진실이 밝혀지자 정부 성토는 대단했지만 그때도 좃선 보도는,

"분명 기관의 잘못이나 이를 이용해 국민을 선동하는 '빨갱이' 조심해야 한다... 북한이 기회를 노린다..."

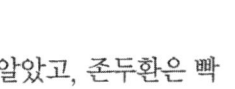

사회 7월 14일(월)

뭐 이런 식이었다.

'탁하니 억...' 이게 한동안 우스개 소리로 회자되었다. 그리고 박종철 군 아버님이 유골을 뿌리는 장면은 울 엄니가 펑펑 우셨기 때문에 정말 기억에 남는 장면이다.

"종철아 종철아... 이 애비는 할말이 없데이..."

그 절규 아직도 기억이 생생하다.

그러다가 이한열 군이 최류탄 직격으로 맞아 중태에 빠지는 사건이 발생했다. 그때가 6월 9일.

바로 그 다음날, 그러니까 6월 10일 당시 존두환의 민정당이 너태우를 대통령 후보로 지명했다.

그 유명한 6·10...

시민들이 광화문을 뒤덮고 일부 '빨갱이'가 아니라 '넥타이'들까지 그 시위에 동조하면서 전국으로 시위가 퍼져가고 교수들도 대대적으로 참여하고 하여간 온 나라가 들끓는 6월이었다.

당시 명동성당에 수백 명의 학생과 시민들이 농성을 시작했다가, 정부와 협상 해산을 결정했는데 안전귀가를 약속했던 정부는 약속을 깨버리고 농성자들을 수배하고 연행했다.

그렇게 온 나라가 어수선하다가 어느 날 갑자기 신문과 TV 9시 뉴스의 목소리가 변하기 시작했다.

그전까지만 해도 과격, 좌경, 용공, 정부 전복... 이런 단어로 도배했었고 폭력은 근절 되어야 한다, 국론 소모하지 마라... 그런 식이었으며, '데모'는 빨갱이들이나 하는 것이었는데, 언론의 태도가 서서히 바뀌는 것이 아니

라 한순간에 바뀌었다.

'국민들의 목소리를 들어라...' 뭐 그런 논조...

지금 생각하면 정말 어처구니없는 기회주의적 변신이지만 그 변신이 어찌나 급격한지 어린 난 어리둥절할 뿐이었다.

그럼 저 사람들이 빨갱이가 아닌가? 북한이 쳐들어 온다며..? 깡패들이라며...? 정말 가치 판단에 혼란이 왔다.

그리고 나서 너태우의 6·29 선언이 나왔다.

지가 다 국민의 요구가 받아들여지도록 만들겠다, 안 받아들여지면 사퇴하겠다는... 물론 존두환은 며칠 있다 받아들였다. 지켜진 건 없지만... 이게 너태우 작품이 아니라 존두환이 작품이었다는 건 한참이나 지나서 밝혀졌다.

그런데 당시 기명사미와 김데중 후보는 자신들의 욕심을 버리지 못하고 후보단일화를 끝내 이루지 못했고, 결국 어이없게도 너태우가 선출되었다.

그래도 신문마다 역사적인 '평화적 정권이양'이라며 난리가 났었다. 보통 사람의 위대한 시대가 열렸다고...

당시 백기완 씨는 지금 뭐하는지... 정말 궁금하다.

아 참... 그해 마유미... 그러니까 김현희의 칼기 폭파 사건도 있었다.

이 사건도 말들이 많았다...

그리고 난 대학생이 되었다...

그런데 정말 문제는 당시 사귀던 여자로부터 시작되었다. 그 여자 친구가 소위 운동권이 되어 버린 거다. 그것도 지하써클이라고 불리던 의식화 모임에 가장 열성멤버가 되어 버린 거였다.

맨날 읽는 책이 마르크스... 어쩌고 하는 당시 금서였던 것들이고

http://ddanji.netsgo

사회 ?월 14일 (월)

집에는 밤 12시가 넘어서 겨우 들어오고 허구 헌날 데모에 나갔다 가스 마시고 초죽음이 되어 돌아오고... 옷이 찢겨져 돌아오고... 정말 환장하겠더라, 그 심정 겪어보지 못하신 분들은 모른다.

그 가스는 얼마나 독했던가, 쿠바였던가... 어느 나라가 우리 나라 최류탄을 수입해 갔다가 폐기했다는 곳이... 이런 걸 어떻게 자국민에게 쓰냐면서...

백골단은 또 얼마나 살벌했던가. 저 놈들한테 걸리면 뼈도 못 추린다... 그런 기분들게 하는 놈들 앞에서 그 애가 구호 외치며 앉아있는 걸 보면 심장마비 걸리기 딱 좋았다.

매일 오늘은 무슨 데모가 있나 알아보고 걔네 학교 앞에 가서 전경들 뒤에 서있다 그 애가 보이면 달려가 붙잡아 돌아오고... 연애가 아니었다 그건...

그러다 드디어 사건이 터졌다. 그 애가 전경들에게 붙잡혀 얻어 터져서 흔히 하는 말로 눈탱이가 밤탱이가 되서 하루를 구치장에서 자고 왔다...

가슴속 깊은 곳에서부터 뜨거운 분노가 치밀어 오르고... 누군가를 향해 그런 광기를 부려보기도 처음이었다. 경찰서로 달려가 그 앞에 서 있던 아무 닭장차에 들어가 아무 전경이나 붙잡고 그대로 들이받았다... 물론 정신없이 다른 전경들한테 얻어 터졌고 잡혀 갔다... 그 전경 누군지 지금 한 번 다시 만나고 싶다... 하긴 어느 데모에선 군대갔던 친구를 전경들 속에서 발견한 적도 있었다. 전경이 뭔 죄가 있었겠나...

여하간 그 애는 내가 그랬는지도 몰랐지만, 그날 이후 난 그 애와의 관계가 소원해졌다.

아마도 두려웠기 때문일게다. 더 이상 그런 꼴을 본다는 것이... 한편으론 나 자신 참으로 비겁하다 생각하며 한편으로 그렇게 말려도 듣지 않는 그 애가 야속하기도 하고 또 한편으로 도대체 나라의 뭐가 어떻게 잘못되어 저 어린 여자를 저렇게 만들었는지 화가 치밀었었다...

그렇게 내 첫번째 여자 친구와는 끝이 났다...

'정치' 라는 것이 내 피부에 와닿기 시작한 것은 그 즈음부터였다. 열성적인 '빨갱이' 가 되지는 못했지만 언제나 심정적으로는 학생들 편이었다. 농성하며 밤새운 애들을 보면 미안하기도 하고... 용감한 그 누군가는 되진 못했지만 당시 학생들은 정당했다고 믿고 있었다.

그러다 군대 갔다오고 드디어 92년 대선 때가 되었다.

기명사미가 너태우랑 쫑필이랑 구국의 결단을 했다며 호랑이를 잡으려면 호랑이굴로 들어가야 한다고 했다. 황당했다...

기명사미, 김데중, 정쮸영... 셋이서 붙었다. 기명사미가 초반 치고 나가다가 부산 초원복집 사건으로 결정타를 먹는 듯했다. 근데 여기서 내가 여태껏 본 정치쑈 중 가장 놀라운 반전이 일어난다.

부산 지역의 기관장들이 특정정당의 후보, 기명사미의 조직적 지지를 모의하는 불법모임을 도청해 까발린 이 사건은 기명사미에게 돌이킬 수 없는 타격을 줄 듯했으나, 회까닥 뒤집혀 오히려 기명사미의 표를 굳히고 경상도 몰표의 주원인이 되었다.

선봉에는 좃선이 있었다. 좃선이 그랬다. 그런 모의는 옳지 않지만 더욱 나쁜 것은 도청이라는 것이었다. 작당모의 그 자체보다 나쁜 것은 그것을 알아내기 위해 사용된 수단이었다는 것이다. 놀라웠다.

근데 더 놀라운 것은 이게 먹혀들어갔다는 것이다. 기명사미는 자기를 음해하기 위한 공작정치라며 졸라 펄쩍펄쩍 뛰고... 경상도 지역에서는 전라도에 정권 넘어간다며, 평범한 서민들은 누려본 적도 없는 기득권 의식 자극해서 그 위기의식을 표로 연결하는 작업이 진행되었고...

우리가 남이가... 이거 그때 등장했다. 결국 기명사미가 되었다. 김데중은 울고 떠났다. 사실 그땐 기명사미가 된 것에 나름대로 의미

사회 9월 14일(월)

도 부여하고 희망도 품을 수 있었다. 이렇게 나라를 말아먹을 줄 누가 알았겠는가...

그리곤 또 얼마 전 대선이 지나갔다.

가만히 돌아보면 대선 당시 이혜창은 너태우, 기명사미 시설이랑 정말 비슷한 처지가 되었었다. 김유난 등에 업고 용 쓴 것도 그렇고 경제위기를 자초한 책임공방에 국론소모하지 말고 힘을 모으자고 한 것도 학생들이 호헌철폐 주장하는 데 국론소모하지 말라고 그런 것이랑 너무도 똑같고, 태생적 한계 역시 너태우랑 비슷했다. 전임자 밟고 지나가는 것도 그렇고...

대구에서 김영삼 인형 때리고 불태우고 그랬을 때는 정말 옛날 생각나더라... 너태우도 존두환이 열나게 씹고 결국 백담사 보냈었지 않던가. 기명사미 때처럼 '우리가 남이가' 써먹는 것까지도 어쩜 그리도 닮았을까...

학생 시절 한때 누가 누가 대통령이 되면 우리 나라 병폐를 싸그리 고칠 거란 생각을 한 적이 있었다. 이젠 그런 생각은 안 한다. 나도 이제 꿈과 이상을 잃은 '기성세대'가 됐나부다...

하긴 세상도 많이 변한 것 같다. 암에푸를 전후해 조용했던 대학생들을 보면 그런 생각이 든다. 80년대였다면...

이제 난, 현재를 다음에 내가 찍고 싶은 사람 마음대로 찍을 수 있는 세상으로 가는 징검다리로 여기기로 했다. 물론 지금 김데중 아자씨가 자신이 가진 능력을 최대한 발휘해 위기에 처한 우리 나라를 최소한 '정상'으로 되돌려 놓아주길 간절히 바란다. 50년 동안 뒤틀려 있던 시스템들을 '정상'으로만, 세계 제일의 시스템이 아니라 그저 상식이 통하고 서민들이 구박받지 않고 살아갈 수 있는 '정상적인 국가'로만 되돌려 주어도 좋겠다.

욕심인가...

그리고 10년 전 여자 친구 같은 애들이 다시는 나오지 않게 해줬으면 정말 좋겠다.

 이젠 다시는 학생들이 돌멩이를 들어야 하고 화염병을 손에 쥐어야 하고 잡혀가 열나게 쥐어터지고... 도망다니고 잡혀가고 친구가 쓰러지고 죽고... 그런 일이 다시는 없었으면 좋겠다.

 얼마나 많이 다치고 죽었던가... 씨바...

 마지막으로 한 가지 더 바람이 있다면 이 글이 인터넷을 빠져 나가지 않았으면 정말 좋겠다...

 이 글이 마누라 눈에 띄는 날이면 난 죽는다고 봐야 하기 때문이다...

- 딴지 사회부 기자

사회 1월 12일(월)

[실화] 내가 경찰서 정문을 돌아보는 이유

제가 대학교 다닐 때 일입니다.
3당 합당으로 민자당이 생기면서 사회가 한참 술렁거릴 때...
그 당시 전 민중미술에 한창 관심있던 때였는데 어느 날 총학생회에서 시위준비를 하는데, 걸개그림 작업을 위해서 같이 남아 있었습니다.
그림을 완성하려면 밤샘작업을 해야 했는데 그날 밤 경찰이 학교로 야간침투를 한다는 정보가 있어서 몇 명이 돌아가면서 정문 앞에서 불침번을 서기로 했습니다. 전 새벽 3시에 교대를 해주러 갔는데 4월 밤공기는 꽤 추웠습니다. 졸린 눈을 껌벅이며 교문 앞에 선배랑 서 있는데 검정색 차가 교문 앞으로 다가왔습니다...

나 : ????

정체불명의 검정색 차는 예사롭지 않은 눈초리로 우릴 한번 쳐다 보더니 그냥 조용히 가버립니다... 더 추워지는 날씨...
검정색 차량의 출현으로 긴장하며 그렇게 1시간 가까이 서 있는데 학교담 저쪽에서 달그락 달그락거리는 소리가 납니다. 전 선배랑 그 쪽으로 가봤습니다. 불길한 예감에 살짝 담 너머로 보는 순간 전 경악하고 말았습니다.
눈앞에 보이는 건 셀 수도 없는 하얗고 푸른 백골단 하이바...
깜짝 놀라며 선배를 쳐다보는 순간...
조금 전까지 분명히 내 옆에 있던 선배는 어느새 저쪽으로 타타타 탁 뛰는 소리만 내며 어둠 속으로 열라 도망가고 있었습니다.

나 : 야 이 나쁜 자식아!!! 나두 데꾸가~~~~

http://ddanji.netsgo.com

전 걸개그림을 그리던 건물로 뛰어가 다급하게 소릴 질렀습니다.

나 : 애들아~~~ !!! 뛰어!

하지만 이미 백골단은 정문을 통과했습니다. 한밤에 학교를 울리는 백골단 워커의 엇박자 배경효과음... 우두두두두두...
그 소리는 공포심을 자극하기에 충분했습니다. 시위준비를 하던 애들은 여기저기로 도망가기 시작했고 백골단이 이 건물 저 건물로 일사분란하게 뛰어들어가며 긴 몽둥이가 춤을 추는 것이 보였고 동시에 비명소리가 교정을 가득 메웠습니다...
고함 소리... 욕지거리...가 사방에서 터져나왔습니다. 전 그 광경을 보고 열라 학교 뒷산쪽으로 손에 각목 하나 들고 뛰어가기 시작했습니다.
하지만...
마음만 칼 루이스... 다급한 상황에서 현실은 냉정했습니다... 한참 내 뒤에 있던 친구놈이 바람같이 제 옆을 스쳐 지나갔습니다. 근데... 그냥 가면 될 것을... 이놈은 뒤돌아서 백골단을 향해 욕을 하며 약을 올리고 도망갑니다...

그놈 : 나 자바바라~

이에 빠짝 약이 오른 백골단은 속도를 내기 시작합니다.

나 : 헉... 헉... 저... 미... 친시키... 헥헥... 저게... 제 정신이야 지금... 헉헉... 쒸발넘... 헉헉...

이 말이 끝나기도 전에 웃기는 일이 벌어졌습니다. 분명 제 앞에서

사회 1월 12일 (월)

도망가던 뒷모습은 친구였는데 어느 순간부터 제 눈 앞에 보이는 건 친구의 뒷모습이 아니라 어느새 날 추월한 백골의 뒷모습이었습니다... 백골 한 명이 제 옆을 스쳐 제 앞으로 달려가고 있었던 겁니다.

순간적으로 말로 표현하기 힘든 묘한 감정이 스치고 지나갔습니다. 처절하게 무시당하는, 참을 수 없는 존재의 가벼움과 동시에 열라 다행이라는 똥꼬 깊숙한 안도감...

제일 앞서가던 친구놈 : 쫓아올 수 있음 쫓아와 봐 짭새야~~~
그 뒤를 쫓던 백골　　 : 너 씨파! 잡히면 나한테 뒤져써~~~
무늬만 도망자인 나　 : 헉... 헉... 쩝쩝... 헉헉...

웃어야 할지 울어야 할지 모르는 상황에 일단 난 살았다는 생각을 하며 옆길로 빠졌습니다. 그런데... 아... 정말 전 억울했습니다... 그 뒤를 잇던 나머지 백골 7명이 갑자기 방향을 틀어 절 쫓아오기 시작합니다...

나 : 아니 저것들이 나하구 먼 웬수를... 어흑흑...

달리기하고는 워낙 사이가 안 좋았으며 지금도 계속 안 좋고 있는 전, 곧 7명한테 둘러싸였습니다. 승패는 이미 결정된 것이었으나 손에 각목은 들고 있고... 도망갈 길은 없고... 전 독 안에 든 황소개구리나 마찬가지였습니다. 에라 모르겠다... 발악이라도 해보자... 라는 심정으로 각목을 휘둘렀는데... 지금 생각해 보면 완전 코미디였습니다.

나 : (눈을 질끈 감고) 살려주세요~ 휘익~ 때리지마세요~ 휘익~ 아으~

내가 생각해도 웃기다는 생각을 하며 제풀에 넘어져버렸습니다.

백골들 : (어이없는 표정으로) ... 이거 열라 우끼는 시키네...

그렇게해서 전 도망 못 가고 붙잡힌 나머지 애들하고 닭장차에 실렸습니다. 경찰서로 가는 동안 닭장차 안에서는 우린 포로의 모습... 바로 그것이었습니다. 백골들은 승리자가 되어 하이바로 실컷 머리통을 때린 후 이젠 마음놓고 지껄입니다.

백골 1 : 저런 시키들은 왼쪽다리, 오른쪽팔을 짜른 후
         난지도에 갖다 버려야 돼.
나   : (허걱!)
백골 2 : 누구 낚시바늘 없냐?
백골 3 : 야! 너 또 낚시바늘 쟤네들 코에 걸어서 잡아당
         기고 놀라 그러지?
나   : (어허익!)
백골 1 : 그 바늘 어제 병원에 실려간 애 코에 걸려서 갔을껄?
나   : (어쨌거나 없다니 다행이다...)
백골 2 : 그래? 그럼 거기 새거 꺼내.
나   : (오 마이 갓!)

새 낚시바늘을 꺼내는 동안 천만다행으로 경찰서에 도착했습니다. 경찰서 지하식당으로 가서 조사를 받는데 경위서, 진술서 이런 것들을 쓰고난 후에 높은 계급으로 보이는 사람이 들어옵니다.

높은사람 : 오늘 낮에 시내에서 시위가 있었다. 너희들도 아마 그
          놈들일 것이다. 이제부터 화염병 던진 놈들을 찾아낼

사회 1773월 12일(월)

테니 손바닥을 내밀어라!

화염병 안에 있는 신나나 휘발류 냄새는 쉽게 가셔지질 않기 때문에 냄새확인을 한다는 소리였습니다. 그 순간 전 가슴이 철렁했습니다. 전 화염병은 던져본 적이 없지만 그날 작업하던 걸개그림은 페인트로 그리기 때문에 손에서는 신나냄새가 진동하고 있었기 때문입니다. 이걸 어케 설명해야 하나…

갑자기 머릿속에는 철창이 그려지고 철창 밖에서 울고 계시는 어무이… 담배만 피시는 아버지… 죄수복을 입고 있는 내 모습… 하지만 그 생각에 앞서 먼저 떠오르는 건… 고문당하다 숨진 박종철… (그땐 정말 그런 기분들었다니까요…) 어두컴컴하고 습기찬 지하복도… 이런 것들이었습니다.

순간 성질 더럽게 보이는 전경이 저한테 왔습니다.

전경 : 쿵쿵.
나   : (두근두근)
전경 : (쓰윽)… … …
나   : (침을 꼴깍꼴깍 삼키며…) 아니 저 그게요…

완전히 조졌다는 생각을 하는 순간 전경은 제 귀를 의심 안 할 수 없는 말을 합니다.

전경 : (작은 목소리로) 빨리 바지에다 손바닥 문질러…
나   : 네?!
전경 : (역시 작은 목소리로) 구속되기 싫으면 내가 가려줄 테니까 빨리 냄새 없애란 말이야, 시바시키야.
나   : … !!!! (땀 뻘뻘 흘리며… 슥삭슥삭슥삭슥삭슥삭)

1ㄲ월 12일 (월) 사회 133

전 잽싸게 바지에다 손바닥에 연기 날 정도로 문질렀습니다... 조금 후 높은 사람이 확인하러 왔지만 그 전경의 도움으로 무사히 통과됐습니다. 전 그 전경의 이름이라도 확인하고 싶어 돌아봤지만 벌써 어디론가 가고 안 보였습니다.

그리고 무사히 경찰서를 나올 때까지 그 전경을 계속 찾아봤지만 끝내 못 찾고 고맙다는 말도 못한 채 경찰서를 나왔습니다...

그 후 그 경찰서를 지날 때마다 경찰서 정문을 보는 습관이 생겼습니다. 혹시 그 전경이 서 있다면 음료수라도 사주고 싶어서 말입니다.

이미 그 전경은 제대한 지 오래됐겠지만 지금까지도 그 경찰서를 지나가게 되면 경찰서 정문을 돌아보게 됩니다...

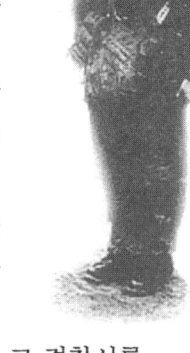

- 딴지 사회부 기자 송순규 pfsongsg@chollian.net

일생에 도움이 안 되는 울나라 졸부들...

17세기 경 영국에서도 부동산 경기를 타고 땅투기로 졸지에 부자가 된 계층들이 생겼었다 한다. 허나 돈만 있으면 뭐하나. 졸부(拙富)들은 빈약한 정신세계 땜에 각종 콤플렉스에 시달리게 마련이다.

가장 무서운 건...

내 자식놈들이 내 발가락만 닮았으면 좋으련만, 정신세계까지 국화빵 모냥 고대로 복제해가지고 서글픈 콤플렉스를 자손대대로 물려주다가 행여 박 머시기네 한약방집 아들 같은 또라이를 낳아서 재산까지 왕창 말아먹지는 않을까 하는 걱정이다. 별 수 있나. 가진 건 돈밖에 없는데...

고급선생 데려다 돈으로 처발라 가르쳐 놓으면 이 놈들의 정신세계도 채워지겠지...

여기까진 우리 나라 강남 졸부나 17세기 영국 졸부나 다를 바 없다. 근데 그 다음이 다르다. 돈을 처바르는 스케일이 다른 것이다.

당시 영국은 촌스러운 섬나라로서 유럽문화(특히 프랑스 문화)를 동경하고 있었는데, 영국의 졸부들은 자기 자식들에게 최고급 문화를 익히게 할 작정으로 과감히 유럽여행을 보냈다. 그러나 영국 졸부들은 강남 졸부들처럼 이 망나니들을 혼자 보내지는 않았다.

그들은 자기 자식들에게 각종 수행원들을 대동시켰는데 그들 가운데 가장 중요한 사람은 개인교사, 즉 우리 식으로 말하면 과외 선생이었다. 그런데 영국 졸부들이 상대한 과외선생 후보들의 레벨은 최소한 대학교수급이었다. 대학교수가 할일 없어서 코흘리개 여행하는 데 따라다니냐고? 영국 졸부들이 제시한 조건을 보면 생각이 달라질게다.

『리바이어던』으로 유명한 토마스 홉스도 당시 한 영국 졸부의 손짓에 과감히 대학교수 생활을 청산하고 코흘리개를 따라나섰는데 이 때 제시된 조건은, 대학교수 '연봉'을 '월급'으로 지급한다는 것. 보통 한 번에 수년이 걸리는 여러 차례에 걸친 긴 여행이어서 계약기간이 매우 길었기에 그들이 대학교수 생활에 미련을 둘 이유가 별로 없었다. 어떤 학자가 엄청난 보수도 받고 여행경비도 들이지 않은 채 맘놓고 유럽 본토의 문화를 답사할 수 있는 기회를 눈 앞에 두고 머뭇거리겠는가.

이 영국 졸부들의 무지막지한 교육열이 17~18세기 영국 학문의 발전에 기여한 바는 자못 크다. 이 '과외 여행'은 당시 영국에서 100여 년 동안이나 졸부들 사이에 일종의 붐을 일으켜 - 우리 나라에서처럼 부자 흉내내다 허리 휘어진 싸이비 졸부들도 많았다 함 - '그랜드 투어'라는 이름으로 문화사의 한 페이지를 장식하게 만들 정도였다.

여행의 직접적인 수혜자였던 졸부들의 자식들 가운데에서도 여러 인물들이 나왔을 테지만, 그보다는 이 맘모스급 '고액과외'를 행한 당시의 학자들이 유럽 본토의 문화를 쏙쏙들이 흡수해 와서 촌스러웠던 영국 문화를 세련되게 만들었으리라는 것은 쉽게 추론해 볼 수 있는 사실이다.

위에서 말한 '그랜드 투어'를 우리 현실의 과외 문제에 직접적으로 적용할 수는 없다. 사실 그들의 교육은 '과외'라기보다는 '전적인 사교육'에 가까웠다. 영국 졸부들의 자식들에 대한 교육방침이 절대적으로 옳다고 말할 수도 없을 것이다.

그러나 위의 영국 졸부들의 예를 보면, 부자들이 자기 자식을 위해 돈을 쓰더라도 제대로, 확실하게 쓸 때는 나라와 역사의 발전에 도움을 줄 수도 있다는 점을 알 수 있다.

더욱이 17세기 영국 졸부들의 교육열은 말 그대로 자식을 '교육시키자'는 거였다. 최소한 20세기 말 한국 졸부들의 사이비 교육열처럼 자식들 '간판 사주자'는 생각이 아니었다는 말이다.

사회 ㄲ월 14일 (월)

우리 사회에서 '고액과외' 사건이 터져 비난이 몰아칠 때면, 당사자들은 항변한다. 돈 많아서 자식에게 투자하겠다는데 왜 막냐고. 자유민주주의 사회에서 이건 재산권 침해, 내지는 행복추구권 침해 아니냐고. 맞는 말이다.

그런데 영국 졸부들을 생각하니 좀 씁쓸하다. '돈 많아서 투자한다'는 게 고작 그 정도밖에 안 되나. 아이의 어린 양심, 푸른 정서를 모조리 저당잡힌 채 미래에 가져다 걸 '간판' 하나를 위해 배팅하는 걸로는, '전 과목 7개월에 4천만 원'이면 지나치게 적은 것 아닌가. 그 돈은 당신들 용어로 '껌값' 아니던가.

그렇게 판돈 아끼다 '간판'은커녕 왕창 피볼 수 있다는 거 잘 아실 텐데 왜 그러시나. 그리고 그 투자내용이란 게 뭔가. 유홍준 선생 고용해서 문화유산 답사 교육이라도 시키나? 헐... '족집게 학원강사'라니. 밴댕이 속알딱지 하고는...

'족집게'가 통하는 뺑뺑이 돌리기식 교육제도가 학벌 위주의 권위주의적 사회체제와 맞물려 진행되는 우리 사회의 총체적 비합리가 해소되지 않는 한 '족집게 과외'는 사라질 리 만무하다.

이러한 비합리의 사슬이 여전히 굳건함을 알기에 우리는 '고액과외'에 걸린 '재수없는' 인간들을 동정하기까지 한다. 사실, 없는 사람에겐 한 달 20만 원도 '고액'이다. '고액과외' 시켰다고 돌 던질 수 있는 자 누구랴.

교육열은 아무리 지나쳐도 비난받을 일이 아니다. 그러나 세계 일류의 교육열을 자랑하던 우리들의 '교육'에 대한 생각은 완전히 삐뚤어져 있다. '교육열'이라기보다는 콤플렉스와 억눌림에 대한 왜곡된 '보상심리'이며 자식에게까지 연장된 '출세욕'이다.

그래서 우리 사회의 교육열은 거품치우면 남는 게 없는 사이비 교육열이다. 우리의 거품경제가 나라를 망쳤듯이 우리의 거품 교육열이 나라를 망치고 있다.

자식의 '정신세계'를 돌보아주는 대신에 제 눈 앞의 '물질세계'만을 염려하는 넘들. '교육'이란 말 대신 '투자'란 경제용어를 아무렇지도 않게 써대는 넘들. 일류대 간판 따주는 게 재산 물려주는 것보다 백번 효율적이라며 침 튀기는 넘들.

십만 원을 쓰건 천만 원을 쓰건, 일생에 도움이 안 되는 우리 나라 졸부(拙富)들이다.

— 딴지 교육부 기자 최유준 hoggenug@netsgo.com

사회-이주의 포커스 ㅁ월 14일(월)

[모집공고] 일본 괴멸특공대 모집!

며칠 전 본지에 '채규대(chae6685@unitel.co.kr)'라는 분으로부터 긴급한 광고의뢰 메일이 한 통 접수되었다. 검토 결과 전 국민적 관심이 요구되는 광고라 판단되어 이에 게재하기로 한다.

귀 신문의 무궁한 발전을 기원합니다. 다름이 아니오라 금번 제가 아래와 같은 사업을 하고자 하려는데 광고비용이 없어 부득이 귀사의 도움을 요청하고자 하오니 귀 신문에 공짜로 게재해 주시면 그 은혜 제가 이 나라 떠날 때까지 잊지 않겠습니다.

【 일본 괴멸특공대 모집요강 】

1. 취 지

36년간 한민족을 유린하며 온갖 만행을 저질러 수많은 살인과 문화의 찬탈을 자행했으며, 그러고도 지금까지 단 한 번의 진심어린 사과도 하지 않고 급기야 정신대로 끌려가 젊음을 빼앗긴 한국의 여인들에 대한 보상조차 할 의사가 없음을 강조하는 저들을 오늘날 응징하고자 함.

저들의 만행 중 아직도 알려지지 않은 것들이 해마다 새로이 밝혀지고 있으며, 최근에는 중국 해남도에서 수많은 죄없는 한국인들이 강제 징용되어 노역을 하다 학살당한 사실이 밝혀지기도 했다. 이 역시 당시 책임자들은 사실을 부인하고 있다. 우리는 그렇게 죽어간 우리네 조상들의 한을 풀어주어야 할 의무가 있으며, 그것이 바로 구천을 떠돌고 있을 그 분들의 원혼을 달래고 한민족의 위상을 세계에 드높이는 길이라 생각한다.

그 방법으로 현재 국제 관계상 전쟁을 통한 무력응징은 현실적으로 불가능하다는 결론을 내리게 되었다. 결국, 그들이 남기고 간 또 하나의 일제 잔재인 한국인 중 무질서, 지역감정, 법을 무시하는 의식을 가진 사람들을 일본사회에 투입하여 일본사회를 혼란시켜 급기야 멸망의 길로 유도하고자 한다. 이는 한국의 불필요한 인력의 청소 효과와 함께 일본을 멸망시킬 수 있는 다목적 처방이다.

2. 모집요강

다음의 세 개 조로 나뉘어 투입하여 각각의 분야에 동시다발적으로 활동을 하게 한다.

(1) 지하철 파견조 : 일본의 지하철을 혼란시켜 사회의 무질서와 공포분위기를 조성하는 임무
  - 열차문이 열리자마자 내리는 사람들을 힘차게 드리 밀고 들어가는 데 일가견이 있는 분 (한국지하철 이용객의 대부분이 이 방면 도사이기 때문에 특별 실기전형으로 엄선)
  - 옆칸에라도 빈 자리가 나면 번개처럼 가방을 투척하거나 몸을 날려 자리를 확보할 자신이 있으신 분 (특히 아줌마 아저씨 노친네 등, 차만 타면 왠지 신체의 장애를 호소하는 분)
  - 발냄새 하나로 여러 사람 사망시킬 자신 있으신 분(신발 벗고 앉아 옆자리 일본넘들 질식사 시키는 역할)
  - 전철 안에서 핸드폰에다 대고 1,000데시벨이 넘는 소리로 우렁차게 통화할 수 있는 분
  - 애새끼 남 눈치 안 보고 망나니처럼 자라도록 아동교육에 심혈을 기울이시는 분
  - 계단이나 통로에서 좌측통행 같은 하찮은 룰은 가뿐하게 무시하여 걷는 사람 밀어 자빠뜨릴 자신 있으신 분 (이 부문 능통자는

사회-이주의 포커스 9월 14일(월)

쓰모 선수로 자동 등록시킴)
- 신발 신은 채 빽빽 소리를 지르면서 의자 위를 종횡무진 뛰어다니도록 교육받으며 자란 희망찬 어린이 대원(또는 전철 안을 트래이닝장으로 이용할 정도로 알뜰하신 분)
- 어데서나 신문을 자기 팔이 찢어지도록 쫙 펴서 읽어, 옆에 있는 일본넘 아구창이 멍들게 하실 수 있는 분
- 팔다리 다 없는 일본 장애자가 타도 노약자 장애인석에 나몰라라 앉아 계실 수 있는 꿋꿋한 분
- 문이 열려도 내리는 사람 가로막고 가열차게 버텨서 다음 역까지 끌고가실 수 있는 끈기 있는 분
- 차 바닥에 힘차게 아주 걸쭉한 가래침을 뱉어서 발로 싹싹 비벼 촉촉하게 하여 차내 습도조절에 도움을 주실 수 있는 젊은 대원
- 껌을 천둥소리로 착각할 정도로 크게 소리내어 씹으며 친구와 끊임없이 조잘거릴 수 있는 분
- 자신의 긴 다리를 거침없고 자신감있게 쩍 벌리고 앉아 옆의 일본넘 정강이 쥐나게 하실 수 있는 분
- 눈만 마추치면 "뭘 봐 이 쉐꺄" 하며 전철을 일시에 공포분위기로 만들 자신 있는 늠름한 분
- '어떤 고난에도 새치기를 하도록 하거라' 가 가문 대대로 내려오는 가훈이신 분
- 기타 질서를 지키느니 차라리 죽음을 달라며 질서를 인류의 보이지 않는 적으로 간주하시는 분

(2) 하라주쿠 파견대원(15세~22세까지) : 일본 젊은이들이 많이 모이는 장소에 투입되어 혼란을 야기시켜 지들이 갈 데까지 갔다는 자괴감을 심어주는 임무를 수행
- 아무데나 시속 50km 이상의 속도로 껌 뱉고 침 뱉어 바닥에 철

퍼덕 붙이는 고난이도 기술을 구사하는 분
- 오토바이에 가스통 6개 이상 싣고 양손 놓은 채로 시속 120킬로미터 이상 앞도 안 보고 질주하실 수 있는 분
- 어린 시절부터 질서를 지키는 것은 병신 같은 짓이라고 어른들한테 꾸준히 교육 받으며 자라신 분
- 새치기를 가장 자랑스런 사회활동이라고 생각하시는 분
- 욕이라면 아무리 어려운 일본말이라도 한 번 듣고 바로 바로 구사하실 수 있는 분
- 기타 나에게 미래는 필요 없고 오직 현실의 쾌락만이 낙이라고 생각하시는 젊은이 모두

(3) 일본 국회 및 정치판 혼란 대원 : 일본의 국회를 식물국회로 만들어 정치부재 상태로 만드는 임무
- 전현직 국회의원 전원 테스트없이 신청과 동시에 선발
- 정당 모임에 번개처럼 나타나 쑥밭으로 만드실 수 있는, 화려한 경력의 전직 용팔이들

(4) 지역감정 조장 대원 : 나고야 지방에 파견하여 무시당하고 있는 나고야 사람들을 꼬드겨 동서 분열을 일으키는 임무
- 깽깽이가 대통령 된 것 때문에 억울해서 밤잠을 설치고 밥맛 입맛 모두 잃으신 경상도 분
- 보리문둥이 이제 두고 봐라고 벼르고 계셨던 전라도 분
- PC 통신에 게거품 물고 지역감정의 독기가 서린 글을 올리시는 분
- 기타 남 이간질시키는 데 특출한 재주가 있으신 분

3. 참가자 혜택
- 투입시 항공료 및 체재비 전액 지원. 단, 귀국시 비용은 지원하

지 않음. 임무 성공 후 자신감을 얻어 미국 사회도 별 거 아니라고 생각하시는 분은 미국행 항공료 및 체재비 추가 지원.

4. 모집기간
1998년 12월 31일까지(투입시기 1999년 1월 3일 09:30발 대한항공)

5. 거사 비용 모금
- 본 행사에 지원을 하시고자 하는 분은 아래 계좌로 정성이 담긴 성금을 지원바람. 궁민(窮民)은행 265-24-0016-728

6. 접수처
- chae6685@unitel.co.kr 주소로 메일 접수

[딴지캠페인] 버스, 지하철 치한을 박멸하자!

지하철 그리고 뻐스깐의 미친넘들을 박멸하자!
대한민국 여자들 중 어릴 때부터 어른이 되어서까지 단 한 번이라도 버스나 지하철 안의 치한들을 만나보지 못한 요자는 없을 것이다. 처음에는 놀라서 아무 말도 못하고 얼어 있다가 나중에는 불쾌한 마음이 하루종일 머릿속을 떠나지않고, 급기야 더럽게도 억울한 마음에 펑펑 울어버린 경험들도 많으시리라.
이에 본 기자는 불타는 사명감으로 그런 개 같은 경우를 만나는 여성들을 위하여 주위의 사례들을 긁어모아 케이스별 지침서를 만들까 하노니, 은주 금주 지랄 쌈싸먹기 하는 '보고 또 보고' 같이 유혈이 낭자하는 싸이코 스릴러물만 보지 마시고 이 글도 보고 또 보고하여 달달 외우신 후 비상사태시에 유용하게 써먹어주시면 감사하겠다.
비록 완성본은 아니나 이 치한사태는 넘 다급한 사안이라 일단 정리된 만큼만 하고 담에 또 하도록 하겠다.

■ 케이스 분류
① 뒤에서 비비적대거나 옆에서 괜히 넘어지는 척 부딪치며 슬쩍 저 탱이 같은 급소를 만지는 미친노무 새끼덜
② 버스나 지하철의 손잡이를 잡고 있는 여자들의 손등 위로 덥썩 손을 포개고는 꿈쩍도 않는 죽일노무 새끼덜
③ 의자 등받이가 높은 관계로 특히 치한들이 설치기 좋은 치안의 사각지대인 좌석버스 안에서, 창가 쪽에 앉은 여자들을 공포에 떨게 하는 망할노무새끼덜
④ 기타 여러 종류의 삽질하는 새끼덜...

박멸하는 방법

①의 경우, 구두 뒷굽에 온 힘을 실어 졸라 쎄게 그 넘의 엄지 발 꼬락이라고 짐작되는 부분을 밟아준다. 그래도 안 떨어져나갈 경우, 들고 있는 가방이나 핸드백 모서리를 뒤로 향하여 그놈의 급소(자X라고 알려져 있다)를 기냥 콱 찍어버린다. 거품을 물고 쓰러지건 바닥을 뒹굴며 쥐랄하건 알 바 아니다.

②의 경우, 큰 소리로 말한다. "야 이 씨방새야! 이거 내 손이야. 저리 꺼져 탱구리야!" 좀 험하다. 그러나 이런 넘들은 과감하고 대차게 상대해야 한다. 겁 먹으면 겁 먹을수록 기승을 부리는 게 이런 부류다.

③의 경우, 이건 좀 위험하다. 여자가 안쪽에 있을 경우 매우 위험한 상황에 처하기도 한다. 가급적 복도 쪽에 앉을 것을 권한다. 다른 사람에게 잘 안 보이기 때문에 쪽을 줘서 내쫓는 것이 안 통한다. 또한 통로가 차단되고 반밀폐되어 있다는 심정에 두려워 기선을 제압 당하기 십상이다. 본 기자 같은 경우야 문제가 없지만, 일부 심약한 요자들은 완전히 겁에 질리게 된다.

한겨울임에도 불구하고 자리에 앉자마자 입고 있던 잠바를 벗어 다리 위에 덮은 후 그 속에 손을 넣어 옆의 요자 다리를 주무르는 미친넘의 이야기도 전해진다. 이런 넘들은 삽자루로 뒤지게 패야 하는데, 문제는 평소 삽자루를 소지하고 다닐 수 없다는 것이다.

이러케 콧구녕을...

볼펜 같은 걸로 콧구녕을 찔러버리거나, 하이힐 뒷굽으로 마빡을 쌔려버리는 방법이 있지만 복수가 두려워 실행에 옮기지 못하는 요자들이 대부분일터... 요건 다른 요자분의 성공담이 필요하다. 많은 요자분들의 투고 바란다.

④는 앞으로 차차 분석하겠다.

이제 응용사례를 몇 가지 들려주겠다. 참고로 모두 실화이다.

사례 1

평소 A씨는 등빨좋고 입심좋고 게다가 인심도 좋아서 동네에서는 인기많은 아줌마였드랬다. 어느 날 이 아줌마, 시내에 볼일이 있어 외출했다가 집으로 돌아오는 길에 지하철을 탔드랬다. 마침 퇴근시간이어서 역을 지날 때마다 꾸역꾸역 밀려드는 사람들로 인해 몸을 꼼짝달싹할 수 없을 정도로 미어터지는 상황이었드랬다.

그런데 갑자기 궁디 부근에 뭔가가 느껴졌단다. 가방이겠지 싶어 엉덩이로 살짝 밀며 공간확보를 위해 신경전을 벌이는데 잠시 후 또다시 뭔가가 스물스물 엉덩이 근처를 배회하더라는 것이다. 이 아줌마 면도날처럼 날카로운 여자의 육감으로 판단하길 '굶주린 미친넘'이구나 싶었단다. 뒤돌아 귀싸대기를 날려줘야겠다고 생각하는 순간, 그 미친넘이 힘이 불끈 솟아올랐는지 갑자기 아줌마 엉덩이를 움켜쥐더란다.

뚜껑 열린 우리의 아줌마. 얼른 손을 뒤로 뻗어 미친넘의 손을 덥석 잡아뿌렸다. 그리고는 홀리필드의 승리를 선포하는 주심마냥 미친넘의 손을 위로 번쩍 들어올린 채 큰 소리로 외쳤다.

"이 손 임자 나왓, 쉐꺄!!!!"

그 미친넘은 아줌마의 손아귀에서 벗어나려 안간힘을 쓰다가 개쪽팔린 표정으로 다음 정류장에서 꼬랑지 감추며 토꼈다 한다. 열라리 멋진 한국의 요인네가 아닐 수 없다.

사례 2

의대생이었던 B씨 역시 재수없던 어느 날, 학교가는 지하철 안에서 미친넘을 만나고야 말았다. 역시 이 넘도 뒤에서 들러붙어 엉덩이를 자꾸 만지더라는 것이다. 신경질이 나서 한 번 쏘아보고는 약간 옆으로 자리를 옮겼는데 이 미친넘이 다른 사람의 신문을 보는 척하며 같이 따라와 다시 또 뒤에 서는 것이다. 지극히 멀쩡하게 생긴 넘이었단다. 이 새끼를 어떻게 처치해야 하나 고심하던 B씨는 잠시 후 뒤를 돌아, 한창 무아지경에 빠져 B씨의 엉덩이를 주무르며 씩씩대고 있는 미친넘 정면을 보며 이렇게 말했다.

"(졸라 큰 목소리로) 허이고~ 신났구나 신났어~ 내 히프가 그리 좋냐? 한짝 떼주랴?"

주위 사람들이 모두 쳐다보자 그 미친넘은 낯짝을 숙인 채 옆칸으로 내뺐다 한다. 이런 넘들은 개망신주는 게 상책이다.

사례 3

어느 더운 여름날, C씨는 보기에도 시원한 반바지를 입고 뻐쓰를 탔드랬다. 그녀는 맨 뒷좌석 다섯 명이 쪼르륵 앉는 곳의 젤 구석탱이에 앉아 가고 있었다. 옆자리에는 전부 남자들이 앉아 있었더란다. C씨 옆의 사내가 자꾸 C씨를 흘낏 쳐다봤다. 기분이 찝찝해진 그녀는 창 밖을 바라보며 그의 시선을 피했다. 그런데 갑자기 옆자리의 사내가 자세를 고쳐앉으며 팔짱을 끼는 척하더니 한쪽 손을 그녀의 허벅지로 슬그머니 올려놓는것이 아닌가.

순간 너무 놀란 그녀. 그러나 곧 기지를 발휘하였으니... 그녀는 자기도 한 손을 사내의 허벅지에 살포시 다정스럽게 올려놓고 손톱을 있는 힘껏 세워 쫘아아아악~ 긁어내려갔다. 이윽고 사내의 얼굴이 흉하게 찌그러지며 붉게 물들더니 급기야 눈가에 눈물이 고인 채 허벅지를 움켜쥐고는 "아야~~" 하는 신음소리를 내더란다. 그 후로 그 사내는 꼼짝을 안 했단다. 역쉬 요자들은 평소 손톱관리에 신경을 써줘야 한다.

위와 같은 류의 미친넘들이 착각하고 있는 것이 한가지 있다. 자신들의 행동에 여자들이 아무 반응을 보이지 않고 가만히 있는 경우,

그걸 여자들이 좋아하는 거라고 생각하는 천만의 말씀, 만만의 콩떡 같은 지랄 옆차기를 해대고 있는 것이다.

불쾌하고 찝찝하지만 무서워서, 또 너무 충격을 받아서 잠시잠깐 선 채로 얼어있는 것뿐이지, 어떤 여자가 생전 듣도 보도 못한 넘이 뒤에서 입냄새 풍겨가며 주물럭거리는데 그걸 즐기고 좋아하겠는가.

성인여자들도 그런 일을 당하면 하루종일 언짢고 열받을진데, 하물며 한창 감수성 예민할 여중생, 여고생들의 정신적 충격이야 두말하면 잔소리다. 여성들이여, 버스나 지하철의 치한이 그대들에게 접근하면 몸으로건 말로건간에 불쾌하다는 의사표시를 확실하게 하시라. 쫄지 말고 적극 대응하시라.

그리고 대다수의 보통 남성들이여, 주위에서 힘없이 당하고 있는 여자승객들이 있으면 도와주시라. 그럴 때 한 번 멋진 남자 되어보는 거다.

마지막으로 뻐쓰깐 혹은 지하철 안의 미친노무 씨방새 개쉐이들아. 니 딸이라면 니 부인이라면 니 어머니라면 남들이 그렇게 주무르고 비벼대도 좋겠냐?

버스나 지하철의 치한들은 의외로 고학력의 직장인이 더 많으며 대개가 상습범들이란다. 하여간에 배운 넘들이 더 지랄하고, 있는 넘들이 더 인색한 게 우리 사회인가보다.

마지막으로 뽀나쓰 실화 하나 더.

본 기자의 친구 회사 한 여직원이 버스를 타고 가던 중 부서 과장이 마침 같은 버스에 탔다는 걸 뒤늦게 발견했다. 반가운 마음에 사람들 사이를 비집고 아는 척을 하려는데 아 글쎄 그 과장이 어느 미니스커트 아가씨 뒤로 다가가더니 그녀의 치마를 들어올리며 두 눈을 지그시 감고 황홀한 표정을 짓더라는 것이다. 기겁을 한 이 여직원은 다음날 회사에서 내 친구를 비롯한 동기생들에게 얘기를 했고, 소문은 퍼질대로 퍼져 사내에서 모르는 여직원이 없게 되었단다. 복

사회-이주의 포커스 1ㅁ월 12일(월)

   도에서 그 과장을 마주칠 때마다 여직원들은 몸을 사리며 피해다녔다고 한다. 이런 인간이 왕따 되는 것이다.
   마렵다고 아무데서나 싸면 되겠능감. 자고로 똥은 변소가서 싸는 것이다...
   요자들이여... 그대들의 퇴치 경험담이 필요하다. 투고해 주시라!

- 옴부즈걸 겸 사회부기자 로이쑤 loiskim@netsgo.com

이제 똥침의 공포로부터 벗어나시라.

그 어떤 각도의 필살기도 막아낸다.
초강력 티타늄 합금을 소재로 한
똥침 방지용 첨단빤스.

어디! 어디에서 나타났나~
황금빠안~스!

국제

▶ 정치 경제 사회 국제 문화/생활 정보통신/과학　▶ BEST 스포츠 테마신문

[생활리포트] 독일 특파원 - 버스

[특종] 놀스케롤라이나 똥국물 중독 사건

이주의 포커스

[뉴욕정복] NY특파원의 스페샬 리포트(2)·(3)

http://ddanji.netsgo.com

국제

생활리포트

독일 특파원-버스

지난 호에서는 뮌스터의 자전거에 대해서 말씀드렸고, 오늘의 이야기는 '버스'에 관한 것이다. 앞으로도 계속해서 독일과 한국, 시골과 서울이 어떻게 다른지 계속 연재하겠다.

주로 자전거를 이용한다 하더라도, 시내버스를 타지 않을 수 없는 때가 있다. 무거운 짐을 들고 있거나, 겨울에 몹시 비가 내리고 추울 때 특히 그렇다. 연로하시거나 몸이 아파서 자전거를 탈 수 없는 분들도 당연히 버스를 이용한다.

국제

▶ 특 종
놀스케롤라이나 똥국물 중독 사건

우리 민족 엽기성은 때와 장소를 불문한다... 본지 미국 특파원이 전해 온 이 소식을 접하며 본지 데스크는 암... 그렇고 말고 과연 우리 민족이라는 뿌듯한 동포애에...

이·주·의·포·커·스

▶ 뉴욕정복
NY특파원의 스페샬 리포트(2)·(3)

암에푸로 사회 전체가 고개를 숙이고 있다. 일부 워낙 있던 넘들을 제외하곤 이제 안전지대란 없는 것처럼 보인다.

요즘... 좌절하는 사람들도 있겠고, 재충전의 기회로 삼는 사람도 있겠고, 그리고 이 기회에 아예 한국을 떠버릴까... 생각하는 사람들도 적지 않겠다. 아예 한국을 떠버릴까...

국제 9월 14일 (월)

[생활리포트] 독일 특파원 – 버스

지난 호에서는 뮌스터의 자전거에 대해서 말씀드렸고, 이번 이야기는 '버스'에 관한 것이다. 앞으로도 계속해서 독일과 한국, 시골과 서울이 어떻게 다른지 계속 연재하겠다.

주로 자전거를 이용한다 하더라도, 시내버스를 타지 않을 수 없는 때가 있다. 무거운 짐을 들고 있거나, 겨울에 몹시 비가 내리고 추울 때 특히 그렇다. 연로하시거나 몸이 아파서 자전거를 탈 수 없는 분들도 당연히 버스를 이용한다.

특히 눈에 띄는 것은 유모차를 끌고 있는 주부들이 편리하게 버스를 이용한다는 것이다. 한국에서는 아주 드문 이 일이 왜 이 촌구석 뮌스터에서는 가능한지 이제 살펴보기로 하자.

1 이곳의 버스에는 유모차나 휠체어, 혹은 자전거를 실을 수 있는 공간이 반드시 마련되어 있다. 출입구 주위의 가로 2미터, 세로 4미터 정도의 공간이 의자가 없는 채로 널찍하게 비어 있어서 이것들을 세울 수 있다.

그렇다면 나머지 손님들을 위한 공간이 너무 부족하지 않을까?

아니다. 이곳 뮌스터의 시내버스들은 대부분이 '이중버스'이다.

즉 두 대의 버스가 앞뒤로 연결되어 있고, 1명의 운전사가 이것을 운전한다. 그래서 공간이 매우 넉넉하다.

2 또 하나의 결정적인 이유는, 버스에 손님이 적어서 그런 여유공

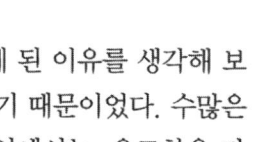

간을 충분히 둘 수 있다는 것이다. 다시 그렇게 된 이유를 생각해 보니, 뮌스터가 대도시가 아닌 아주 작은 도시이기 때문이었다. 수많은 사람들이 늘 버스와 전철을 가득 메우는 대도시에서는, 유모차용 자리를 만들어 보았자 결국 그 자리마저 보통 손님들이 차지하지 않을 수 없으니까 말이다. 이곳에서도 출퇴근 시간에는 무척 버스가 붐비기 때문에, 그런 시간에는 자전거를 실을 수 없도록 되어 있다.

3 또 하나의 중요한 차이는 버스의 승차구이다. 이것은 운전사가 있는 맨 앞에, 그리고 각 차체의 중간에 하나씩, 모두 세 곳이 있다. 또한 문이 한국과는 달리 겹으로 되어 양쪽으로 열리기 때문에 두 배 이상 넓다. 유모차를 접을 필요도 없이 그냥 쑥 밀고 들어가면 된다. 자전거도 마찬가지다.

아울러 버스가 정류장에 서게 되면, 승강구 쪽의 바퀴를 20~30cm 정도 낮추는 장치가 있어서, 승강구와 지면이 거의 닿을 정도가 된다. 유모차를 가진 주부나 노약자, 그리고 휠체어 탄 사람들이 그래서 가뿐하게 차에 오르내릴 수 있다.

4 그럼 버스 운전사가 차표 검사는 어떻게 하느냐고 당연히 물으실 것이다. 손님이 뒤로 탄 후에 운전사가 있는 앞까지 가려면 힘들지 않을까 생각하실 것이다.

한마디로 대답한다면, 운전사는 차표검사를 하지 않는다. 손님들은 운전사에게 차표를 보여줄 필요가 없고, 운전사가 손님에게 차표를 보여달라고 하는 일도 거의 없다. 지난 2년간 이곳에 살면서 그런 일은 딱 한 번 있었다. 본 특파원은 그 운전사를 좀 '이상한' 사람으로 생각하고 있다. 왜 그런지는 이 기사를 계속 읽어 보시면 알게 된다.

으잉? 그렇다면 버스가 무료라는 말인가? 물론 무료가 아니다. 독일의 버스 요금은 우리에 비해 상당히 비싼 편인데, 뮌스터의 경우

국제 9월 14일(월)

짧은 구간(4정거장까지)은 1마르크 70페니히(약 1,400원)이고, 보통의 경우 2마르크 80페니히(약 2,200원)이다. 4번이나 10번 사용하는 표를 살 경우에는 할인이 되므로 매번 2마르크 30페니히(약 1,900원)를 낸다. 버스비는 도시마다 전부 다르지만, 대충 이 정도라 생각하시면 된다.

그래서 뮌스터 주민들은 보통은 1개월짜리 표(70마르크 50페니히, 5만 7,000원)를 구입한다. 초중학생들 역시 1주일짜리(19마르크, 1만 6,000원), 혹은 1개월짜리(58마르크 50페니히, 4만 8,000원) 표를 구입한다.

대학생들의 경우에는, 지난 번 기사에서 설명드렸지만, 매학기마다 등록을 할 때 내는 돈에 이미 버스와 기차요금이 포함되어 있어서 학기용 표가 나오므로 역시 그 표를 이용한다...

이런 장기간에 걸쳐 쓰는 표를 파는 곳이 뮌스터 시내에는 딱 두 곳(역과 시청 옆)이 있다. 이와 같은 장기간용 차표가 없는 손님들은, 버스에 타면서 운전사에게서 차표를 살 수 있다.

그러나 대부분의 손님들은 이미 이런 장기간용 차표가 있으므로, 운전사에게 가는 사람은 스무 사람에 한 명꼴도 안 된다. 대부분의 손님들은 운전사에게 아무 표도 보여주지 않고, 그냥 버스에 오르고, 그냥 내린다.

운전사는 운전사대로, 손님들이 표를 가지고 있건 말건 신경쓰지 않는다. 표를 사고 싶다고 하는 사람에게 그냥 돈을 받고 표를 줄 뿐이다. 운전사는 그냥 운전만 하면 되는 것이다.

그렇다면 이제 독자들은 당연히 물으실 것이다. 도대체 버스가 어떻게 운영이 되느냐고? 그런 식으로 단속이 느슨하면 누가 버스표를 사겠느냐고?

버스는 한국처럼 개인회사들이 맡지 않고, 그 시 자체에서 운영한다. 이것은 독일의 어느 지방을 가더라도 비슷한데, 뮌스터의 경우 에너지, 수도, 교통을 담당하는 공적인 회사(가령 서울의 지하철공사를 생각하시면 된다)가 이 일을 맡아 운영한다. 영세한 버스업체들이 난립하고 있는 우리와는 비교가 되는 대목이다(http://www. stadtwerke-muenster.de/ 참조).

또한 버스표 검사를 거의 안 하는 것처럼 보이지만, 아예 검사 자체가 없는 것은 아니다. 검사를 담당하는 전담직원들이 있어서 이들은 버스 안에 기다리고 있다가 승차권 제시를 요구한다. 만약 이때 승차권이 없다면, 약 20배 정도에 해당하는 60마르크를 지불해야 한다.

그런데 특파원이 이곳 뮌스터에 2년간 살면서, 몇 번이나 이 검사를 받았을까? 딱 두 번이다. 한 번은 버스 운전사가 차에 탈 때 승차권을 보여달라고 했었다. 사실 운전사도 승차권 제시를 요구할 권리는 있다. 다만 그렇게 하는 운전사는 거의 없다. 또 한 번은 승차권 검사원에 의한 것이었다. 물론 본 특파원은 아주 여유있게, 학생증과 거기에 붙여져 있는 학기승차권을 보여주었다.

이처럼 거의 검사가 없다면, 도대체 누가 표를 살까 하고 다시 물으실 것이다. 안 사는 사람도 많겠지만, 대부분의 주민들은 통신원이 보기에 답답할 정도로 안 사도 되는(?) 표를 열심히 산다. 왜 그럴까? 독일 사람들이 천성적으로 정직해서 그럴까?

이제 그 이유를 살펴보자.

이곳 사람들이 우리 나라 사람들에 비해 더 착하다고 생각하지는 않는다. 아마도 이곳 사람들이 더 '고지식' 하고 '융통성이 없다' 라고 말해야 할 것이다. 다시 말해 검사를 하건 말건, 표를 사기로 되어 있으니 산다는 것이 이곳의 보통사람들의 생각인 것이다.

또한, 아무리 가난하게 살더라도 버스비 안 내면서 살아야 할 정도로 가난한 사람은 매우 드물다. 그렇게 가난한 사람들은 사회보장제도에 의해서 이미 버스비나 전화비, 심지어 텔레비전 시청료에 이르기까지 면제를 받을 수 있기 때문이다.

물론 이곳에서도 표를 사지 않고 버스를 타는 사람들이 많이 있다. 그래서 버스 안에 보면 '벌금이 60마르크'라고 겁을 주는 익살맞은 포스터가 붙어 있다. 여기에는 차표 없이 탄 사람이 차표검사원에게 하는 변명들이 적혀 있는데 무척 우습다.

"아, 온 몸에 힘이 빠지는 것 같아요.", "방금 있던 표가 어디 갔지?", "조금 전에 강도를 당해서 한 푼도 없어요.", "이제 막 표를 사려던 참이었는데.", "옆자리에 앉은 사람이 표를 뺏어갔어요."

그런데 가장 걸작인 변명은 다음과 같다.

"버스가 돈 내고 타는 건가요?"

이렇게 무임승차하는 사람들이 있더라도, 전체적으로 보면 차표를 사는 사람들이 더 많고, 그 돈만 가지고도 충분히 버스회사가 운영이 될 수 있는 것이다. 차표검사원을 늘리거나 검표기 같은 것을 도입할 때 드는 만만치 않은 비용을 생각해 본다면, 이곳 사람들의 '1년에 한 번 하는 검사'가 결코 바보 같은 일이 아님을 알 수 있다.

우리와 독일 사람들의 가장 큰 차이점은, 1년에 한 번 있을까 말까한 그 차표 검사를 두려워하느냐 아니면 그렇지 않느냐 하는 것이다. 아마도 '용감한' 우리들은 1년에 한 번 있는 일인데 설마 내가 걸리랴 하면서 유유하게 버스를 탈 수 있을 것이다.

그러나 이곳 사람들은, '경제적으로' 생각한다. 그냥 버스표를 사면 3 마르크이고 안 샀다가 적발되면 60 마르크를 내야 하니까, 당연히 3 마르크쪽이 싸서 그쪽으로 한다는 것이다.

우리는 우습게 알지도 모를 사소한 규칙이나 약속에 대해서 이곳 사람들은 그야말로 '공포'를 가지고 있다. 너무나 고지식하게 그것을 지킨다. 그래서 누가 검사하지 않더라도, 차표가 없으면 차를 타자 마자 즉시 운전사에게 가서 표를 사는 것이다.

이런 성격이 극단적인 방향으로 빠진 것이 바로 나치 시대의 경험이었다. 나치는 폭력과 공포정치를 법의 이름으로 정당화시켰고, 이 사람들은 그 악법들을 맹목적으로 추종했다. 그러나 바로 그 바보 같은 추종과 약속지키기가 오늘의 부강한 독일을 만드는 원동력이 되었던 것을 생각하면 아이러니가 아닐 수 없다.

이러한 고지식한 합리성은 버스가 아닌 열차에서도 마찬가지이다. 우리 나라에서는 열차를 타기 전에 개찰구에서 승차권을 보여주어야만 승강구 쪽으로 갈 수 있고, 혹시 손님이라도 배웅해야 할 경우에는 따로 입장권을 사야만 한다.

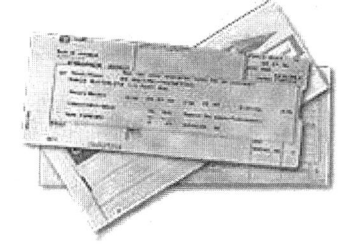

그러나 이곳에는 아예 개찰구가 없다. 모든 승강구가 완전히 열려 있다. 표가 없이도 열차를 탈 수 있고, 열차 안에서도 표를 사는 것이 가능하다. 차장이 차표검사를 하러 오면, 어디서부터 열차를 탔다고 말하고 그냥 표를 사면 된다.

그런데 이것은 뮌스터가 아주 작은 도시여서, 서로 믿고 사는 시골이기 때문에 그런 것이 아니고, 대도시에 가더라도 마찬가지이다. 전철이나 지하철 역시 개찰구 없이 그냥 타도록 되어 있고, 열차 안에도 차표 자판기가 있어서 표를 살 수 있다. 물론 역 구내에서도 자판기를 통해 표를 살 수 있다.

5 마지막으로 버스에 관해서 결정적인 차이점이 있다면, 버스가 시간표에 따라 움직인다는 점이다. 아마 독자 여러분께서는 그거야 우리도 마찬가지라고 말씀하실 것이다. 그러나 한국에서는 버스 운행 시간표를 버스 운전사만 알고 있다. 교통체증 때문에 그나마 이것이 아예 지켜지기도 어렵다. 보통 때에는 20분에 한 대씩 오는 버스를 한 시간이 넘도록 기다린 경험이 없으신 분이 없을 것이다.

그러나 이곳에서의 버스시간표는 운전사를 위한 것이라기보다는 승객들을 위한 것이다. 모든 버스 정류장에는 몇 분 간격으로 버스가 온다는 것이 아니라, 정확히 몇 시 몇 분에 버스가 온다는 것이 열차 시간표처럼 소상하게 적혀 있고, 이것이 열차시간보다도 더 정확하게 지켜진다. 그리고 매년 갱신되는 버스시간표는 아예 책으로 만들어져서 시민들에게 무료로 배포되는데, 여기에는 뮌스터 시내 안의 모든 정류장과 모든 노선 버스들의 상세한 정보가 실려 있다.

그래서 버스 정류장에 가서 버스를 기다리는 것이 아니라 집 안에서 차분하게 쉬다가 버스 올 시간이 되면 그곳에 나가서 타면 된다. 출퇴근 시간에는 아무래도 교통체증이 나타나기 때문에 많으면 10분까지 버스가 연착하는 것을 경험하기도 했지만, 대부분의 경우에는 정해진 시간에서 1분도 차이 안 나게 버스가 도착한다. 자기가 자주 이용하는 정류장의 시간표는 따로 적어 두고 참조하면 된다.

일전에 한 독일 친구가 휴가에 이탈리아의 볼로냐에 다녀왔다는 이야기를 했다. 그 친구가 신기하다고 생각한 것이 하나 있었다. 그곳의 버스 정류장에 버스 시간표가 붙어 있지 않아서, 버스가 언제 올 지를 손님들이 알 수 없었다고 했다. 그런데도 사람들이 어떻게 버스를 탈 수 있는지 이해가 되지 않았다고 한다. 혹시 한국은 어떠냐고 그 친구가 내게 물어보지 않는 것이 무척 다행이었다.

끝으로 우리 나라 시내버스 운전사분들의 힘든 노고를 다시 생각해 본다. 장시간의 격무에도 불구하고 형편없는 월급을 받고, 무리한 배차간격을 맞추다 보면 식사시간은 고사하고 담배 한 대 제대로 피울 시간도 없고, 시커먼 매연을 내뿜는, 진작 폐차를 시켰어야 마땅한 차를 늘 체증상태에 있는 도로에서 몰아야 한다.

이곳의 뮌스터의 버스 운전사들은 하루 8시간, 그리고 주당 38.5시간을 일한다. 결국 일주일에 5일보다 조금 적게 근무하는 셈이다. 그런데 하루 8시간의 근무시간 중에 의무적으로 2시간은 휴식을 취해야 한다. 혹시나 교통체증으로 인해 차가 늦는 바람에 휴식시간이 날아가 버린 경우에는, 다른 운전사가 그 차를 대신 운전하고, 그 운전사는 쉬어야 한다. 운전사를 보호하고 또 손님들을 보호하기 위해 아예 법규정이 그렇게 되어 있기 때문이다.

월급은 얼마나 오래 이 일을 했는가에 따라 다르다. 막 운전을 시작한 사람의 경우 약 3,500마르크(270만 원), 장기간 근속한 경우에는 약 4,500마르크(360만 원)를 받지만, 세금 및 연금 등을 공제한다면 실제의 수입은 여기에서 1,000마르크(80만 원) 정도 적은 것이 된다. 연중 유급휴가는 최소 32일이 보장된다. 토, 일요일이나 공휴일은 물론 여기에 포함되지 않는다. 혹시나 이런 휴일에 초과근무를 할 경우에는, 휴가기간을 그만큼 늘일 수 있다.

이제 기다리던 버스가 정류장에 도착했다.

버스 문이 열리고, 차가 한쪽으로 기울어진다. 버스의 바닥과 밖의 승강장의 높이가 거의 같다. 한 엄마가 유모차를 밀고서 들어온다. 유모차나 휠체어를 위해 마련된 널찍한 공간에 유모차를 세워두고, 엄마는 그 옆의 자리에 앉아서 아이를 바라본다. 아이도 엄마를 보면서 귀엽게 웃는다.

유모차로 가득찬 서울의 버스를 꿈꾸며…

- 뮌스터에서 '촌놈' 특파원 remus@uni-muenster.de

국제 12월 28일(월)

[특종] 놀스케롤라이나 똥국물 중독 사건

우리 민족 엽기성은 때와 장소를 불문한다...
본지 미국 특파원이 전해 온 이 소식을 접하며 본지 데스크는 '암... 그렇고 말고 과연 우리 민족' 이라는 뿌듯한 동포애와 함께 우리 민족의 장엄한 엽기성에 다시 한번 맘이 숙연해졌다...
미국 놀스케롤라이나의 주립대학인 University of North Carolina at Chapel hill(UNC Chapel hill) 기숙사에서 하룻밤 사이 3명의 미국 학생들이 똥국물 중독에 빠진 사건이 얼마 전 있었슴다. 이 사건을 전함다.
사건 개요는 이렇슴다.

본 특파원과 나머지 대한의 건아들

기숙사에서 김치가 너무 먹고픈 나머지 근처 아파트에서 자취를 하던 몇몇 한국 여학생들을 줄리아나에서 부킹 또는 길거리 헌팅으로 연줄을 터놓은 다음... 그들에게서 가게에서 살 수 있는 안 익은 김치 말고 어머니 김장김치 같은 김치다운 김치를 반병 얻었슴다.
매일밤 출출할 때 라면과 김치를 먹는 행위를 계속하던 중, 김치찌게를 해 먹는 단계에서... 복도로 냄새가 극소량 유출되었슴다.
이 유출사고로 김치냄새를 맡은 옆방 미국놈들이 본 기자의 방 앞을 지나갈 때마다 코를 막고 냄새난다고 지랄방구를 일삼아 본 기자와 룸메이트의 마빡에 김이 오르게 했으나 꾹 참고 넘어가려 했는데...

이 미국넘들이... 사람들이 모인 자리에서... 감히...
'냄새나는 한국인'이라는 천인공노할 발언을 한 데서 사건은 비롯됨다.

이런 발언을 그냥 넘어가면 민족정기가 흐트러지고 명랑사회의 구현은 멀어지고 만다고 굳게 믿고 있는 우리의 자랑스런 한국유학생들... 다시는 한국인들이 어쩌고 저쩌고 하는 망발을 못하도록 단호하고 엄숙하게 경고장을 날리기로 했슴다.

세 명 중 두 명의 '응가'를 모아 물을 조금 붓고... 잘 풀어 헤쳐 섞은 다음... 비닐 봉지에 넣어 꽁꽁 얼렸슴다. 다들 자빠져 자는 새벽... 얼은 응가를 옆방 그넘들 방 앞에 놓고... 비닐봉지를 약간 뚫어 놓았슴다...

밤새 녹으면서 흘러들어간 응가 국물은... 옆방 안으로 스며들어가 카페트에 스며들어 말라버렸고... 그리하야... 그 방에서 응가냄새가 진동을 했음은 물론이고... 세 명의 미국넘들은 똥국물 중독에 걸려 치명적 뇌손상을 입었슴다.

한동안 한국학생들은 그들 방 앞을 지날 때마다... 똥냄새 난다고 열라 놀렸음은 물론이고... 화학과 연구원들을 불러 정밀조사를 했음에도... 응가의 주인은 끝내 밝혀지지 않아 한국인의 과학정신과 주도면밀함을 과시한 쾌거라 하겠슴다.

훗날 시비를 걸어오던 흑인들로부터 한국학생 3인조에게 구출당해 은혜를 입은 옆방 미국넘들은 결국 우리 한국넘들의 똘마니가 되고 말았슴다.

증거물로,

똥국물 사건으로 방 수리시, 우리 방으로 잠시 피신을 해야 했던 미국넘이 응가하는 장면을 화장실 박차고 들어가 찍은 사진과 사사로운 감정에 휘말리지 않고 졸라 공명정대한 기자 정신에 투철한 본 기자는, 이 응가장면을 노출당한 미국넘이 그 복수로 우리 한국 유학

국제 9월 28일 (월)

생이 어퍼져 디비 잘 때 그 위에서 똥꼬를 노출시키는 엽기적인 작태를 찍은 사진도 함께 보냅니다. 보고 끝.

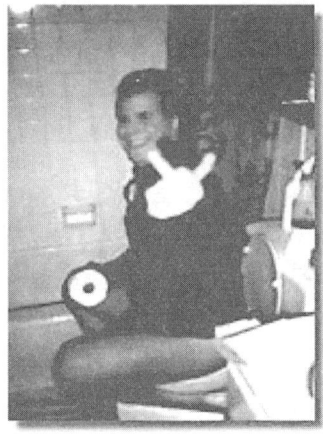

다행인 것은 이 미국놈이 포즈만 잡았다는 것임다...
심약한 넘...

- 엽기전문 예비 특파원 아마란스 Amaranth74@aol.com

[뉴욕정복] NY특파원의 스페샬 리포트(2)

여기 한 젊은 여성의 성공 스토리가 있다. 그녀의 성공은 주요 일간지와 TV가 오두방정을 떨며 보도할 만큼 커다란 것은 아니다. 그저 자신이 하고 싶었던 것을 남들보다 좀더 열심히 노력해 결국 해낸 정도다. 그러나 그러기에 대부분의 평범한 사람들에게는 더욱 피부에 와닿는 이야기가 될 것이다.

NASA의 무슨 박사니... 실리콘벨리의 새로운 실력자니... 평생 나랑 아무런 상관도 없을 것 같은 사람들의 이야기가 아닌, 내 동생... 애인... 누나... 언니이기도 한 이 여자의 가식없고 솔직한 이야기를 들어보자.

이런 정신이면 뭐든 못해내겠는가...

효녀심청, 억순이, 백설공주, 똑순이, 그리고 무엇보다 배고프고 괴롭고 슬퍼도 나는 안 울어... 캔디, 캔디...

5년 전 달랑 300불 들고 혼자 미국에 와, 막일에서부터 시작, 접시닦이, 호스티스, 짐 나르기, 식당 종업원, 댄서... 불법으로 일하면서 욕도 무진장 얻어 먹고, 도둑질도 하고... 그렇게 그렇게 이를 악다물고 일해 지금은 NYU 석사를 따고, 레스토랑 경영 전문가, 식당 웨이츄레스 전문가, 짐 나르기 전문가, 밥 안 먹구 일 막하기 전문가, 온몸 상처투성이인 인간 상처 디스플레이, 꼴같지 않게 무용가, 안무가, 공연예술 행정가, 공연기획 전문가가 되어 브로드웨이의 유명한 공연기획사 Dancing in the Streets, Inc.에서 무용공연 코디네이터로서 일하고 있는 뉴욕 특파원 이주현, 인사드립니다. 꾸벅.

총수님이 기사보내기 앞서 자신의 스토리부터 시작하는 게 좋겠다

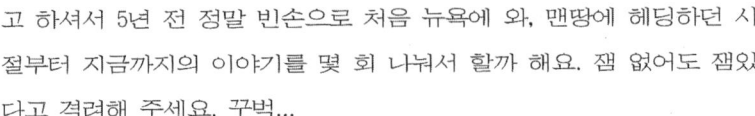

고 하셔서 5년 전 정말 빈손으로 처음 뉴욕에 와, 맨땅에 헤딩하던 시절부터 지금까지의 이야기를 몇 회 나눠서 할까 해요. 잼 없어도 잼있다고 격려해 주세요. 꾸벅...

우선 글을 시작하기에 앞서 제게 메일 주셨던 많은 분들께 정말 감사하단 말씀을 드리고 싶다. 한국을 떠나온 이후 이렇게 많은 분들의 격려를 받는 처음이다. 힘이 막 솟고 생활이 바뀔 정도로 활력이 된다. 정말 정말 감사드린다. 꾸벅.

3. 졸업하기 전까지...

토요일과 일요일은 항상 스케줄대로 청소를 하러 갔었고, 매주 화요일과 목요일 밤에는 밤일을 나가는 아주머니들의 아이들 둘을 돌봐 주는 일을 거의 일 년 반 이상을 했다. 처음으로 내가 본 아기는 우리 학교 선생님이 입양을 해서 키우고 있던 '아이삭'이라는 3개월짜리 갓난아기였다.

조안나(Joanna)라는 선생님은 항상 공연 때문에 아기를 돌보아 줄 사람이 필요했었고 돈을 잘 버는 조안나 선생님의 남편 덕분으로 나는 아이삭을 봐준 보수를 꽤 후하게 받았었다. 물론 캐쉬로. 오후 5시부터 밤 11시, 선생님이 돌아오실 때까지 아기를 봐주고 받은 보수는 $50불이었다.

아기가 아주 갓난아기일 경우에는 아기 보는 일이 보통 힘든 일이 아니었다. 아기가 깨어 있을 때면 항상 안아서 울지 않게 달래줘야 했기에 몇 시간이 지나면 팔의 근육이 다 마비되곤 했다.

배 고프고 힘들어 죽겠는데, 아기가 우유를 주어도 안 먹고 달래도 계속 울기만 할 때는, 다른 사람들 앞에서 결코 울지 않으리라 맹세했던 나도 덩달아 같이 운 적이 한두 번이 아니었다. 그럴 때면 언제나 혼자 강한 척하며 속으로 쌓아두었던 감정들이 한꺼번에 터져

나와, 한참 울다보면 아기는 벌써 울음을 멈추고 멀뚱멀뚱 나를 쳐다보고 있을 때가 많았다.

　이렇게 어린아기를 보고 돌아올 때쯤이면 나는 완전히 파김치가 되어 돌아오곤 했다. 그래도 부잣집의 아기를 봐 줄 때는 주인집 아저씨가 항상 집까지 바래다 줘서 좋았다. 항상 어디든 걸어다녔던 나는 그런 좋은 차를 타고 집으로 갈 때면 매일 걸어다니는 똑같은 길인데도 어쩌면 그렇게 다르게 보이는지 항상 기분이 이상했다. 그럴 때면 있는 사람들과 내가 사는 세상은 참 다르구나 하는 걸 실감할 수 있었다. 그저 차를 타고 집에 돌아가는 정도에도 말이다...

　아기의 연령이 3~5세 정도인 경우가 갓난아기보단 훨씬 수월하고 재미있고 편했다. 아기들과 우선 의사소통이 되기 때문에 무엇을 원하는지 알 수 있기 때문이다. 의사 소통이 자유롭게 되는 아기들과 함께 놀 때면 나는 미국 아기들에게 한국어를 가르쳐 주었다.

　미국 엄마들이 하는 동요나 아기들의 언어, 예를 들자면 'peek-a-boo 삐까부'(한국말로 하자면 까꿍 정도.. 여기서 미국 사람들이 손을 얼굴로 가린 다음 가린 손을 활짝 열고서 얼굴을 내보이며 하는 소리임) 등을 알 리가 없던 나는 미국 아가에게 미국어 대신 한국말 '엄마', '아빠', '도리도리 짝짜꿍'을 가르쳐 주었다.

　그럴 경우 미국 아기들은 내가 하는 말 그대로를 꼬박꼬박 따라했고, 엄마가 오면 Mommy가 아닌 '엄마'를 외치는 아이를 보고 엄마들은 대부분 박장대소를 했었다.

　나중에는 요령이 생겨, 장난이 아주 심한 아기들을 볼 때는 우선 저녁을 일찍 먹인 후, 금방 지칠 수 있는 게임만 골라서 함께 열심히 뛰어놀곤 했다. "알랜, 착하지, 우리 오늘 침대 누가 누가 높이 뛰나 내기할까? 우리 여기서 저기까지 누가 누가 빨리 뛰나 해보자" 하며 금방 지칠 수 있는 게임을 만들어 기진맥진하게 만들면 곧 9시, 이때 "Hey, Alan, It's time to go bed now..." 이 한마디면 아기보기가 끝나는 것이다.

아무것도 모르던 20대 초반의 한국 처녀는 이제 점점 권모술수를 맘대로 구사하는 아기보기 전문가가 되어가고 있었던 것이다...

그 당시 아기재우기 작전이 성공하고 난 후 소파에 깊숙이 앉아 쉴 때보다 행복한 순간은 없었다. 특히 먹을 것이 잔뜩 쌓여있는 냉장고에서 음식을 맘대로 꺼내 먹을 수 있다는 사실이 무엇보다 행복했다.

남의 집 아이를 본다는 것이 쉬운 것 같지만, 사실 굉장히 신경쓰이는 일이다. 혹 이 글을 읽고 베이비시터로 아르바이트를 해야겠다고 맘먹은 분들이 있다면 각오 단단히 하시기 바란다.

제일 힘든 경우는 엄마가 집에 없을 때 아기가 아플 때다. 물론 항상 긴급 연락처를 남겨놓긴 하지만, 연결이 잘 안 될 때는 안절부절... 그 초조, 불안감은 필설로 다 표현하기 힘들다.

한 번은 부모가 나간 직후 갑자기 아기가 막 토하며 얼굴이 창백해진 경우가 있었다. 아기의 몸을 우선 따뜻하게 해줘야 한다고 믿었던 나는 아기를 안고 담요를 덮어준 후 옛날 내가 배가 아팠을 때 어머니께서 배를 만져주시며 "내 손은 약손이고..." 하셨던 것처럼 정성을 다해서 아기의 배를 문질러 주었다.

그래도 낫지 않고 계속 토하길래, 혹시 체한 것이 아닐까 했던 나는 갑자기 손을 따주면 좋지 않을까 하는 생각을 했다. 만약 그 장면을 아기 부모가 봤다면 당장 경찰서에 끌려갔겠지만, 달리 방도가 없었던 나는 떨리는 손으로 그 아기의 손끝을 바늘로 따주었다.

그리고는 우리 어머니께서 내 손을 따주시며 '이것 봐, 여기 다 나쁜 피가 몰려 있잖니.' 하시던 추억을 되새기며 아기에게 피를 보여주고는 이제 괜찮아질 거라고 열심히 말해주었다. 2살짜리가 뭘 알아듣겠는가. 그 말은 내가 나한테 하는 말이었다. 만약 아기가 말을 할 수 있는 나이였다면 아마 난 지금쯤 어디 여자 교도소 철창에서 청소를 하고 있지 않을까 생각한다.

이렇게 (불법이지만) 파트타임으로라도 일들을 하며 돈을 조금이라도 모을 수 있는 곳이 미국이다. 하지만 아주 절실하지 않으면 이런 일자리도 눈에 띄지 않는다. 정말 일이 필요한 사람은 눈을 크게 뜨고 찾고 찾고 또 찾으면 반드시 길이 있다는 것을 말씀드리고 싶다. 두들기고 열릴 때까지 기다리지 말고, 열릴 때까지 이를 악물고 두들기고 두들기고 또 두들기면 반드시 나온다.

그러나 뉴욕이란 도시는 워낙 사람을 쉽게 믿고 일을 맡기는 그런 도시가 아니어서, 일차적으로 신용을 얻기 위해서는 어떤 일이 주어지든 항상 정직하고 부지런하게 악바리 같은 한국인의 근성을 보여주지 않으면 안 된다. 또 이런 (불법) 파트타임을 수입원으로 삼으면 당연히 수입이 일정치가 않다.

어떤 달은 베이비 시팅 한두 번 해서 번 돈이 수입의 전부일 때도 있었다. 그럴 때는 100불도 안 되는 돈을 가지고 이리 쪼개고 저리 쪼개 써서 오히려 돈을 남길 때가 많았다. 돈을 이런 식으로 벌다보니 길거리에서 파는 핫도그 하나 사먹는 것도 아까웠고 항상 제일 싼 가게에 가서 싸고 양 많은 감자를 한 보따리 사놓고 감자 샐러드, 감자국, 감자밥을 만들어 코딱지만한 기숙사 냉장고 냉동실에 얼려놓고 끼니를 때우곤 했었다. 어떤 달은 믿기 어렵겠지만 $20불 가지고서도 한 달을 산 적도 있었다.

그 당시에는(1993년~1996년) 전철과 버스 요금이 1불 25전이었었는데, (지금은 전철, 버스 다 1불 50전이고, 요즘 새로 나온 무제한 이용권이 있어 아주 편리함) 버스를 갈아탈 때는 별도로 요금을 따로 안 내도 되었지만 전철은 한 번 타면 생돈 1불 25전을 버려야 했고 전철역을 나갔을 경우 다시 전철을 타려면 돈을 또 내야 하는 아픔이 있었다. 당연히 웬만한 거리는 다 걸어다니는 것이 보통이었고 그래서 3~4km는 깽깽이로도 갈 수 있을 만큼 튼튼한 다리를 가지게 되었다.

가끔 32가에 있는 '한국 슈퍼 한아름'에 가서 김치 담글 때 필요

국제-이주의 포커스 9월 14일(월)

한 새우젓과 필요한 몇몇 조미료를 사러 갈 때만큼은 전철을 이용했었다. 이렇게 가끔씩 한국 타운에 갔을 때 볼 수 있는 한국 빵집, 한국 식당, 서점, 사람들 등을 보기만 해도 나는 기분이 좋았었다. 매일 미국인만 상대하다 코리안타운에 가면 내가 꼭 한국에 있는 듯한 느낌을 받아 즐겁기만 했었다.

언젠가 한 번은 짬뽕이랑 탕수육이 너무 너무 먹고 싶어서 홍반점이라는 중국집에 들어가서 짬뽕 하나를 시켜먹은 적이 있었다. 그때 내 앞 테이블에 앉은 딸처럼 보이는 여학생과 그녀의 부모님처럼 보이는 가족이 큰소리로 웃고 얘기하는 모습에 한국에 계시는 부모님이 생각나서 내가 시켰던 짬뽕에 눈물방울 뚝뚝 흘리며 씩씩하게 먹은 적이 있었다. 남들 볼세라 고개 처박고... 나는 울지 않는 캔디니까 아무도 보면 안 돼...

슈퍼에서 캐셔로서도 일을 했고, 샐러드바에서도 일을 했고... 또... 많다... 정말 여러 가지를 해봤지만 가장 기억에 남는 것은 기숙사 앞에 있는 3rd Avenue의 델리 가게였다.

젊은 한국 부부가 운영을 했는데, 24시간 영업을 했었다. 나는 시간당 4불씩 받고 새벽 4시부터 오전 8시까지 일을 했는데, 아주머니와 아저씨가 내게 유난히 잘해주셨었다. 미국 온 지 15년이나 되신 분들이지만 영어가 유창하지 않아 슬랭이나 속어를 가르쳐 드리기도 했었다.

새벽 3시 40분쯤 떨어지지 않는 눈을 비비며 가게에 가면 항상 따뜻한 커피를 타주시며 위로해 주셨고, 내가 그 전날 학교 일로 너무 피곤해 하면 부엌에 들어가 잠시 눈이라도 붙이고 오라고 해주셨던 분들이다. 또 아주머니는 내게 필요한 것 없냐고 항상 물어보시면서 가게에서 파는 조미료도 주시고, 과일을 몇 봉지씩 담아 주시곤 했다. 이곳 뉴욕에서... 그냥... 공짜로... 뉴욕인데 말이다. 겪어보지 않으면 그 고마움을 모른다.

미안해서 사양하면 항상, "아니, 지금 한참 통통할 땐데 그렇게 빼짝 말라 가지고... 잘 먹어야 해, 일도 잘 먹고 해야지 그렇게 안 먹고 하면 쓰러진다구, 나는 잘 알아, 그러니 두말하지 말고 가져가, 알았지..."

그렇게 말씀해주셨던 분들... 뉴욕에서 처음으로 만난 고마운 분들이다. 나쁜 사람보다는 착한 사람이 많다는 사실을 처음으로 일깨워주신 분들이기도 하다.

여하간 그렇게 새벽 4시부터 8시까지 일을 하고 나는 입던 옷을 그냥 입고 학교로 수업하러 갔었다. 당시 나에게 잠을 잔다는 시간은 곧 돈 1달러가 날아가는 것과 마찬가지였기에 정말 미련하고 무식하게 일을 했었다.

'내가 지금 쉬면 어쩌나... 안 되지... 한 시간이라도 더 일을 해야 한다... 아무리 땅을 쳐다봐도 돈은 나오지 않는다...'

이런 생각으로 낮과 밤이 없이 공부하고 일을 하고 잠시 잠을 잘 때면 발바닥이 뜨거워 잠을 잘 수 없을 정도였었다...

그 시절 난, 배가 너무 고파 학교 바로 밑에 있던 Met라는 슈퍼에서 빵을 훔쳐먹기 시작했다. 배는 고프고 돈은 없는데, 밥을 사달라고 할 사람 한 사람 없었던 나는 어느 날 마음 독하게 먹고 슈퍼에 들어가 빵을 훔쳐먹어야겠다고 결심했다. 빵이 전시되어 있는 선반에 가서 롤 하나를 집어 슈퍼에 들어가 빙빙 돌다가 몰래 몰래 먹었다. 그땐 정말 심장이 터질 것처럼 쿵쾅거렸다. 나중에 꼭 갚아줄게 하는 생각으로 그 빵을 먹었다...

너무도 육체적으로 힘들고 외로울 때면, 없다고 흉을 보는 사람들을 상관않고 오로지 가족을 위해 열심히 일하셨던, 지금도 일하시고 계시는 부모님을 생각했었다. 돈 몇 푼이 아깝다고 택시 한 번 안 타시던 어머니, 하루 종일 일하시고 집에 오시면 그 새벽에 빨래를 하시고 집안 청소를 하시던 어머님을 생각하며 내가 겪는 이 고통은 아무엇도 아니라는 생각을 하며 스스로를 달래곤 했다.

배가 너무 고프고, 어머님이 차려주시던 따뜻한 밥 한 공기가 너무도 먹고 싶고, 또 부모님이 너무도 그리울 때도 마음속으론 항상 '나는 울지 않아, 나는 강해'를 되새겼다.

"항상 너보다 없는 사람을 생각해라", "네가 현재 가진 것에 만족 못하고 더 바라니 네가 힘들지 않니", "지금 그 상황에 만족하는 사람이 되어라" 하셨던 어머님의 말씀을 되새기면 마음이 안정되곤 했다.

부모님 입장에서는 한 푼이라도 보태주지 못하는 당신들 마음이 괴로우셔서 내게 전화 한 번 안 하셨다. 내가 어머님의 목소리가 너무도 듣고싶어 전화를 할 때면, 어머님은 항상 강한 모습을 보여주시려고 담담하게 이야기 하시다가, 끝내 울음을 터뜨리곤 하셨다.

그럴 때면 난 항상 "엄마, 저 여기서 아주 잘 먹고 잘 살고 있어요" 라고 했다. 부모님 앞에서 결코 울고 싶지 않았고, 또 울지 않았다.

어느 날 너무도 어머님 목소리가 듣고 싶어 한국으로 전화를 했을 때, 난 어머님께 한국에 있을 때 한 번도 해보지 못했던 말을 해 드렸다.

"엄마, 사랑해요…"

"엄마도 우리 딸 아주 많이 사랑해…"

"엄마, 울지 말고. 왜 이렇게 자꾸 울면 전화 값 비싼데 계속 올라가잖아요. 바보같이… 나 끊어야겠어요, 엄마 때문에. 그럼, 엄마, 내가 또 전화할게요. 그때까지 몸 건강히 계세요… 사랑해요, 엄마!"

그 전화를 끊고 나서 난 마음속 깊은 곳에서부터 뜨거운 무엇인가가 솟아올라 어떤 어려움도 이겨낼 수 있을 것 같았다…

To be continued…

- NY 특파원 이주현 Jewrhee@aol.com

[뉴욕정복] NY특파원의 스페샬 리포트(3)

여기 한 젊은 여성의 성공 스토리가 있다. 그녀의 성공은 주요 일간지와 TV가 오두방정을 떨며 보도할 만큼 커다란 것은 아니다. 그저 자신이 하고 싶었던 것을 남들보다 좀 더 열심히 노력해 결국 해낸 정도다. 그러나 그러기에 대부분의 평범한 사람들에게는 더욱 피부에 와닿는 이야기가 될 것이다.

NASA의 무슨 박사니... 실리콘벨리의 새로운 실력자니... 평생 나랑 아무런 상관도 없을 것 같은 사람들의 이야기가 아닌, 내 동생... 애인... 누나... 언니이기도 한 이 여자의 가식없고 솔직한 이야기를 들어보자.

이런 정신이면 뭐든 못해내겠는가...

효녀심청, 억순이, 백설공주, 똑순이, 그리고 무엇보다 배고프고 괴롭고 슬퍼도 나는 안울어... 캔디, 캔디...

5년 전 달랑 300불 들고 혼자 미국에 와, 막일에서부터 시작, 접시닦이, 호스티스, 짐 나르기, 식당 종업원, 댄서... 불법으로 일하면서 욕도 무진장 얻어 먹고, 도둑질도 하고... 그렇게 그렇게 이를 악다물고 일해 지금은 NYU 석사를 따고, 레스토랑 경영 전문가, 식당 웨이츄레스 전문가, 짐 나르기 전문가, 밥 안 먹구 일 막하기 전문가, 온몸 상처투성이인 인간 상처 디스플레이, 꼴같지 않게 무용가, 안무가, 공연예술 행정가, 공연기획 전문가가 되어 브로드웨이의 유명한 공연기획사 Dancing in the Streets, Inc.에서 무용공연 코디네이터로서 일하고 있는 뉴욕 특파원 이주현, 인사드립니다. 꾸벅.

총수님이 기사보내기 앞서 자신의 스토리부터 시작하는 게 좋겠다고 하셔서 5년 전 정말 빈손으로 처음 뉴욕에 와, 맨땅에 헤딩하던 시절부터 지금까지의 이야기를 몇 회 나눠서 할까 해요. 잼 없어도 잼있다고 격려해주세요. 꾸벅...

4. 미국 주류사회에 도전하며...

학교를 졸업한 후의 이야기를 하기 앞서, 미국 대학원에서 공부를 하며 느낀 몇 가지를 여러분과 잠깐 나누고자 한다. 미국 대학원은 내가 한국에서 다니며 익숙해졌던 '학교'라는 곳에 대한 많은 고정관념을 부서뜨렸다.

미국에 와서 시간이 흐르고 학교생활에 점차 익숙해져 가면서 이론적인 학과수업은 따라갈 수 있었지만(물론 네이티브 스피커들을 따라가기란 여간 힘든 것이다...) 안무를 하여 자기 작품에 관한 철학적인 논쟁을 하는 시간만큼은 완전히 기가 죽곤 했다. 그것은 영어를 잘하고 못하고... 하는 언어 문제가 아니었다.

한국에서 갓 대학을 졸업하고 미국에 건너와 대학원에 진학한 나와는 다르게, 몇 년씩 사회를 겪다가 다시 학교로 돌아온 사람이 대부분인 그들은 단순히 나보다 나이가 많다는 것에서 나온다고 보기엔 너무도 자신감 넘치는 자신만의 주장을 가지고 있었다.

그것은 어느 교과서에도 나오지 않는 것이었고, 또 누가 말로 들려준다고 해서 배울 수 없는 그 어떤 것이었다. 한참 후에야 그런 그들 자신감의 바탕은 바로 경험이라는 것을 알게 되었다.

안무발표를 할 때마다 자신의 주장을 펼치며 뿜어내는 그들의 자신감은 무서울 지경이었다. 그들의 주장이 옳고 그름을 떠나 그 주장의 당당함과 자신감에 먼저 기가 죽곤 했던 것이다. 나는 그들과 도저히 상대가 되지 않았던 것이다. 나는 그들과의 이런 토론을 통해 두 가지 중요한 것을 깨달았다.

한국에서 배운 것이라고는 외국에서 배운 선생님들에게서 배운 외국의 것밖에 없었던 나로서는, 막상 미국에 와서 나의 주장을 펴야 할 때, 한국인으로서 한국인만이 할 수 있는 그 어떤 주장도 펼 수 없다는 사실이 나를 너무도 부끄럽게 만들었다. 그러다 보니, '나의 뿌리는 무엇인가', '나는 무엇을 주장할 수 있는가...' 결국은 그런 근본적인 질문을 스스로에게 던지지 않을 수 없었다. 한국인으로서 나의 정체성에 대한 진지한 고민을 하게 된 것이었다.

또 한가지 중요한 깨달음은, 경험이 뒷받침되지 않는 이론은 결국 이론 이외에는 아무것도 아니라는 평범한 진리였다. 그런 토론에서 그들의 주장에 압도되어 기가 죽어 기숙사로 돌아오는 길에서 난 항상 이렇게 중얼거렸었다.

"그래... 경험을 쌓자... 경험을... 그래 두고 봐라... 너네를 이기고 말테다... 이제부터 시작이야..."

그렇게 다짐은 했지만, 대학원을 졸업한 후 미국 사회에 첫발을 딛는 순간 난 너무도 암담했었다. 어떻게 하면 내가 꿈꾸어 왔던 일들을 성취할 수 있을까? 누구 하나 도와주지 않는 이 곳에서 과연 어떻게...

졸업 직전, 한국의 주민등록증과 같이 신분 확인용으로 반드시 필요하다고 해서 '운전 면허증'과 '소셜 시큐리티(Social Security)'를 받아두었지만 그런 서류가 내 불안감을 줄여주지는 못했다.

대학원을 졸업한 학생에게는 일 년간 미국에 머물며 자기 전공분야를 더 연구하거나 관련분야에서 일을 할 수 있는 훈련기간인 프렉티컬 트레이닝(Practical training)이 허락되었는데, 그 1년이 지난 다음에는 어떻게 해야할지 막연하기만 했던 것이다.

학교를 다시 들어가면 학생비자가 나와 체류기간을 연장할 수 있었지만, 학교에 재등록하자니 경제적 여유가 없었고, 그렇다고 1년 후에 그냥 돌아가긴 정말 싫고, 결국 방법은 제대로 된 직장에 취직하는 것밖에 없는데 도대체 어떻게 해야 그런 곳에 취직할 수 있는지 알 수가 없었다...

이제부터 너무도 불안하고 미래가 전혀 보이지 않던 그 1년 동안, 내가 거쳤던 과정에 대해 이야기해 보고자 한다. 혹시 미국에 무작정 건너와 어떻게든 해보겠다는 생각을 가지고 계신 분들은 눈여겨 보시기 바란다...

졸업 후 가장 먼저한 것은 집을 구하는 것이었다. 보증인이 없으면 안 되고, 또 고정된 수입이 없으면 수개월 분의 집세를 미리 내야 하는 등 보통 까다로운 것이 아니었다. 다행히 운좋게 빌리지 보이스(Village Voice)라는 신문에 난 광고를 통해 브로커 없이 집을 구할 수 있었고 같이 졸업했던 학교 친구들 6명과 코딱지만한 스튜디오에서 같이 살기 시작했다.

첫번째 일자리는 세인트 막스(St. Marks Place) 거리에서 티셔츠 가게를 하던 한국인 아저씨가 소개해준 아프카니스탄 식당 '카이버 페스'였다. 이 식당은 잊을 수가 없다. 졸업 후 첫 일이었고, 풀타임으로 뛰는 첫 일이었으며, 식당일로서도 처음이었기도 하지만 무엇보다 너무 힘들었기 때문이다...

카이버페스의 주인인 Mr. Sha는 아프가니스탄에서 뉴욕으로 이민 온 사람이었는데, 무척 무서웠다. 식당의 규모는 최고 80~90명 정도 받을 수 있는 작은 크기였고, 주방에는 요리사 아저씨(저 먼 아프리카에서 온 아저씨들...) 2명 그리고 설거지 보이, 웨이트레스 2명이 있었다.

당시 주인은 내게 이런 말을 했었다.

"내가 너같이 불법으로 일하는 사람을 쓰다 걸리면 우리 가게 문 닫아야 되고 벌금도 엄청 물어야 돼, 그러니 너를 여기서 일하게 해주는 것을 고맙게 생각해야 된다, 알았지... 그리고 처음 일하는 대가는 내가 알아서 줄 테니 돈에 관해서는 언급하지 않았으면 좋겠다..."

"네. 감사합니다. 어떤 일이라도 시켜주시면 열심히 하겠습니다..."

　당시 미국세법이나 노동법에 관한 것을 아무것도 모르던 나는 그저 일을 해 돈을 벌 수 있다는 기쁨에 다른 사람들이 나를 이용하는지 어떤지 알지도 못하고 그저 시키는 대로 바보처럼 일을 했다.
　처음 한 일은 주방구석에서 설거지를 하는 것이었다. 웬놈의 식기가 그렇게 무거운지 한 손으로는 들기도 힘들었고, 그 식기들을 한국에서 닦는 식으로 했다간 하루도 못하고 쫓겨날 판국이었다.
　음식 찌꺼기가 붙어있는 접시들을 플라스틱 통에 넣고 샤워기로 웬만큼 씻어낸 다음 세제를 뿌리고, 대충 다시 한 번 샤워시키고 스팀기에 넣는 동작을 팔이 떨어져라 하루종일 반복했다. 환기도 안 되는 구석에 처박혀 하루 12시간을 계속해서 식기를 닦다 보면 내 몸은 구정물 범벅이 되었고 허리도 아프고 탁하고 습한 공기를 하루종일 마셔 머리도 지끈거렸지만, 한가지 좋았던 것은 어깨너머로 주방장의 요리기술을 배울 수 있었다는 것이다. 지금은 웬만한 아프가니스탄 음식은 다 만들 줄 안다.
　여하간 난 누구보다 열심히 했고, 단 한마디도 불평을 안 했다. 그렇게 얼마가 지나자 불평 한마디 않는 내가 기특했는지 주인은 웨이츄레스를 한번 해보는 것이 어떻겠냐고 제의를 했다.
　너무도 기뻤다. 조그마한 식당에서 웨이츄레스가 되는 것이 뭐 그리 대단한 일이라고... 생각하시겠지만, 하루 12시간을 구석에 처박혀 설거지만 죽어라 하던 나에겐 엄청난 '승진'이었으며, 더구나 웨이츄레스 일을 하게 되면 그날 받은 팁을 모아 당일 일한 웨이츄레스끼리 나눠가질 수 있기 때문에 돈도 더 벌 수 있어서 이래저래 기쁘지 않을 수 없었다. 그건 여러 의미에서 '승진'이었다.

　To be continued...

－ NY 특파원 이주현 Jewrhee@aol.com

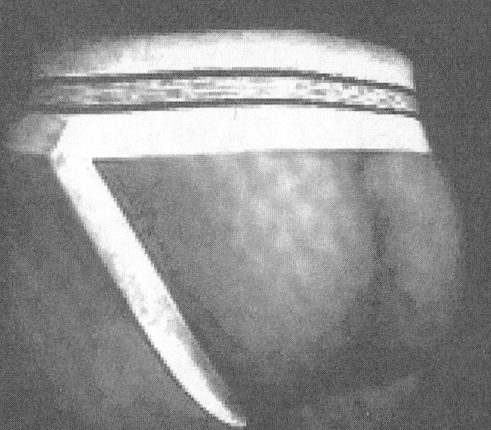

문화·생활

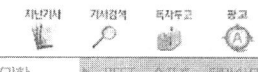
▶ 정치 경제 사회 국제 문화/생활 정보통신/과학   ▶ BEST 스포츠 테마신문

[역사고증] 똥침의 역사

[생활르뽀] 화장실 욕쟁이 아줌마를 알려주마

[딴지캠페인] 30, 40대여! 귀꾸녕을 열어라...

DIGITAL DDANJI
딴지日報
http//ddanji.netsgo.com

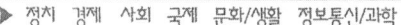

역사고증
똥침의 역사

이제는 밝힌다!

유구한 똥침의 역사

우리 민족의 기개를
세계만방에 떨칠
똥침의 역사를 밝힌다.

지난번 '딴지타도 언론인 궐기대회'까지 벌이며 본지의 폭발적 성장과 사세확장을 견제하고자 했던 수구기득권 세력이, 전혀 그런 방법이 통하지 않자 이제는 본지의 이 성스러운 똥침정신에 대한 흑색비방과 조직적인 음해까지 자행하고 있다.

(생활르뽀)

화장실 욕쟁이 아줌마를 알려주마

언제나 감동적이고 즐거운 배변문화 창달을 위해 혼신의 노력을 다하고 있는 본지는 이번 호에서 공중화장실을 청소하며 거침없이 욕을 토해내는 화장실 욕쟁이 아줌마... 그 누구도 정확한 정체를 알지 못하는, 그 화장실 청소 아줌마의 정체를 국내 최초로 밝혀본다.

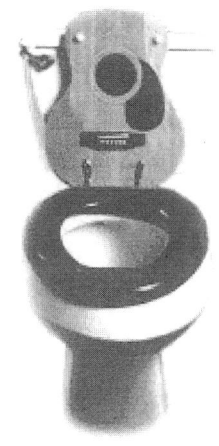

(딴지캠페인)

30, 40대여! 귀꾸녕을 열어라...

마빡에 피 다 마르고, 카드연체해서 몇 장의 카드로 이거 빼서 저거 막고 저거 빼서 이거 막는 고난이도의 서커스 경제생활에 익숙해지는 나이에 이른... 그러니까 지극히 정상적이고 건전한 울나라 성인들이 대중음악의 문제점에 대한 지적의 목소리는 한결같다.

그 노무 땐스음악 말고 다른 음악들도 함 들려달라는 것이다. 한 가지 종류의 음악이 대중음악 차트를 점령하는 나라가 대한민국 말고 또 어디 있으랴. 뭐 이런 똥꼬에서 우러나온 목소리들이다.

문화·생활 7월 14일(월)

[역사고증] 똥침의 역사

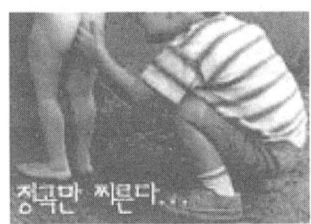

본지의 창간정신인 똥침정신...

지난 번 '딴지타도 언론인 궐기대회'까지 벌이며 본지의 폭발적 성장과 사세확장을 견제하고자 했던 수구기득권 세력이, 전혀 그런 방법이 통하지 않자 이제는 본지의 이 성스러운 똥침정신에 대한 흑색비방과 조직적인 음해까지 자행하고 있다.

"6·25 직후 철부지 아쉐이들 사이에 겨우 유행하기 시작한 근본도 없고, 파렴치한 국적미상의 장난에 불과한 똥침을 언론의 창간정신으로 내세우는 것은 한국언론의 품위를 손상시키는 반민족적 행위다..."

"후장 파열을 야기할 수 있는 가공스럽고 혐오스런 암기인 똥침을 자꾸 공개적으로 거론하는 것은 국민정서에도 해악이 될 뿐만 아니라, 혹 나이 어린 청소년들이 이를 아무 생각없이 따라할 경우 똥꼬퍼짐 등을 유발, 청소년 발육부진까지 초래하는 국민건강의 적이다..."

뭐 이런 주장을 하고 있는 것이다. 한마디로 말해 가소로운 주장이다.

역사고증... 하면 본지인 것은 이미 독자 여러분들은 다들 잘 아실 것이다. 오늘도 본지는 본지음해를 일삼고 있는 기득권 수구세력의 만행에 굴하지 않고 본지 고증전문팀을 가동, 룰루랄라 즐거운 마음으로 역사고증에 임하고자 한다. 이를 통해 그들의 주장이 허황되기 그지없다는 것과 우리 민족의 장구한 역사를 관통하는 똥침이 얼마만큼의 정통성을 가지고 있는지 낱낱이 밝힐 것이다.

자 간다...

1. 초기의 똥침 태동...

이미 고조선부터 쭈욱 행해졌다고 하나, 똥침을 기록한 현존하는 최고의 사료는 중국 길림성에서 발견된 무용총 고분벽화이다.

5~6세기 경의 작품으로 고구려인의 패기넘치고 활달한 기상을 잘 드러내고 있는 이 벽화는 사냥 장면을 묘사한 수렵도, 춤추는 무희를 표현한 가무도, 민족 정통무예이기도 한 똥침을 묘사한 수박도 등으로 이뤄져 있다.

수박도

죄질이 무거운 죄인의 똥꼬에 수박 맛볼 때 삼각구멍내는 것처럼 날카로운 똥침을 형벌로 꽂는다는 의미의 이 수박도는 미술적 가치도 매우 뛰어난 것으로, 왼편의 집행인이 땅을 힘차게 박차면서 상대의 똥꼬에 '레프트 어퍼'를 꽂는 장엄한 감동의 찰나를 역동적으로 묘사한 대작으로 평가되고 있다.

이 벽화를 통해 우리는 당시까지는 똥침이, 한 손으로 행해졌으며 왼쪽 집행인의 오른 팔 예비동작으로 보아 한 손으로 일격을 가한 후 나머지 손으로 번갈아, 즉 '레프트 라이트 콤비 블로우' 방식으로 연속 수행되었음을 알 수 있다.

이렇게 한 손으로 행해졌던 초기 똥침을 전문용어로 '단지 항문파열권'이라고 했으며, 혹세무민하는 정치가나 가렴주구형 탐관오리를 붙잡아 그 죄를 벌할 때 시행하는 극형의 하나로 행해졌다고 한다.

오른쪽 남자의 일그러진 얼굴에는 한 번의 똥침이 아니라 이미 수차례 콤비 블로우에 당한 기색이 역력하다. 무릇 백성을 괴롭히는 자에 대해서는 가차없는 똥침이 행해졌던 우리 민족의 강한 비리척결 정신을 엿볼 수 있다.

차후 통일신라시대, 대자연의 정기를 검지를 통해 흡입하고자 두 손을 가지런히 붙여 행하는 형태의 똥침이 개발된 후에도 양손을 번갈아 가며 사용하는 '단지 항문파열권'은 나름대로 그 맥을 유지하여 오늘날에는 '수벽치기'라는 전통무예의 형태로 그 전통이 이어지고 있다.

'수벽치기'의 몇 가지 기본자세를 보면 보다 확연하게 그 정통성을 확인할 수 있을 것이다.

허벌려 요격

수벽치기의 국내 1인자이자 주요 무형문화재 300호이신 '한동고'옹의 기본 자세 몇 가지를 살펴보자. 왼쪽 위의 그림은 공격상대가 비만하여 궁디의 과다한 살로 인해 일반적인 형태로는 도저히 그 살들을 삐집고 똥꼬에 충격을 주기가 힘들 경우 펼치는 초식으로 똥꼬 살들을 제치고 벌려 공간을 확보한 후 찌른다 하여, 일명 '허벌려 요격'이라 한다.

이 동작은 왼손으로 상대의 좌측짝 궁디 부분을 지긋이 눌러 압박하여 살들을 고정시키면서 과감하고 재빠르게 오른손으로 우측짝 궁디 살들을 펼쳐 헤치며 숨어 있던 똥꼬를 찌르는 방식이다.

어떠한 악조건 속에서도 굽힐 줄 몰랐던 조상의 진취적이고 창의적 기상에 맘이 숙연해진다...

천지일괄요격

왼쪽 아래의 그림은 과거 왕실경호를 전담했던

궁중의 일급경호원들 사이에서만 전수되었던 비술로서, 천장을 뚫고 침입하는 자객과 동시에 정면 문지방을 통해 이중 공격하는 두 명의 자객 똥꼬를 일시에 제압하는 고난도의 초식이다.

초절정 고수만이 펼칠 수 있는 암기로서 하늘과 땅의 적을 동시에 제압한다 하여, 일명 '천지일괄요격'(天地一括邀擊)이라 한다.

2. 똥침의 발전과 전파...

도대체 한 손으로 하다가 어떻게 양손을 사용하게 되었는가 하는 부분에서 정확한 사료가 없어 똥침 연구가들 사이에서는 끊임없는 논쟁이 있어왔다.

그러던 것이, 「삼국사기」, 「삼국유사」와 더불어 당대에는 3대 역사서의 하나로 인정받았으나 소실된 것으로 알려졌던 당대의 엽기적 야사를 통시적으로 고찰한 「삼국엽사」가 한 고문서 수집가에 의해 본지고증팀에 기증됨으로써 드뎌 그 비밀이 밝혀지게 되었다.

오늘날 딴지일보와 유사한 독보적인 엽기 지위를 누렸던 「삼국엽사」에 따르면, 이렇게 주로 한 손으로 행해졌던 초기의 똥침이 오늘날의 형태로 발전한 결정적인 계기는 화랑도를 통해서였다 한다.

화랑도는 귀족 출신의 화랑 한 명과 그의 스승격인 승려 한 명, 그리고 수백 명에 이르는 낭도로 구성되었는데, 낭도가 남녀를 불문하는 평민이었고 승려 역시 귀족이 아니었음을 볼 때 화랑도는 당시로는 획기적인 남녀차별과 신분 그리고 혈연을 초월한 민주적이고 자율적인 결사체였다.

딴지일보의 기자단 선출 시스템인 '조폭' 제도와 놀랍도록 유사하다.

통일신라의 '딴지일보 기자단' 이었던 화랑들은 평소 창검술, 궁술 등 많은 무예를 연마하였는데 특

여성이라고 깔보다간 고요하고 부드럽게... 파멸되기 십상이었다...

히 화랑이 되기 위해서는 동침술이라는 무술의 습득이 필수적이었다 한다.

이 동침술은 적과 백병전시 적의 후방으로 빠르게 이동한 뒤 적의 똥꼬를 신속히 공격하는 특공무술로서, 적의 갑옷을 뚫고 똥꼬를 찌를 수 있는 강력한 손꾸락을 요하였다.

화랑 선발의 첫째 조건이 바로 이 동침술이었기에 수많은 청년들이 평소 동침술 연마에 힘을 쏟았는데, 오늘날 경주 지방에서 발굴되는 유골에서는 유난히 많은 손가락 골절이 발견되고, 경주 지역의 오래된 고목에 원인을 알 수 없는 구멍들이 무수히 존재하는 것에 대한 의문이 이제야 풀리게 되었다.

또한 오늘날 프로구단까지 있는 씨름 역시 동침술의 선제동작인 '상대 똥꼬확보' 기술이 계승 발전된 것으로 밝혀졌다.

황산벌의 계백과 김유신의 대회전에서 어린 나이에도 불구하고 용감히 나가 싸우다 전사하여 신라군의 사기를 높여주고, 결국 그 전투를 승리로 이끌게 한 화랑 '관장'은 어린 시절부터 부단히 똥침으로 관장당하며 공력을 쌓았던 것으로 유명하다.

그러나 이때까지만 하더라도 이 동침술은 '단지 항문파열권'을 계승하여 양 손을 번갈아 가며 피스톤식으로 공격하는 데 그치고 있었다.

그러던 것이 화랑도의 주요 구성원 중 하나였던 승려들에게도 정신수련과 신체단련의 일환으로 이 동침술을 훈련시키는 과정에서, 대자연의 정기를 흡입하여 적의 급소에 강력한 타격을 가하는 보다 파괴적인 개량형 동침술이 고안되었는데 이러한 동작이 후세에 이르러 불가에서는 종교적 '합장'으로 전수되었으며, 화랑도로부터는 두 손을 모은다 하여 '이지합일 항문파열권'으로 불리며 오늘날 합장 형태 똥침의 원류가 되었다.

나당연합군이 삼국통일 후, 신라가 당나라와 또 다시 전쟁을 하게 되자 이 승려들은 의병을 일으켜 당나라와 맞서 싸웠는데, 이 놀라운 무예를 접한 당나라 병사들은 울나라 승려들을 보기만 하면 똥꼬털 휘날리게 도망갔으니 오늘날 빠진 군인들을 보고 '당나라'라고 하는 것은 여기서 비롯된 것이며, 이 '당나라' 정신을 정통계승한 자들이 바로 '딴나라 캬바레' 애들이다.

이때 혼비백산해 중국으로 돌아간 당나라 병사들은 자기들도 동침술의 놀라운 무예를 습득해 보고자 산 속에 대규모 승려체력장을 건설하였으니 이것이 바로 '소림사'가 되겠다.

소림 똥침무공의 후계자 이쏘룡은 똥침을 쏘기 전 손꾸락 보호를 위해 특수 장갑을 항상 착용하였다...

즉, 중국 영화에 자주 등장하는, 뜨거운 모래에 손을 쑤셔 넣으며 손꾸락을 강철처럼 단련하고자 하는 '철사장' 역시 울나라 똥침의 아류에 불과한 것이다.

빛나는 조상들의 기상과 무예에 가슴이 벅차다...

3. 널린 인간을 이롭게 한 똥침

한편 조선시대에 들어서자 똥침을 의약 분야에까지 널리 응용하고자 하는 움직임이 서서히 나타나기 시작했는데, 본지 고증 전문위원인 김도균 대기자(bluesens@netsgo.com), 안동헌 논설우원(7170@hitel.net), 윤탱 박사(yountang@nownuri.net)의 합동 고증에 의하면, 선조는 1596년 '항준'에게 똥침의 효험과 사용법에 대한 의학서를 지으라 명하여 내의원에 편집국을 설치하고 착수한 지 14년만인 광해군 2년(1610)에 모든 항문성 질환에 대한 완벽한 치료법을 수록한 「동침보감」을 완성하였다.

　당시 너무 내용이 어려워 민간에서는 활용이 불가능했던 「향악집성방」과 「의방유취」와는 다르게 「동침보감」은 누구나 쉽게 시술할 수 있는 똥침을 핵심진료기술로 삼아 민간의 복지증진에 크게 기여하였다.

　「동침보감」에 따르면 손바닥에 인간의 오장육부가 다 들어있다는 수지침의 원리와 같이 똥꼬에도 사지와 연결되는 혈이 있고, 그 막힌 혈을 똥침을 통해 풀어주면 병을 고칠 수 있다는 것이다.

　특히 똥침은 급체나 위장장애 등에 탁월한 효능이 있는 것으로 알려졌는데 똥침과 함께 내복약으로 무 조각이 담긴 국물을 마시도록 했는데 이것을 '똥침이'라고 불렀다. 오늘날의 동치미의 원류가 되겠다.

　(다만 주의할 것은 시술자는 시술 직후 재빨리 손꾸락을 세척해야지 그렇지 않을 경우 '탈손톱증'에 시달릴 수 있고, 너무 깊숙이 시술할 경우 환자의 똥꼬가 평생 서늘한 '똥고 오한'이란 무서운 부작용이 따른다는 점이다…)

서로 서로 똥침을 찔러주며 건강을 증진시키고 있는 사람들…
해맑게 웃고 있는 모습은 명랑사회에 대한 희망을 안겨준다…
- 윤탱 박사 제공 yountang@nownuri.net

이처럼 똥침은 우리 역사 속에 면면히 이어져 왔다.

이러한 고귀한 똥침의 전통이 이 땅에 군바리 정권이 들어선 이후 철저히 왜곡되기 시작하였으니 오호 통재라...

부패한 정치인들과 어용언론들이 혹시라도 자신들에게 이러한 국민들의 똥침이 가해질 것을 우려, 위에 예로 든 '반민족적이라느니, 국적미상이라느니, 국민건강을 해친다느니...' 하는 역사왜곡을 일삼았던 것이다.

지난 40여 년간 기득권 수구세력의 철저한 대국민 농락에 의해 그 맥이 완전히 끊겼던 정곡 똥침의 전통은 '한구레' 신문에 의해 서서히 살아나기 시작해, 본지 이전까지는 「인물과 싸라...」라는 도색잡지에 의해 그 명맥이 이어지고 있었다.

본지와 유사하게 도색 저널리즘을 지향하는 「인물과 싸라...」는 교수를 사칭한 포주 깡중만에 의해서 발행되며, 특히 언론비리를 홀딱 홀딱 벗기는 성인용 뽀르노물이다.

어느 날 갑자기 홀홀단신으로 황색저널계에 등장해 이리저리 사방팔방으로 다각도의 똥침을 찔러대며 언론형 비리를 훌러덩 벗겨내고 있는 포주 깡중만은, 수벽치기의 1인자 한동고 옹의 수제자로서 '수직상방요격'의 전수자이며, '좆선벼룩'에 특효인 '좆선후장파열권'이 특기이다.

깡준만의「인물과 싸라...」에 대한 고찰은 담 기회에 보다 자세히 하기로 하자.

그러나, 도교의 영향을 받아 가무를 즐겼던 화랑도의 '화류정신'까지 고스란히 계승해낸 최초의 완전한 똥침 전통 계승자는 역시 본지라 하겠다. 찌를 때 찌르면서도 평소에는 풍류와 에로를 즐기며, 특히 먹고 싸는 문제에 대한 철학적 고찰에는 본지를 능가할 언론은 지구상에 엄따.

이런 것이 본지의 '똥침정신' 이다. 어디 감히 반민족적

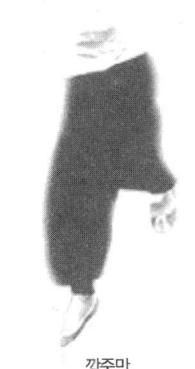

깡중만

문화·생활 9월 14일(월)

이라느니, 국적미상이라느니, 국민건강을 해친다느니 하면서 이 숭고한 '똥침정신'을 폄하하려 하는가. 부패한 정치가들에게는 준엄한 형벌로서, 조국이 국난에 처했을 때는 국난극복의 절세무공으로서, 태평한 때에는 널리 백성을 이롭게 한 의료술로서 그 전통을 이어 온 '똥침정신'을 다시는 왜곡해서 안 될 것이다.

오늘은 짧게 이 정도로 '똥침정신'에 대한 고찰을 마칠까 한다. 수구 기득권 세력은 앞으로 정신 바짝 차리기 바란다. 본지의 '똥침날'은 날카롭기 그지엄따. 이상.

— 본지음해세력 척결에 나선 딴지 총수

[생활르뽀] 화장실 욕쟁이 아줌마를 알려주마

언제나 감동적이고 즐거운 배변문화 창달을 위해 혼신의 노력을 다하고 있는 본지는 이번 호에서 공중화장실을 청소하며 거침없이 욕을 토해내는 화장실 욕쟁이 아줌마... 그 누구도 정확한 정체를 알지 못하는, 그 화장실 청소 아줌마의 정체를 국내 최초로 밝혀본다.

이런 거 우리가 안 하믄 누가 하겠는가.

말리지들 마시라.

'화장실 욕쟁이 아줌마... 정녕 21세기 명랑사회의 반란자인가' 라는 가설 앞에 본지 기자단은 또다시 데스크 앞에 똥꼬를 맞대고 모일 수밖에 없었다. 아! 21세기 명랑사회구현을 위해 딴지가 해야 할 일은 넘 많다.

서로가 일에 지친 항문마사지를 해주며 화장실 욕쟁이 아줌마를 취재할 취재단을 구성하고 있을 즈음... 또 다시 한 통의 전화가 본사 사옥을 때렸다. 하루일과 중 하나인 총수 똥꼬털에 무스를 발라 빗으로 빗어 넘기기를 하던 본 우원이 몸 날려 받았다.

본 우원 : 명랑표정 안우원임다.

전화한 넘 : 아자씨... (꺼져가는 목소리였다.)

본 우원 : 여보스... 말씀해 주셔야 함다. 어디 아프심까?

전화한 넘 : 흑흑... 아줌마가 문을... 흑흑... 잠궈버렸어여... 살려주세요...

본 우원 : 도대체 무슨 말임까 ? 아줌마가 문을 잠그다니 시방 장난함까 ?

전화한 넘 : 지금 휴대폰으로 하는 거예여... 여긴 신촌의 모 화장

문화·생활 1月 12일 (월)

실 3사로에 있어여... 엉엉... (이젠 통곡이다) 2시간이 지났어여... 꺽꺽...

본 우원 : (2시간이면 똥독이 이미 오를대로 오른 시간이었다, 넘 다급했다.) 좀만 기다리면 되겠슴다.

이제 출동만이 남은 것이다.
그러나 똥독이 올랐으리란 예감에 용감무쌍하다던 본지기자들이 다들 마사지하던 항문에서 가스를 내뿜으며 슬금슬금 내빼기 시작했다. 이제 남은 건 본 우원과 총수뿐. 그러나 역쉬 예감했던 대로 총수는 가리마 타다만 똥꼬털을 휘날리며 날라버렸다.
아, 이번에도 홀로 다 취재해야 하는구나... 온 몸에 향수를 뿌리고 베이비분을 뒤집어쓰고 홀로 가서 똥독으로 사경을 헤매던 전화 한 넘을 구할 수 있었다. 그 넘을 통해 그간 전설로만 세간에 알려졌던 화장실 욕쟁이 아줌마의 실체를 파악할 수 있었다. 이제부터 그 실체를 까발리겠다.

1 욕쟁이 아줌마의 대사를 알려주마

세간에 떠도는 욕쟁이 아줌마의 가장 큰 특징은 무엇보다 질펀한 사투리가 특징이다. 주로 영호남 사투리를 근간으로 하고 있으나 최근 두각을 보이는 사투리는 경기도 사투리다. 혹자는 강원도까진 어찌 해보겠는데 경기도만큼은 사투리 특징을 도저히 알 수 없다고 고개를 젓기도 하지만 본 우원 결단코 말하건대 경기도 사투리는 있다.
국내 언론사상 최초로 경기도 사투리를 구사하는 욕쟁이 아줌마의 일갈을 공개한다. 아, 가슴이 또 벅차오른다.
"이런 예에기... 우라질노므... 똥꾸녕이 삐뚜루 달렸어~어 에유, 못살어~어"

글로 표현하는 한계가 있지만 이 간단한 일성에서 경기도임을 본 우원은 직감했다. 먼저 문장 끝 억양을 길게 함 늘이고 짧게 마무리 하는 게 경기 사투리의 특징이다. 의성어로는 '예기(제기릴)'이나 '우라질' 등이 자주 활용된다.

호남쪽도 욕쟁이 아줌마의 총본산답게 막강하다.

"이게 뭐다냐... 똥덩어리 아닝가? 이런 싸~가지 없는 것들 보소... 아따 징해부요"

뭐 이런 식이다. 경상도는 또 어떤가.

"이노므 자스기... 가운데 몬 앉꼬서리... 콱 다리몽댕이를 조 쌔려 빠뿔라"

실로 엽기스런 일성이라 하지 않을 수 없다. 이런 욕쟁이 아줌마의 강한 억양과 톤은 자못 그 안에서 열라 힘주는 우리 백성들의 항문괄약근을 바짝 긴장시켜 나오던 똥을 끊기게 하여 한국표준형 '아이스크림형' 똥에서 '줄줄이 비엔나형' 똥으로 똥형상의 역사를 심히 왜곡시키고 있다는 게 취재 도중 밝혀졌다.

2 욕쟁이 아줌마는 과연 누구인가.

지금껏 베일에 싸여있던 욕쟁이 아줌마의 정체를 파헤친다는 건 본 우원 홀로 넘 벅찬 일이었다. 본 우원이 화장실 아줌마의 비밀을 파헤친다고 하자 도처에서 '뒷감당하기 힘들 일을 한다', '어쩌려고 저러냐', '넌 이제 공중변소 다 갔다'는 등 취재 중단을 종용하였고 가족들까지 동원돼 본 우원을 한 목소리로 말렸다.

"델센아빠... 그 비밀을 알면 가족들도 다쳐요... 애 생각을 해서라도..."

그러나 내가 누군가. 자랑찬 딴지일보의 논설우원 아닌가. 가족이 잠든 새 눈물을 삼키며 욕쟁이 아줌마가 창궐한다는 신촌의 모 공중

문화·생활 1ㄲ월 12일(월)

변소로 달려갔다.
　그러나 앉아쏴 자세로 기다려도 아줌마는 나타나지 않았다. 어떤 쉐이가 정보를 빼돌린 게 틀림없었다. 방법은 하나, 아줌마가 자주 출몰하는 또 하나의 장소 'K대 공대 화장실'로 가야 했다. 6일을 공대화장실에서 숙식을 해결하며 기다린 끝에 마침내 욕을 하며 나타나는 아줌마를 만나는 데 성공했다. 그 아줌마의 첫 일갈은 이랬다.
　"이 호로새끼들... 낙서를 못해 얼어죽은 귀신이 붙었나... 배운 것들이 웬 낙서지랄들이야..."
　이 아줌마를 통해 본 화장실 욕쟁이 아줌마의 표준형은 다음과 같다.

키	145~155cm여야 함.
몸집	똥똥해야 함.
얼굴	동굴넙적해야 함.
하의	몸빼바지나 원색의 쫄바지여야 함.
상의	하의와 색조 매치가 절대 안 되어야 함.
인상	인상 한 번 구김으로 여러 장정들을 압도해야 함.

　그러나 무엇보다도 중요한 건 생각한 바를 그대로 표현하는 입씸(조디파워)이다. 이 입씸의 강약에 따라 '욕쟁이 아줌마'냐 '기냥 아줌마'냐가 판가름난다. 또한 주로 청소용역업체에 소속되어 있고 구청에 상용원으로 취직되어 비교적 암에푸에도 고용환경이 안정되어 있어, 더욱 자신감 넘치는 조디파워를 구가하고 있는 것으로 밝혀졌다.

3 욕쟁이 아줌마의 청소과정을 함 살펴보자.

　※ 오전청소기 : 대개 5시면 일어나서 변소로 달려간다. 출입구에서 전체 윤곽을 쫘악 측정해 전날밤 상황을 추리해 보고 각 사로별로 문

1月 12일 (월) 문화·생활

을 하나씩 열어 세부 점검작업을 시작한다. 이때, 간혹 사로 안에서 알콜냄새 풍기며 똥이 범벅된 채 웅크려 자고 있는 넘이 발견되는데 비짜루로 휘둘러 내쫓아 버린다. 통상 이때 첫 일성이 터진다.

"여기가 뉘 눕 안방인지 알어, 이 누무 자슥아!"

고스란히 남아있는 똥덩어리, 사방에 튀긴 똥가루, 덕지덕지 붙은 코딱지 등을 함 살피고 물통에 물을 받아 사로별 청소작업 및 전체청소를 실시한다. 손님이 없는 새벽에 시작해 출근시간대인 8시 이전에 끝낸다. 휴지는 뭐 그날그날의 컨디션에 따라 걸기도 하고 안 걸기도 하는데 대개 당근 없음이다.

◎ 점심식후청소기 : 점심식사 전후 몰려드는 화장실 인파로 잠시 휴식기를 갖다가 1시를 조금 넘겨 중간청소를 실시한다. 이때의 점검은 주로 휴지통이다. 오전 중 찼던 휴지통을 말끔히 비우고 변기 구석구석의 잔해물을 닦아낸다. 물 안 내린 넘, 휴지를 삐뚜루 던져 바닥에 흘린 넘들을 열라 씹으며 바닥에 떨어진 신문쪼가리를 줏어들고 정치, 경제에 대한 스터디를 함으로써 오후 청소를 마무리 한다. 시간이 좀 남거나 기분이 좋으면 변기나 세면기에 광약도 좀 친다.

◎ 밤청소기 : 저녁 후 퇴근을 앞두고 하는 대청소의 시기다. 아침점심 땐 비교적 묵묵하던 아줌마의 입에 서서히 욕발동이 걸리는 시기이기도 하다.

"낙서는 염병헐 누므 낙서야. 손꾸락지를 뿐질러야혀... 똥덩어리가 떨어지질 않네... 도대체 뭘 처먹은 거야."

류의 욕을 갈기며 나타나는 아줌마 땜에 소변보던 넘들은 오줌발이 뒤틀리고 대변보던 넘들은 똥줄

본지기자들은 공중화장실 방뇨시 욕쟁이 아줌마들의 파상적 대걸레 공격에 대비 위와 같은 특수 복장으로 신체노출을 극소화하고 있다.

http://ddanji.netsgo.com

기가 다시 항문으로 쑥 들어가는 되새김을 몇 번 경험하거나 일정길이에 도달하지 않았는데 끊겨버리는 무시무시함을 경험하기도 한다.

심지어 소변보는 곳으로 대걸레질을 하며 파상적으로 접근하는 아줌마로 인해 한쪽다리를 들었다 놨다하며 위태롭게 소변을 끝낸 경험으로 공중변소 기피증에 걸린 자들의 피해사례도 속출했다.

4. 욕쟁이 아줌마는 왜 그래야 하는가.

본 우원이 취재하는 도중 오피스텔 화장실 전문 청소부를 자처하는 면목동의 한 아줌마로부터 편파적 취재라는 항의가 들어왔다. 그쪽 입장도 함 들어봐야 진정한 명랑사회를 이루리라는 판단으로 만나서 아줌마들의 입장을 들을 수 있었다.

아줌마들의 입장은 아래와 같은 넘들 땜에 자신들의 입이 걸어진 거라 주장하며 이런 넘들을 21세기 명랑사회의 5적으로 삼아 지속적으로 욕을 쌔리겠다고 했다. 아... 쌔린다는 표현에 본 우원은 예를 갖추지 않을 수 없었다.

① 똥구녁이 삐뚜루 달린 넘 : 똥을 때릴 때(아, 멋진 표현이다) 변기에 흔적을 남기는 넘들이다. 평범한 사람들이 한순간의 실수나 너무 힘을 주다 혼수상태에 빠져 변기 좌우측으로 순간적으로 치우쳐 때리는 우발적인 케이스와는 다르게 허구헌날 옆으로 흘리거나 파편형의 똥을 사방으로 분사하는 상습범을 뜻한다.
② 벽화를 그리거나 소설 쓰는 넘 : 널리 알려진 벽화엔 'WXY 세로로 그리기', '몸통이 째진 날아가는 갈매기', '꼬리에 털 달린 울고있는 물고기' 가 있으며 소설은 '옆집누나를 아시나요' 나 '옆집 아줌마 훌러덩 벗었네' 류의 옆집시리즈가 과거부터 오늘날까지 전통을 면면히 이어오고 있다.

주로 화장실문을 캔버스 삼아 오로지 그림으로 대화하며 공동릴레이 작업을 하기 때문에 스승과 제자가 서로의 정체를 모르는 점조직으로 적발하기가 넘 어렵다. 항상 조각칼을 소장하고 다니며 덧칠한 검정 페인트 위에 음각판화를 그리는 엽기적인 넘과 아줌마가 옆칸에서 청소하는 도중에도 과감하게 일필휘지로 휘갈기고 나오는 매직팬 서예가들이 본 우원이 취재 도중 기억에 남는 넘들이다.

③ 피자나 빈대떡 찍는 넘 : 밤에 피자나 빈대떡을 열라게 찍고 물을 절대로 안 내려서 아침에 완성된 한판을 고객들에 선보여주는 엽기적인 넘들이다. 이 부류는 변기뿐 아니라 세면대, 거울, 심지어 문짝에까지 찍어내 그 기술에 절로 고개를 떨구게 한다. 간혹, 빈대떡을 찍다가 혼수상태에 빠져 담날 아침에 빈대떡을 뒤집어쓰고 발견되는 경우도 있는 등 꼬투리를 잘 잡혀 아줌마들이 비교적 적발하기 쉬운 상대다.

④ 변기를 막아버리는 넘/논 : 아줌마들이 가장 두려워하는 넘들이다. 다른 건 아줌마 선에서 해결되지만 이 경우는 변기뚫는 업체 등과 연계해야 하는 번거로움이 있기 때문이다. 주로 굵고 단단한 오래 묵은 똥을 싸는 넘들 땜에 발생하지만 신문지로 닦고 뭉쳐서 변기에 버리거나, 간혹 여자들이 생리대를 무심코 변기에 내던져 버리는 엽기행각으로 변기가 막힌다고 아줌마들은 전한다.

⑤ 도적질해가는 넘 : 화장실 안에 있는 쓸 만한 물건뿐 아니라 전혀 쓸 데가 없을 듯한 물건까지 쎄벼가는 넘들이다. 거울을 떼가든지 세면기의 수도꼭지를 뽑아가기도 하고 걸어놓은 화장지는 당근 쎄빈다. 본 우원이 목격한 바로는 똥 묻은 휴지를 다 엎어놓고 휴지통을 가져가버리는 천하에 불한당 같은 넘도 있었는데 그때 놀란 항문이 아직도 닫혀지질 않고 있다. 이 추즙한 넘들 얘기를 하면서 아줌마가 일갈했다.

문화·생활 1ㅁ월 12일(월)

"거지똥구녕에서 콩나물을 뽑아먹어라"

　이상의 욕쟁이 아줌마 취재를 하며 느낀 점은 21세기 명랑사회에 대한 심한 회의감이었다. 똥오줌도 못 가리는 백성들이 창궐하는 마당에 무슨 사정이고 개혁이고 빅딜을 해 명랑사회를 이룬단 말인가.
　결국 욕쟁이 아줌마를 창궐케한 것도 똥오줌 못 가리는 우리 백성들땜이 아니었던가. 아... 김데중 님은 이 순간 뭐하고 계신단 말인가. 이런 백성들을 방치해 두실 건가. 어서 전국적인 화장실 개혁을 해주셔야 할 줄로 안다.
　취재를 마치고 기거하던 화장실에서 짐을 꾸리던 중 한 아줌마가 본 우원에게 급박한 메시지를 보냈다.
　"나가... 신촌의 변소에 갔다와야 쓰갔는디... 글씨, 며칠 전 드릴로 여자화장실 옆칸 벽에 구녕을 뚫던 놈을 적발하고 문을 잠가버렸당께..."
　아... 나는 변태를 구해줬구나...

- 논설우원 안동헌 p7170@mail.hitel.net

[딴지캠페인] 30, 40대여! 귀꾸녕을 열어라...

마빡에 피 다 마르고, 카드연체해서 몇 장의 카드로 이거 빼서 저거 막고 저거 빼서 이거 막는 고난이도의 서커스 경제생활에 익숙해 지는 나이에 이른... 그러니까 지극히 정상적이고 건전한 울나라 성인들이 대중음악의 문제점에 대한 지적의 목소리는 한결같다.

그 노무 댄스 음악 말고 다른 음악들도 함 들려달라는 것이다. 한 가지 종류의 음악이 대중음악 차트를 점령하는 나라가 대한민국 말고 또 어디 있으랴, 뭐 이런 똥꼬에서 우러나온 목소리들이다.

위 사진은 본 기사와 졸라 관계있음

'한가지색 대중음악'에서 벗어나야 한다는 것. 이제 이러한 요구는 단순한 희망사항이 아니라 일본대중음악 개방을 앞둔 상황에서 긴박한 생존의 문제이기도 하다.

울나라 댄스 음악과 발라드 음악은 거의 전부가 일본대중음악을 표절한 것이라고 해도 과언이 아니기 때문이다. 일본 대중음악계에선 오래 전부터 한국에서의 표절 리스트를 빽빽하게 작성해 놓고 개방되는 날만을 기다리고 있다는 이야기까지 들린다.

지금이야 한국인들 감정 상하게 할 필요 없으니 개방될 때까지 이를 갈고 기다린다는 거다. 일본 대중음악 개방 이후 그들이 표절 리스트를 폭로하고 일일이 손해배상을 청구한다면... 생각만 해도 똥꼬털이 덜덜 떨리는 똥꼬 오한증에 걸릴 일이다.

그런데 지금 울나라에서 '한가지색 대중음악'에서 벗어나는 일은 쉬운 일이 아니다. 가장 큰 걸림돌이 공중파 방송이다. 울나라의 공중파 방송이 정신을 차리기 전에는 대중음악의 다양화는 결코 달성

될 수 없다.

그렇다면 방송이 어떻게 해야 하는 걸까? 방법은 한 가지밖에 없다.

공중파 방송이 대중음악 프로그램을 포기하는 거다.

80년대 이후 선진국에서는 대중음악 프로그램이 모두 MTV와 같은 케이블 채널에 넘겨졌다. 음반시장의 10대 강국 가운데 공중파 방송에서 대중음악 프로를 다루는 유일한 나라가 자랑스런 우리 조국, 아~ 대한민국이다.

참고로 우리 나라는 연간 매출액 4,000억으로 형식적으로는 세계 음반시장 순위 11위를 기록하고 있는데 1,000억 규모인 불법 길보드 판매까지 포함하면 실질적으로 연간 매출액 5,000억의 세계 6위 시장이라 한다. 외국 음반사에서 침흘릴 만하지 않는가.

울나라 방송재벌들은 라디오까지 전국을 제패하고 있어 지방문화의 똥꼬 내벽을 근본적으로 말리고 가뜩이나 심각한 수도권 문화집중화 현상을 부추기고 있다.

외국의 경우 각 지역의 라디오 방송은 각기 전문화된 음악적 스타일을 가지고 그 지역의 음악문화를 대변하고 있다. 우리 나라도 그랬던 적이 없었던 게 아니다.

30대 이상의 음악팬들은 기억하리라. 광주·전남 지역에서 방송되던 '전일방송'이 70년대 말에 '전일방송 대학 가요제'를 통해 발굴해낸 명곡들을 서울을 비롯한 다른 지역으로 역수출했던 사실을.

한 때 전국적인 인기를 끌었던 '모모는 철부지 모모는 무지개' 하고 부르던 〈모모〉라는 곡이 이 전일방송 가요제에서 배출된 곡이다. 또한 이 가요제에서 〈소나기〉라는 곡으로 우승했던 '김종률'이라는 이름의 당시 전남대 국문과 학생이 - 그는 같은 해에 서울 무대인 대학가요제에도 출전하여 〈영랑과 강진〉이라는 곡으로 금상을 받기도 했다 - 이후 광주민주화항쟁 와중에 백기완 시에 곡을 붙여 80년대 최고의 운동가요 〈님을 위한 행진곡〉을 작곡한 장본인이라는 사실도 알 만한 사람은 안다.

그러나 뒤가 졸라 쿠렸던 존두환 정권(또 나왔다 존두환...)의 방송 통폐합 조치를 계기로 20여 년 동안 탄탄하게 구축된 중앙집중식 방송독재가 무소불위의 권력을 휘두르고 있는 작금, 울나라의 대중음악인들은 아무리 좋은 실력을 갖추고 아무리 좋은 곡을 만들어내도 방송이라는 거대한 권력에 배팅할 수 있는 재력과 로비력을 갖추지 못하는 한, 채 펴보지도 못한 날개를 그대로 접을 수밖에 없는 게 조까튼 현실이다.

그러니 방송권력에 빌붙은 기생충 같은 브로커 집단, 음반 기획사에서 우리의 꿈꾸는 10대들을 데려다 불평등 계약을 맺고 착취를 해대는 불합리한 작태가 만연될 수밖에.

10대들이 재주를 넘고 돈은 흡혈귀같은 기획사넘들이 다 챙겨가도 별 수 없는 거다. 어린 가수들에게 있어서 그들 흡혈귀는 신과 같은 존재니까. 반항하면 국물도 없다. 흡혈귀 입장에서야, 돈 못 벌어도 좋으니 재주만 넘게 해달라고 손짓하는 이쁘게 생긴 10대 무희들이 길가에 널려있으니...

댄스 음악이 무조건 나쁘다고 하는 게 아니다. 사실 인류 최초의 음악은 댄스 음악이었다는 게 정설이다. 율동을 곁들여가며 감정을 분출하고 나눌 수 있는 댄스 음악은 동서고금 남녀노소를 막론하고 음악적 커뮤니케이션을 위한 졸라 훌륭한 매체임에 분명하다.

하지만 댄스 음악 아닌 것들도 많이 있으며 댄스 음악만 해도 탱고, 플라멩코, 폴카에서 지루박(음...)까지 수많은 종류가 있는데 울나라에서는 왜 유독 미국 뒷골목에서 유행하는 한 가지 종류의 댄스 음악만이 전 국토를 진동시켜대느냐는 거다.

문제는 다양성이다.

대중음악은 다양성을 먹고 산다. 사실 다양성을 잃은 문화는 더

안다리 후리기, 바깥다리 후리기... 아... 우리도
이런 거 자유자재로 구사해 명랑사회 앞당겨야 한다!

이상 대중문화가 아니다. 그건 파시스트 전체주의 문화일 뿐이다. 획일화된 문화 풍토에서 자란 우리의 10대들이 미래의 대한민국에 개성있는 문화를 가꾸어낼 수 있다고 어느 누가 말할 수 있겠는가.

이제는 이 나라의 3·40대들이 침묵하면 안 된다. 우리 나라 3·40대들이야말로 어린 시절부터 다양한 대중음악을 만끽해 왔던 고급 청중들이다. 40대들은 청바지 문화와 반항적인 포크음악을 포용했던 진보적인 음악 세대였으며 30대들은 들국화에 열광하며 이 땅의 라이브 음악문화를 개척했던 장본인들 아니었던가.

그런 3·40대 고급 청중들이 지금은 퇴근길 포장마차에서, 더 나아가 한 번에 수십만 원 하는 단란주점에서 광란의 음주문화 개발에만 전력을 쏟아대고 있으니 이 땅의 대중음악이 기형화되는 거다.

댄스 음악 일색의 대중음악이 싫다고 말로만 투덜거릴 게 아니다. 3·40대의 게으른 체념이 10대들에 대한 문화적 착취를 은밀하게 돕고 있음을 깨달아야 된다. 암에프 터졌을 때, 방송국에서는 화려한 대중음악 쇼 프로그램을 없애겠다고 선언했었다. 그러나 약속은 오래가지 않았다. 그래도 이의를 제기하지 않는 게 3·40대의 못말리는 게으름과 체념이다.

이제는 적극적으로 나설 때다.

방송국에 약속을 지키라고 분명하게 요구해야 한다. 공중파 방송으로 하여금 대중음악 프로그램을 없애게 하는 범국민적 운동을 벌여야 한다. 울산에서만 인기있는 가수가 있어야 하고, 목포에서만 들을 수 있는 방송이 있어야 한다.

듣기 싫다고 텔레비전 끄는 데서 그치지 말고 좋은 음악을 찾아 라이브 음악이 있는 카페와 클럽으로, 음반시장으로 3·40대 들이 직접 나서야 한다. IMF 시대에 음악 들을 시간이 어딨냐고? 이렇게 말하는 사람들이야말로 이 시대의 사오정들이다. 3·40대들이여 이제 귀꾸녕을 활짝 열자(대중음악평론가 임진모 씨의 주장 일부를 본 기사가 빌어왔음을 밝힌다).

귀꾸녕 캠페인

방송에서 듣기 힘든 좋은 곡들을 본지를 통해 들을 수 있는 기회를 나누었으면 한다. 이번호에서는 날라리 대중음악과 모가지 졸라 힘주는 클래식 음악의 경계를 허물어뜨리기 위해 시도된 음반 〈혼자사랑1〉과 〈푸른 자전거〉에 수록된 곡들을 소개한다.

이 두 개의 음반은 우리 사회에서 기형적으로 형성된 음반기획사들의 횡포에서 벗어나 수용자 중심의 음반작업을 실천해내기 위해 결성된 '음악 수용자를 생각하는 모임(대표 : 마도원)'에서 결실을 본 음반들이다.

문화·생활 4월 28일 (월)

수용자 중심의 음반작업을 위해 〈혼자사랑〉 음반의 경우 총 771명의 후원자를 개별적으로 만나 '음반 발매 전 신구매' 형식으로 기금을 마련, 1년여의 고된 작업 끝에 음반을 만들어냈다 한다.

〈혼자사랑〉 음반에서는 한국예술종합학교 음악원 교수로 재직중인 이건용이 작곡한 노래들을 여러 후배 작곡가들이 편곡하고 설대 성악과 출신의 여가수 전경옥이 불렀으며, 〈푸른 자전거〉라는 음반에서는 작곡가 신동일의 피아노 작품들을 피아니스트 한정희가 연주했다.

이들은 모두 대중과 벽을 쌓고 모가지 졸라 힘 주며 배팅기는 클래식 음악계의 배타성을 거부하는 동시에 대중음악의 예술적 가능성을 옹호하는, 클래식 음악계의 언더그라운드라고 불러도 좋을 것이다.

함 다운받아 들어보시길. 한 가지. '미아리' 라는 곡은 방송불가 판정을 받은 미성년자청취불가곡이니 미성년자들은 '클릭' 을 금한다. '엘리베이터 안에서 사랑을 나눴지' 하는 건 괜찮아도 '미아리' 는 '미아리' 기 때문에 무조건 안 되는 거다... 씨바...

혼자 사랑		푸른자전거	
혼자사랑 		나의 오래된 꿈하나 	
미아리 		꿈꾸는 푸른자전거 	

(본지는 아날로그판이기 때문에 다운 받을 수 엄씀. - 편집자 주)

앞으로도 본지는 언더그라운드 뮤지션들의 음반들이 대중에게 소개될 수 있는 문화 귀꾸녕의 역할을 해내고자 한다. 음반을 만들어놓고도 대중에게 다가설 수 있는 기회를 찾지 못하는 뮤지션들은 본지 문을 졸라 두드리기 바란다. 담당기자는 최가박당(hoggenug@netsgo.com)이다. 당근 무료다.

— 딴지 연예부 기자 최가박당 hoggenug@netsgo.com

암살영화의 결정판 - The Jacket

그는 암살자. 노리는 건 자켓 한 벌. 주머니 많은 걸 원한다.
리쳐드는 가죽 한 벌 있고, 브루스는 없다. 씨바... 전쟁이다.

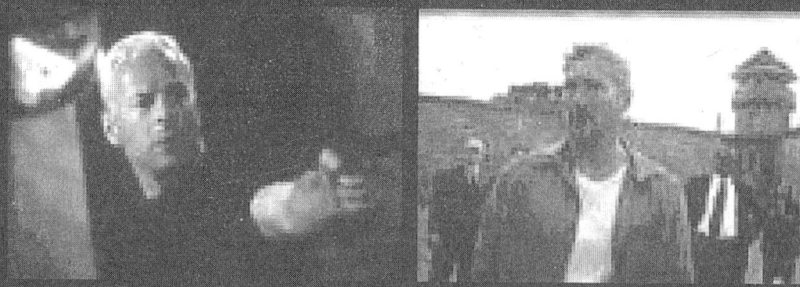

정보통신·과학

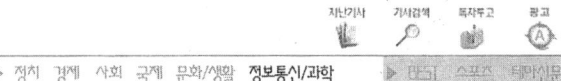

[폭로] 영화 속의 비과학적 구라들(1)·(2)

이주의 특집

[극비실험] 헌팅의 조건과 가능성(1)·(2)

[고찰] 마징가 제트 과연 가능한가

http//ddanji.netsgo.com

> 폭로

영화 속의 비과학적 구라들(1)

본 기자는 지금부터 영화 속에 나오는 대관객 구라를 밝히고자 한다.
우리 나라 정치인들에게 하도 많은 뻥과 구라침을 당하다보니 '구라 노이로제'에
걸린 본 기자는 그 어떤 영화 속의 구라도 다 잡아내고자
오늘도 불철주야 비디오방을 누빈다.
본 기자가 오늘까지 찾아낸 영화 속의 구라들은 다음과 같다...

> 폭로

영화 속의 비과학적 구라들(2)

우선 영화 속의 비과학적 구라 기사에 보내주신 독자제위의 성원에 열라 감사드린다. 꾸벅. 솔직히 일케 뜨거운 관심과 반응이 있을 줄은 몰랐다. 약 60여 통의 메일을 받았는데 일일이 컴 앞에서 앉아 답장하느라 똥꼬 경색과 손꾸락 경련이 엄습했을 정도다.

앞으로도 스피드2(이 분은 참고 자료까지 보내주셨음), 맥가이버, 백야 3.98, 아마게돈 등 영화 속의 구라를 잡아내달라고 많은 분들이 요구를 하셨다...

정보통신 · 과학

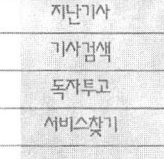

▶ 정치 경제 사회 국제 문화/생활 정보통신/과학　　▶ BEST 스포츠 테마신문

이·주·의·특·집

[극비실험]

헌팅의 조건과 가능성(1), (2)

엽기과학부제공

이제 우리도 체계적이고 과학적인 애정행각의 지침서가 시급히 마련되어야 할 시점에 와 있다.

애정행각에 실패해 좌절하고 괴로워하는 전 국민들의 고통과 한숨은 우리 사회가 21세기 명랑사회로 발돋움하는 데 결정적인 걸림돌이 될 뿐 아니라, 암에푸 조기 극복에도 졸라 배드하게 작용할 수밖에 없다…

[고찰]

마징가 제트 과연 가능한가

어린 시절 우리의 심금을 울려주었던 미장가 Z, 과연 현재의 공학기술로 설계가 가능할 것인가. 본지가 세계 최초로 연구했다. 이런 거 본지가 아니면 누가 연구하겠는가. 21세기 명랑사회를 가로막는 수구세력은 목숨이 아깝거든 비끼시라. 본지가 마징가 Z 맹글어 버린다.

우선 마징가 제트에 대한 제원부터 알아보도록 하자.

[폭로] 영화 속의 비과학적 구라들(1)

본 기자는 지금부터 영화 속에 나오는 대관객 구라를 밝히고자 한다. 우리 나라 정치인들에게 하도 많은 뻥과 구라침을 당하다보니 '구라 노이로제'에 걸린 본 기자는 그 어떤 영화 속의 구라도 다 잡아내고자 오늘도 불철주야 비디오방을 누빈다. 본 기자가 오늘까지 찾아낸 영화속의 구라들은 다음과 같다.

1. 스피드

키아노 리브스와 산드라 블록을 일약 세계적 스타로 맹글어버린 이 영화를 보신 분들은 시속 50마일(80km/h)로 달리는 버스가 끊어진 고가다리 위를 날아가는 모습을 다들 기억하실 것이다.

이때 일부 금치산자를 제외하고, 대부분의 사람들이 아니 버스가 저렇게 날 수가 있나... 에이... 이렇게 잠깐 의아해 하고 그 이후로는 한 번도 그것에 대해 심각하게 생각해 보지 않으셨을 것이다.

그러나 의문이 생겼을 때 해결하지 않고 곧 잊어버리는 안이한 태도, 약한 모습으로는 21세기 명랑과학 입국을 이룩할 수 없다. 본 기자는 그 장면을 본 이후 과연 그 버스가 실제 그렇게 날 수 있는지 계산해 내기 전에는 잠들 수가 없었다. 스스로 생각해도 본 기자는 엽기적인 넘이다.

하여간, 실제로 계산을 한번 해보자.

초속도 V, 양의 x 방향과 p라는 각으로 포물선 운동하는 질점의 y 변화(고도)와 x의 변화(비거리)는

$x = V*\cos(p)*t$, $y = V*\sin(p)*t - 0.5*g*t**2$

(여기서 g는 중력가속도, t 는 시간... 이 공식을 당연히 새까맣게 잊어먹었을 직장인 동지들... 그냥 그런가부다 하기 바란다. 넘 많은 걸 알려하지마라...)

시속 50마일은 22.22m/sec이고 고가가 지면과 이루는 각은 20도로 하자. (영화 속 고가의 각을 정확히 잴 수 없어 미아 삼거리 고가도로의 각을 참고로 하였다. 미아 삼거리 고가도로의 각으로 대체한 것에 불만 있으신 분은 권장 고가도로를 추천해 주시기 바란다. 적극 수용하겠다.)

그러면 $y = 7.6*t - 4.9*t**2$ 이 된다.

여기서 y가 정점에 다다르는 시간은 (미분을 때려서 구하면 된다. 미안하다 '미분' 이라는 가공할, 다시는 보기 싫은 단어를 끄집어내서...) 0.77초 정도이다. 그 때의 비거리는 16m이고 고도는 2m이다. 당연히 이 말이 뭘 의미하는지 깡그리 까먹었을 직장인 동지들을 위해 설명하자면, 0.77초 후 버스는 끊어진 고가에서 높이 2m, 거리 16m에 있다는 말이다.

다시 영화의 내용을 상기해 보자. 이 버스가 0.77초 이내로 맞은편에 도착을 했을까?

아니쥐.

본 기자가 영화를 보면서 초시계로 10회 반복하여 재본 결과, 슬로우 모션을 감안하더라도 최소 2초는 걸렸다. 그럼 2초 후의 버스의 위치는?

불쌍하게도 1.54초 뒤엔 버스는 원래 다리보다 낮은 위치에 있다. 즉, 주인공이 날아라 슈퍼보드를 타지 않은 이상, 주인공은

"윗! 어떡하믄 조치."
" 괜차녀, 밟어. 우리 주인공이야. 안 죽어. 알면서 씨바."

죽고 영화는 쫑이다.

결론적으로, 이 장면은 물리적 구라다.

2. 에어포스원

미국 제일주의를 열나 내세웠지만, 영화 자체는 재밌었던 넘인데, 이 영화의 세트 감독들이 고생한 흔적이 역력하나, 영화의 가장 중요한 장면처리에서 그 과학적 무지를 드러내고 만다.

주요 포인트.

공중급유를 받다가 정전기로 인해 연료가 인화되어 공중급유기가 폭발하는 장면이 나온다. 이것은 항공기에 쓰이는 제트유는 쉽게 인화되지 않는다는 사실을 전혀 모르고 만든 것이다. 정전기로 인화되는 제트유는 지구상에 없다.

고로 이 장면은 화학적 구라!

실제 미대통령 꼴렸던이 타고 다니는 대통령 전용기, 에어포스원

또 한 가지, 기자들은 대통령 전용기에 결코 탑승할 수 없다. 그럼에도 불구하고 러시아 테러리스트들은 기자인 척하고 탑승을 하였다. 여기서부터 말이 안 되지만 과학적인 문제가 아니라 정치적인 문제이므로 넘어가기로 하자.

3. 인터셉트 2

사실 필자는 이 영화는 그 내용도 모른다. 단지 '에수비에수'에서 토요명화로 잠깐 틀어주는 장면을 봤을 뿐이지만, 본 기자의 날카로운 눈에 구라 장면이 잡혔다.

스텔스기의 속도가 나오는 장면이 있었다.

화면 하단에 M=0.95.. 6... 7.. 8.. 9.. M=1.0..1..2..3.. 이런 그림이 지나갔다. (M=V/a, 마하수라고 하고 소리속도 340m/sec 와의 비를 나타낸다.)

푸커걱... 스텔스기의 모습을 본 독자들은 알 것이다. 매끈하게 잘 빠진 동체가 아니라 각이 지고 날카로운 모습을 지니고 있다는 것을.

이러한 설계는 공기저항을 최소로 하는 데 주안점을 둔 것이 아니기 때문에 나온 것이다. 이러한 외형의 목적은 레이다에서 나오는 전파를 산란, 분산시켜 레이다에 잡히지 않게 하기 위함이다. (참고로 램코팅 기술로 전파를 흡수하기도 한다.)

즉, 공기역학적으로 설계가 되지 않았다는 것은 스텔스기가 최고 속도를 내기 위해 만들어진 비행기가 아니라는 뜻이며, 실제로 스텔스기의 최고 속도는 0.8 근방에 불과하다. 이러한 이유로 이 장면은 기술적 구라 !

4. 에어울프

영화는 아니지만 본 기자에게 아픈 추억을 남긴 작품이기에 거론하기로 하겠다.

본 기자가 중학교 때 Knight 2000(일명:키트)과 에어울프가 싸우면 과연 에어울프가 이길까 아님 키트가 이길까 하는 중대차한 문제를, 명랑과학 입국의 미래를 밝힐 엽기적인 학도들과 식음을

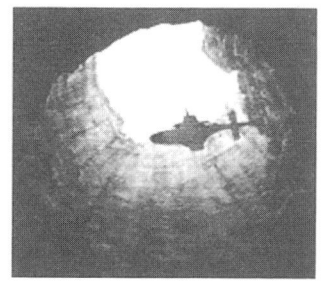

정보통신·과학 ㅁ월 14일(월)

전폐하고 삼박사일로 대논쟁을 펼친 적이 있다.

물상 선생님도 답변을 회피했던 이 논란은, 키트의 주인공넘이 덩치가 더 좋으니까 결국 맞짱떠서 이긴다는 쪽으로 결론이 났었다. 본 기자 당시 에어울프를 졸라 밀며, 말도 안 되는 반대파의 논리에 끝까지 항거했으나 쪽수가 딸려 처절히 깨졌던 적이 있었다.

에어울프... 4발의 헬파이어 미사일과 2문의 체인건, 음속을 돌파하는 터보제트 엔진... 정말 멋진 넘이었다.

이 넘들 기억하심까?

에어울프 주인공   키트 주인공

그러나... 쩝... 결론적으로 이것도 구라다.

헬기는 양력을 일으키고 전진하는 특별한 구조상 음속을 돌파할 수가 없다. 음속을 돌파하려면 프로펠라 팁의 가속도가 무한대가 되야하기 때문이다. 무슨 말인지 몰라도 이해하려고 들지 않았음 고맙겠다. 설명이 졸라 길기 때문이다. 다만 씨바... 이것도 구라구나... 이렇게 겸허히 받아들여주기 바란다.

아... 슬프다 에어울프... 추억 속의 구라여...

5. 다이하드 2

이 영화에 나오는 마지막 장면... 테러리스트들이 이륙하는 비행기에서 흘러나오는 연료에 부르스 윌리스가 웃으면서 담뱃불로 불을 붙인다. 불길은 비행기의 이륙속도보다 더 빨리 진행하여 연료탱크에 불이 붙어 '뻥' 하고 터진다.

물론 이 장면도 완전 구라다.

물리적으로 화염의 진행속도는 수 m/sec 이고 뱅기의 이륙속도는 비교도 안 되게 빠르다. (물론 소리속도보다 빠른 화염도 존재한다. detonation이라고... 하지만 이런 화염은 특별한 경우, 피스톤 엔진 내의 knocking시 같은 매우 특수한 경우를 제외하고는 발생이 불가능하다.) 그래서 그런 방식으로는 절대 도망가는 뱅기를 터트릴 수 없다.

또 에어포스원에서도 언급했듯이, 항공기용 연료는 쉽게 인화되지 않는다. 마지막으로, 브루스 윌리스는 우습게 연료탱크의 캡을 열지만, 연료탱크의 캡은 강호동 같은 넘도 열지 못한다. 사람의 손으론 열리지가 않게 되어 있다. 마치 영화 속에서 이빨로 쉽게 따서 날리는 수류탄 핀을 진짜로 이빨로 뽑으려 하면 이빨이 나가듯이.

다이구라...

6. 언더시즈 2

테러리스트들이 탄 열차를 파괴하기 위해 스텔스기가 목표물로 다가간다. 천재적인 악당두목인 스텔스는 레이다로 탐지하지 못한다는 것을 알고 기상위성을 동원, 비행기 날개에서 이는 wing tip vortex(고속 비행시 날개 양 끝단에서 이는 와류, 가끔 하늘을 보면 길게 늘어뜨린 폭 좁은 구름 같은 것)를 발견하고 궤도를 역계산하여 스텔스기를 격추시킨다.

상당히 창의적인 발상이다. 여기까지 생각해낸 걸 보면 시나리오 작가는 상당한 과학지식이 있음이 틀림없다. 기러나... 쩝... 아깝게 요것도 구라다.

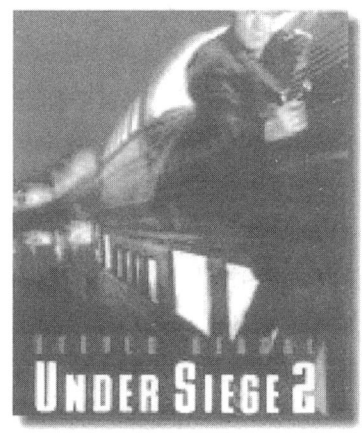

기상위성의 해상도는 보통 30m 내외이다('해상도가 30m'이라고 하면 가로 세로 30m인 정사각형 이상 크기의 물체를 식별 가능하다는 이야기. 첩보 위성은 보통 0.1m 내외이다). 이런 위성을 가지고 wing tip vortex를 찾는다는 것은 말도 안 된다. 왜냐하면 wing tip vortex는 그것보다 훨씬 작기 때문이다.

앞으로 언제든 영화 속에 구라가 등장할 때 본 기자 다시 튀어나와 열라 밝혀내고 말겠다. 이외의 영화 속 구라를 알고 계신 분들은 이쪽에 와서 투고해 주시면 다음 기사에서 낱낱이 해부해 보겠다.

21세기 명랑과학 입국을 졸라 향하여...

— 딴지 과학부 수습기자 이재진 pooh@kkucc.konkuk.ac.kr

[폭로] 영화 속의 비과학적 구라들(2)

우선 영화 속의 비과학적 구라 6호 기사에 보내주신 독자제위의 성원에 열라 감사드린다. 꾸벅. 솔직히 일케 뜨거운 관심과 반응이 있을 줄은 몰랐다. 약 60여 통의 메일을 받았는데 일일이 컴 앞에서 앉아 답장하느라 똥꼬 경색과 손꾸락 경련이 엄습했을 정도다.

앞으로도 스피드2(이 분은 참고 자료까지 보내주셨음), 맥가이버, 백야 3.98, 아마게돈 등 영화 속의 구라를 잡아내달라고 많은 분들이 요구를 하셨다. 첨단 과학분야도 마다하지 않는 딴지독자 특유의 잡식 엽기성에 맘이 숙연해진다. 명랑과학 입국의 앞날은 밝기만 하다. 오늘도 본 기자는 영화 속의 구라를 밝혀내기 위해 불철주야 비디오방을 누빈다. 많은 성원 부탁 드린다.

우선 지난 호 기사 중 많은 독자들이 본 기자를 역으로 구라쟁이라믄서 지적한 부분에 대한 부연설명부터 하고 이번 기사로 넘어갈까 한다.

〈에어포스원〉과 〈다이하드2〉에서 항공기 연료는 인화가 잘 된다!

이 부분에 대한 반박이 가장 많았는데, '항공기 연료는 1미터 전방에서 라이타불에 대고 콧방구만 껴도 불이 붙는다. 씨바...' 뭐 이런 식의 항거였다. 특히 공군에서 근무했던 시뻘건 마후라의 후계자들이 자신들의 경험을 토대로 졸라 딴지식으로 저항했는데...

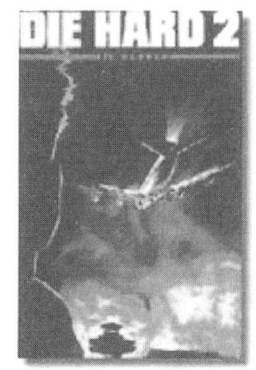

우선 위 영화에 나온 비행기를 함 생각해 보시길 바란다. 전투기가 아닌 상용기이다. 항공기용 연료는 크게 두 가지로 분류하는데, 가솔린계와 등유계이다. 보통 군용이 가솔린계이고, 민간용은 등유계이다. 가솔린계는 휘발성이 높고 쉽게 인화가 되지만 등유계는 그렇지 않다. 군용과 민간용의 연료에 대한 혼동 때문에 일어난 집단 저항인 듯하다.

등유가 인화성이 좋다면 화염병에 싼 등유 넣지 왜 비싼 휘발유 넣겠는가? 조또 돈도 없는 학생들이 휘발유 넣는 이유는 인화성이 좋기 때문 아니겠는가. 또 모 TV에서 다이하드 2에서 나온 장면을 동일한 조건으로 실험을 한 적이 있는데, 겨울에 한쪽은 휘발유를 일직선으로 뿌리고 다른 한 쪽은 항공기용 연료(민간용)를 한 줄로 뿌린 후 불을 붙여본 적이 있다. 결과는...

휘발유는 잘 타지만 항공기 연료는 타질 않았었다. 즉 구라 분석은 구라가 아니었다는 말씀임.

인터셉트는 음속을 넘을 수 있다!

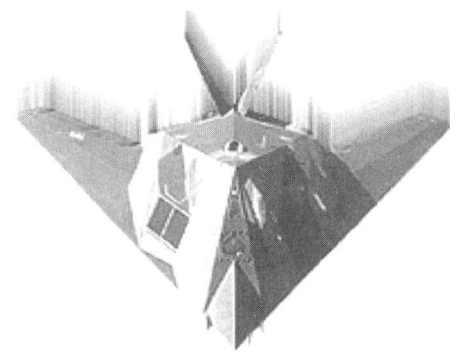

일단 인터셉터의 모델인 F117 Knight Hawk에 대해 미공군에서 공식으로 내놓은 Fact Sheet 을 보시기 바란다. 속도란에는 분명히 High subsonic(음속이하)라고 되어 있다. 또 요놈은 전투기(fighter)가 아니라 전폭기(Bomber)이다.

그 외에 기술적인 부분은 생략하기로 하자. 왜냐믄 씰데없이 넘 어려우니까.

에어울프는 음속 넘을 수 있다!

동체 옆에 제트엔진이 있어서 가능하다고 많은 에어울프 매니아 분들이 졸라 항거하셨다. 본 기자의 기사가 에어울프가 main rotor(흔히 프로펠라라고 하나 정확한 표현은 main rotor)로만 음속을 돌파할 수 없다고 쓰여져 오해를 일으킨 것 같다.

졸라 항거들 하신 것처럼 에어울프 동체 양쪽에 터보제트엔진이 있다. 그러나 설령 터보제트엔진으로 (헬기는 터보 샤프트 엔진을 사용) 추력을 발생시켜도 현재의 공학기술론 음속돌파가 어렵다.

구조적인 문제점 중 다이버전스(Divergence)라는 현상이 있는데 이것은 임계속도를 넘으면 날개에서 구조적 불안정이 발생, 날개가 뽀사져 버리는 현상이다. 헬기에서는 블레이드(날개짝)가 매우 길기 때문에 이러한 현상이 더 심각해지는데, 이런 문제를 해결한 소재는 아직 개발이 되지 않고 있다. 즉 헬기가 음속을 돌파하려면 날개가 뽀사지는 아픔이 있다는 것이다.

그럼에도 불구하고 세 분께서 음속을 돌파(또는 근접한)한 헬리콥터가 있다는 메일을 보내주셨는데, 두 분은 프랑스제 헬리콥터(한 분은 음속의 98%, 다른 한 분은 음속을 넘는다는) 또 한 분은 러시아제 헬리콥터(초속 700m가 넘는다고 한다)라고 하셨다. 본 기자는 아직 JANE 연감(쉬운 말로 비행기 사전)에서 그런 헬기를 발견하지 못했다. 만일 그런 헬기가 있다면 제조회사와 기종에 대해 알려주시면 감사하겠다.

답변 오케바리? 자 그럼 새로운 구라들 고찰을 시작해 보자.

서든 데쓰(Sudden Death)

무게 졸라 잡는 2류 액션배우 쟝 클로드 박땀이 소방수로 분해서, 아이스하키를 관람하고 있는 부통령과 관중을 인질로 돈을 요구하는 테러리스트들을 열라 깨부시는 전형적인 허리우드 쌈마이 액션영화다.

그런데 라스트 씬... 악당 두목이 탈출하려고 헬기에서 내려온 줄사다리를 타고 빠져 나가려는 장면에

서 주인공의 총에 맞은 헬기조종사가 레버를 당기면서 죽자, 헬기가 뒤로 기우뚱하며 지면과 90도를 이루고 아이스하키 경기장 지붕 위에 추락하는데...

헬기는 메인로터(위에서 설명했다...)를 구동시켜 양력을 발생시키고 전, 후, 좌, 우 비행은 메인로터 블레이드와 지면이 이루는 각을 변화시켜 이루어진다. 즉, 전진을 하고 싶다면 메인로터를 고개 숙이듯 앞으로 숙이면 되는 것이다. 후진은 마찬가지 원리로 고개를 제껴들면 되는데, 아무리 조정레버를 당겨도 적당한 각을 이루고 후진할 뿐 90도로 서지는 않는다. 조종사가 죽었다고 갑자기 지면과 90도를 이루며 떨어지는 것은 완전히 '써든 구라' 다.

백야 3.98

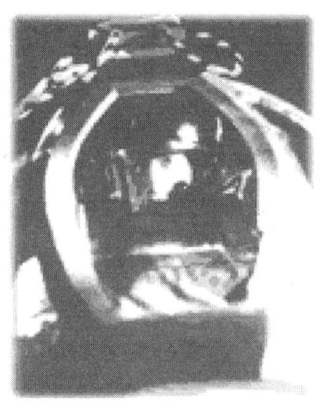

제목에서 3.98의 의미는, 12회에 잠깐 소개된 얼티밋(Ultimate)이라는 전투기의 순항속도를 의미하는 것으로 사료된다.

그 정도 속도를 가진 비행기라면 액체 추진실험기일 텐데, 현재 가장 빠른 속도를 내는 뱅기는 미국의 정찰기인 SR-71(100,000ft, 공식 속도 마하 3.3)과 구 소련의 MIG-25(서방 레이더에 마하 3.0으로 비행한 기록이 남아있음)이다. 참고로 액체 추진 실험기인 X-15의 비행 속도는 마하 5 정도.

현재와 같이 공기를 산화제로 하는 터보제트엔진 구조로는 마하 3을 넘기가 힘들다. 가장 큰 이유는 연소기로의 유입속도가 워낙 빨라 점화가 힘들기 때문이다. 쉽게 설명하면 뱅기를 날아가게 하려면 계속 꽁무니에서 불을 뿜어줘야 하는데, 그 재료가 되는 공기의 유입속도가 워낙 빠르기 때문에 아무리 그 속도를 늦춰줘도 '태풍 속에서 성냥불 켜기' 라고 할 만큼 불붙이기가 힘이 드는 것이다.

1월 12일 (월) 정보통신 · 과학

백야 3.98은 이런 현실을 무시한 안이한 발상이라 할 수 있다. 사실 백야는 비행 도중 뱅기가 삼단 변신을 하는 등 그외 졸라 많은 구라가 있다 하나 본 기자가 그 드라마를 제대로 못 봐서 모르겠다. 백야의 구라에 대해 아시는 분들은 적극 투고 바라며, 질문이 많으면 다음호에 SR-71과 비교하여 백야의 뱅기에 대한 자세한 설명을 드리겠다.

미션 임파서블(Mission Impossible)

TV 시리즈 '제 5특공대'를 영화화한 것으로 Apple 사가 톰 크루즈에게 지네 노트북 쓰게 하려고 몇 백만 달러를 투자했던 영화다.

영화 종반에 TGV가 터널 안으로 들어갔을 때 헬리콥터가 따라 들어가는 장면이 있다. 헬기가 졸라 나이스하게 TGV를 추격한다. 조금의 미동도 없이.

요게 바로 이 영화의 가장 큰 Misson Impossible 이다. 시속 300km가 넘는 기차 뒤에 헬기가, 그것도 터널이라는 밀폐된 공간에서, 그렇게 예쁘게 날 순 없다. 왜냐하면 기차 뒤엔 엄청난 난류(turbulence)가 발생하기 때문. 발생되는 난류도 어마어마한데다가 또 밀폐되어 있어 난류는 더욱 더 중첩이 되며 그 강성이 높아진다. 이런 난류 뒤에서 헬리콥터가 비행한다는 것은 졸라 impossible이다. 아마 터널 벽에 조디를 처박고 박살나거나 블레이드가 난류를 이기지 못하고 두 동강으로 아작날 것이다.

비슷한 예로 보잉 747 이륙시(대략 340km/h) 날개 뒤에는 대단히 큰 난류가 형성된다. 만일 이 난류가 다 사라지기 전에 쪼매한 뱅기들 (예로 비즈니스 기들... 정원 15~20인승)이 이륙할려고 하면 난리난다. 이륙도 못하고 걍 꼬라박는다. 그래서 공항에선 큰 뱅기가 이륙한 후 난류가 사라질 적당한 시간이 지나야 다른 뱅기 이륙을 허가한다.

http://ddanji.netsgo.com

구라 임파씨블.

터뷸런스(Turbulence)

위에서 난류(turbulence)라는 말을 쓰다보니 이 영화가 기억나서 쓴다. 개인적으로 졸라 실망한 영화다. 크림슨 타이드 만든 팀이 뭘 했다나... 어쨌다나... 비디오로 보기에도 돈 아까운 영화라고 주장하는 바이다.

우선 중반부쯤에 태풍 때문에 항공기가 냅따 360도 회전을 한다. 푸하... 제작자는 항공기가 전투기인 줄 아나.

참고로 항공기는 3~4g정도를 견딜 수 있게 설계가 되어 있고 전투기는 9g까지 견딜 수 있게 설계가 되어 있다. 여기서 g는 중력가속도인데 설명이 어려우니까 생략하고 하여간 3~4g 정도 견디는 항공기가 360도 회전한다는 것은 진짜 원조 구라다. 주날개 끝에 걸리는 가속도도 만만치 않고 워낙 길어서 돌다가 날개가 '뚝' 하니 부러진다.

항공기는 설계시 360도 돌 정도의 가속도를 생각지 않고 설계한다. 항공기가 순항 중 에어쇼 보여줄 일 있는가.

또 마지막에 착륙하기 전, 항공기 옆 바퀴에 트럭 하나가 낑긴다. 전투기 하나 달랑 오더니 바퀴에 끼인 트럭을 미싸일로 박살낸다. 바퀴는 멀쩡하고. 그것도 야간에... 씨바... 이 경우가 가능한지는 딴지독자들의 수준을 생각해서 생략한다. 참나... 뭐 이런 영화가 다 이쓰까.

인디펜던스 데이(Independence Day)

구라 영화의 진정한 백미다. 넘 많아서 다 할 수 없으니까 몇 개만 하자. 그래도 번호 매겨야 한다. 윌 스미스가 첨 타본 외계인 비행선을 자유자재로 막 운전하고, 퇴역한 지 오래된 대통령이 뱅기 몰아봤다는 경험만으로 F-18을 몰게 하는 구라는 애교로 봐주자. 더 황당한 게 많으니까...

1) 자칭 MIT 박사가 대통령 앞에서 외계인 교신에 대해 설명을 한다. 외계인이 지구 반대편과 교신하기 위해 지구의 위성을 사용했다는 것이다. 지구 전체를 통신위성으로 커버하려면 위성 3개면 가능하다. 그런데, 모선에서 나온 36개의 외계 비행체들이 지구 전체를 빙 둘러싸고 있는데, 반대편과 교신하기 위해 지구위성을 왜 사용하나. 시나리오 작가가 위성에 대한 기초지식도 없는 것이 뽀록난다.

2) LA에 있던 미영부인은 광선 발사 26분 전에 헬기를 타고 떠난다. 폭발 후, 추락해 장파열을 입은 것으로 설정돼 있는데... 계산을 해보자. 보통 헬기 비행속도를 시속 300km로 잡으면 83.33m/sec이고 26분×60초=1560초 동안 비행거리는 130km다. 즉 26분이면 영부인 태운 헬기는 못해도 100km 이상은 날아간다.

영화설정은 비행체 면적 정도 즉, 영화에 의하면 반경 24km 이내의 도시가 한 번에 아작이 나는 것이다. 우리 나라로 비유해 보면 광화문에서 외계인에 의한 폭발이 일어나면 성남, 의정부, 부천은 아작나고 그 시점에 영부인은 단양 근처쯤 날고 있다는 얘기다. 도대체 100km도 넘게 떨어져 있는 헬기가 지 혼자 왜 떨어지나.

3) 윌 스미스의 마누라가 남편을 찾아가다 터널에서 폭발을 맞게 된다. 그런데 간단히 터널 안의 대피소로 들어가서 살아남는다. 문도 안 닫은 상태에서.

정보통신·과학 1월 12일(월)

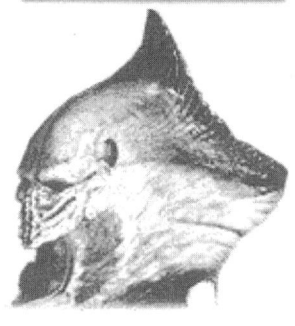

아들도 똥개도 마누라도 폐활량이 상상을 초월한다. 폭발로 터널 안의 공기가 일순간에 사라지고 이산화탄소가 가득 찼을 텐데 말이다. 또 그들의 옷은 우주방열복인가 보다. 터널 밖으로 나왔을 땐, 얼굴에 검댕이 몇 줄밖에 없더라...

4) 처음 외계인과 교전시 윌 스미스가 외계인 한 넘을 펀치 한 방으로 잠재운다. 그리고 그 외계인은 Nevada 비밀기지까지 데려가는 3시간 내내 뻗어 있는데...

영화에서 외계인은 뱅기 추락해도 흠 하나 안 날 정도로 조종사를 충격에서 보호할 특수한 옷을 입고 있다. 그러나 윌 스미스의 펀치 한 방에 외계인은 뻗는다. 윌 스미스, 이 쉐이는 마징가 로케트 주먹을 달고 다니다 보다...

5) 마지막에 모선을 핵무기로 폭발시키고 탈출하는 장면... 영화 속의 상황을 보면 탈출 후 정중앙에서 폭발이 일어났다. 즉 모선 안의 주인공들이 정중앙에서부터 탈출을 했다는 이야기인데, 영화 설정상 길이가 550km인 모선 가운데서 30초만에 (핵무기 폭발 설정시간) 탈출 가능성을 생각해 보자. 550/2=275km를 30초에 나가려면 275/30=9.16km/sec(약 음속의 26배, ICBM 재진입 속도와 비슷하다)정도의 속도를 내야 한다. 시나리오 작가... 간단한 계산이라도 해보지.

6) 구라 중의 구라, 영화 구라의 백미를 꼽으라면 당연히 이 장면이다. 외계인 모선에 컴퓨터 바이러스를 투입하는 장면...

우선, Apple 노트북으로 약 10초만에 외계인 OS에 자신들의 바이러스를 '주입'한다. 흐... Unix에 MS-DOS 실행파일을 ftp로 전송해 보고 Unix에서 실행해 보자, 되나 안 되나...

더욱 놀라운 것은 MIT 박사 노트북에 연 윈도우 중의 하나가 외계인 OS라는 점이다. 기억이 나실지 모르겠지만 도킹 후 꺼벙한 외계인이 이상한 점을 눈치채고 자신의 컴에 손을 갖다대며 확인하는 장면이 있다. 그 외계인 OS와 박사의 윈도우에 나타난 OS가 똑같이 생겼다. 참으로 가공할 노릇이다.

또, 박사의 노트북에 나타난 창을 살펴보면 왼쪽엔 외계인 OS, 가운데쯤 telnet으로 보이는 창, 정 중앙쯤 Transfer 바, 그 뒤에 잡다한 숫자들의 창, 2개의 OS가 동시에 뜬다. 쩝... Apple 졸라 좋은 컴이다... 두 개의 다른 OS를 창으로 띄워버린다...

외계인들이 백신을 가지고 감염된 시스템을 복구할 수 있지 않았겠느냐, 백업시스템(지구상의 전투기도 백업컴이 있다)이 작동하지 않았겠냐 하는 등등의 과학적사고는 이 영화를 보는 동안은 잠시 멈추도록 하자... 그러나 모든 것을 다 인정한다 해도 가시지 않는 의문은 어떻게 바이러스를 개발했을까 하는 것이다.

40년 동안 외계비행선을 연구해왔던 비밀연구팀의 머리 긴 박사가 말하길 외계비행선은 동력원은 지구의 것이 아니기 때문에 그동안 작동을 하지 않고 있다가 거대한 외계비행모선이 지구에 온 뒤에야 작동을 시작했다고 한다.

그렇다면 외계비행선은 그동안 전원이 들어오지 않고 있었다는 것인데... 컴 전원이 켜지지 않았는데 컴 뜯어 본다고 OS 파악되고 바이러스 개발되나. 택도 엄따. 그럼 외계인 침략 후 3일 이내에 지구문명보다 몇 백 년 앞선 외계인의 OS를 분석하고 바이러스를 만들었다는 건데... 안철수 박사가 웃다가 똥꼬 뒤집힐 일이다.

아... 인디펜던스 구라 데이여...

위에서 파헤친 구라 이외 다른 구라를 알고 계신 분들은 투고바란다. 다음 호에는 딥임팩트와 아마게돈의 구라가 파헤쳐지겠다. 기대하시라...

— 딴지 과학부 이재진 pooh@kkucc.konkuk.ac.kr

[극비실험] 헌팅의 조건과 가능성(1)

엽기과학부제공

이제 우리도 체계적이고 과학적인 애정행각의 지침서가 시급히 마련되야 할 시점에 와 있다.

애정행각에 실패해 좌절하고 괴로워하는 전 국민들의 고통과 한숨은 우리 사회가 21세기 명랑사회로 발돋움하는 데 결정적인 걸림돌이 될 뿐 아니라, 암에푸 조기 극복에도 졸라 배드하게 작용할 수밖에 없다.

어그래씨브하고 진보된 애정행각의 한 형태인 헌팅과 관련하여 여태껏 민간에서 전해져 오던 여러 속설과 미신을 철저한 준비로 실험해 그 진위여부를 밝힌 엽기 보고서가 본지의 과학부 엽기애정행각 파트의 수습기자 '이드니아 콘체른'과 그 일당에 의해 완성되었다.

21세기 명랑사회를 위해 혼신의 노력을 다한 기자와 그 일당에게 치하를 보내며, 이 과학보고서가 전 국민의 명랑 애정행각에 획기적 전기를 마련하고 모든 애인 없는 넘들에게 꿈과 희망을 줬음 하는 바람 간절하다.

실험의 목적과 개요

9월... 가을은 천고마비의 계절이라고 했던가. 기러나 요즘은 하늘... 별로 안 높다. 매연 가득이다. 말... 살 안 찐다. 사료값이 하두 비싸져서 걍 생풀이나 뜯고 있다. 불쌍하다...

그러나, 여기 가을이 되면 더욱 불쌍해지는 사람들이 있다. 바로 옆구리가 썰렁한 사람들이다. 이제 곧 겨울도 닥쳐오는데...

"금년 크리스마스에두 또 TV에서 해주는 호두까기 인형이나 보든

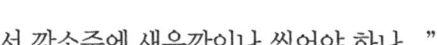

서 깡소주에 새우깡이나 씹어야 하나…"

게다가 암에푸. 앤없는 사람들은 완전히 맛이 간다. 쉬바할 일이다. 하나 구해보려구 이리저리 아는 데만 있으믄 쿡쿡 찔러보지만… 별로 반응은 없을 것이다. 우리 민족이 원래 그렇다. 해주께… 호언장담 해놓고 절대 안 해준다. 쉬바할…

특히나 가을은 남자의 계절이니만큼, 앤없는 남자들은 직장구하기보다 더 필사적이 되어 초인적인 얼굴철판과 말빨로 헌팅을 해보려들 한다. 그러나 세상은 냉혹하다. 생각만큼 쉽지 않다. 웬만한 남자들은 기껏 헌팅하러 간다구 큰소리 탕탕치구 나왔다가 대포나 한잔 걸치구 쪼그라든 자지와 함께 돌아오는 게 대부분이다. 타고난 끼가 있지 않으면 헌팅도 아무나 하는 것이 아니라는 거다.

본 기자 또한 예외는 아니었다. 상당한 좌절 맛봤다.

그렇다면. 평범한 남자들은 결코 헌팅에 성공할 수 없는 것인가? 준수한 마스크와 수려한 용모를 갖추지 않으면 여성들은 쳐다보지도 않는 것인가? 울나라 여성들이 그렇게 두 눈이 하이클래스인 건가? 울나라 여성들이 하나같이 다 앤이 있는 건가?

본 기자는 절대로 그렇지는 않을 거라고, 그래서는 안 된다고 머리 쥐어뜯고 단말마의 비명을 지르며 고심한 끝에 과학적인 실험을 통하여 이를 검증해 온 국민과 공유하여 21세기 명랑애정행각에 보탬이 되고자 한다. 단군 이래 국내 최초로 시도되는 역사적 과학실험이라 하겠다.

실험의 준비

본 기자는 다음의 4가지 경우를 실험하여 여성분들의 반응을 확인, 철저한 고증을 통하여 평균적인 헌팅의 조건과 성공률을 증명하여 보기루 하였다.

정보통신·과학 - 이주의 특집 ᄆ월 14일(월)

1 졸라 키 크고 잘 생긴 남자가 헌팅하였을 때, 여성들은 과연 어떤 반응을 보이는가?
2 외모는 좆도 아니지만 부잣집 귀공자 같은 옷차림을 하구 졸라 좋은 차를 갖고 있는 남자가...
3 평범한 외모와 평범한 옷차림의 남자가...
4 외모도 좆, 옷차림도 좆, 그러나 말빨만은 끝내주는 남자가...
5 외모도 좆, 옷차림도 좆, 말빨도 좆인 남자가...

　이에 따라 위의 조건에 합당한 5명의 실험재료들을 찾아야만 했다. 그러나, 쉽지가 않았다. 3, 4, 5번 재료들은 너무나 쉽게 본 기자의 친구들로 구성하였으나 1, 2번은 찾기가 힘들었다. 결국 정부의 도움을 얻을 수밖에 없었다. 의경에 근무하는 친구넘에게 술 한잔 사주구 길에서 이런 사람 만나면 불심검문해서 연락해달라구 했다. 글구 드뎌... 우리는 1번 재료를 구했다. 알고보니 아는 넘이었지만.
　자신만만해진 본 기자와 실험재료들은 곧 2번도 구할 수 있을 거라고 낙관적인 생각을 하며 며칠 동안을 술로 지새웠다. 그러나 2번은 정말 너무도 안 나타났다. 왜냐면 2번 실험재료가 몰아야 할 차종이 최하 무스탕이었기 때문이다.
　다른 재료들이 본 기자에게 압구정 오렌지두 그 정도는 안 된다구 격렬히 항의하며 커트라인을 낮출 것을 요구했지만 본 기자는 21세기 명랑애정행각의 향배가 결정되는 이 중대차한 실험의 신뢰도를 최상으로 유지하기 위해 개의치 않고 외제차 소유자를 찾아다녔다.
　실험준비 5일째... 마침내 4번 재료의 한 선배가 결혼하여 카페를 하고 있으며 '썬더버드'라는 외제차를 소유하고 있다는 정보를 입수하여 재료들과 본 기자는 그 선배를 찾아 갔다.
　첨에 우리의 실험계획을 들은 선배는 차뿐만 아니라 자신도 2번 재료가 될 수 있다고 부르짖으며 만약 자신을 실험에 끼워주지 않을 경우 차는커녕 지금 마신 커피값도 내야 한다면서 강력히 항거하였으나, 절친한 친구인 4번 재료가 "형. 그럼 형수님한테 말해두 되여?" 라는 쌍팔년도 협박작전을 쓰자 결국 울면서 우리에게 키를 넘겨주었다. 이로써 마침내, 거국적이며 역사적인 실험의 준비가 모두 끝이 나게 되었다.

그럼 간단하게 실험재료들을 소개해 보기루 하자(안 실어주면 본 기자를 강간해 버리겠다는 협박을 받았다).

1번 실험재료

강혁민, 23세, 키 188cm, 몸무게 85kg, 전직 모델이었다구 부르짖었으나 아무런 증거가 없는 관계로 일단 백수라구 치자. 타고난 외모와 신체조건으로 이미 10여 명의 앤을 갈아치웠다고 자랑삼아 얘기하다가 여타 재료들에게 졸라 맞은 경력이 있으며 장래 희망은 현 모양부라고 한다. 지랄...

2번 실험재료

김필승, 23세, 키 173cm, 몸무게 72kg, 직업 학생. 원래 자신의 보유차량은 마티즈이나 자기 차도 아닌 '썬더버드'의 영입으로 한층 코가 높아진 그는 이 실험에 필요한 모든 물자(담배 3갑, 콜라 10캔 등등)를 제공한 재력가이다. 장래 희망은 영화배우... 또 지랄.

3번 실험재료

본 기자이다. 가장 적합한 상대라고 모두들 입을 모았다. 쒸바할 넘들. 모든 사항은 비밀에 붙이려 하였으나 옆에서 보던 4번 재료가 모뎀선을 끊어버리겠다고 졸라 협박한다. 그래서 쓴다. 안세현, 23세, 키 173cm(4번이 또 웃기지 말라구 한다. 그러나 분명 신검 때 이렇게 나왔다. 나는 국방부를 믿는다), 몸무게 60kg, 휴학중이며 현재 직업은 프리랜서 그래픽 디자이너. 이번 겨울엔 꼭 앤과 함께 에버랜드에 가구 싶은 것이 소박한 꿈인 남자. 그외 비밀이다.

정보통신·과학-이주의 특집 ㅁ월 14일(월)

4 번 실험재료

이번 실험에서 가장 비중있는 역할을 차지했던 재료로서 뛰어난 지략과 통빡으로 성공적인 실험에 결정적인 도움을 주었다. 최의정(남자임), 23세, 키 175cm, 몸무게 68kg, 역시 휴학중이며 현재 직업은 고액의 불법과외 교사. 중딩 한 명을 가르치는 데 월 15만 원 받는다. 사기꾼 기질이 졸라 다분하며 장래희망은 당구장 주인이라고 수줍게 밝힌다. 염병...

5 번 실험재료

먼저 5번 재료의 정체를 밝히기 전에 그에게 미안했다는 사죄를 하고자 한다. 5번이라는 게 있는 줄도 몰랐던 그는 본 기자가 "네가 1번이야" 라구 공갈을 치자 그대로 믿어버린 순수파이다. 지금도 모른다. 흐흑... 미안해... 김영섭, 23세, 키 170cm, 몸무게 65kg, 또 역시 휴학중이며 현재 직업은 학원생, 장래희망은 세계 최고의 자동차 메이커를 세우는 것... 재료들 중 가장 철든 넘.

그외 실험재료

장시간 잠복시의 기분전환을 위한 디스 3갑, 815콜라 10캔, 은단껌 3개 등이 제공되었다. (FROM 필승)

실험 과정

자! 지금부터 이 거국적이고 역사에 길이 남을 실험의 과정을 적고자 한다. 이 과정에는 추호의 거짓이나 가라 기사는 일절 없고 모두 사실임을 본지의 명예를 걸고 밝히며 혹 엽기적인 대사나 행동들이 얼핏 보이더라도 이해해 주기를 바란다. 어디까지나 실험중에 생긴 사고일 뿐이다.

- 실험일자 : 1998년 9월 12일, 토요일
- 실험장소 : 홍대입구 앞 ~ 신촌거리 ~ 이대 앞

- 실험시간 : 저녁 6시 ~ 저녁 10시
오후 4시, 모든 인원들이 본 기자의 자택에 모여 최종 리허설을 했다.

본 기자 : 혁민이부터. 레디! 액션!
혁민   : 저기요. 혹시 잠깐 시간 있으시면 저랑 차 한잔 하실래여?
본 기자 : 컷! 오케이. 역시 타고난 놈이구먼. 넘 자연스러워서 놀랬다.
혁민   : 훗. 역시 난... (잠시 동안 집단구타)
본 기자 : 담은 필승이. 필승이! 액션!!
필승   : 여어~ 우리 이 차 타구 드라이브나 갈까?
본 기자 : 어? 잠깐만!

여기서 본 기자는 한 가지 문제점을 발견할 수 있었다. 그것은 헌팅을 할 때 어떤 단어를 사용하는가에 따라 여성들의 반응이 달라질 수 있다는 점이었다.

가령 혁민 군의 경우, 부드러우면서도 어딘지 모르게 우수에 젖은 말투로 차 한잔을 제안했을 때 아마도 백이면 백 모두들 허락할 것이며, 또한 필승 군의 경우는 대사는 제치고서라도 차가 졸라 좋기 땜시 홀딱 넘어갈 수 있다는 것이었다. 해서 우리는 첫 접근시 사용할 대사를 모두 통일하기로 했다.

잠시 동안의 격렬한 논쟁 끝에 "저어...혹시 시간 있으세여? 시간 있으시면 저랑 차 한잔 하실래여?"로 결정하기로 했다. 다만 인원들마다 제각기의 개성이란 건 존재하므로 말투나 억양, 악센트 등은 그대로 인정하기로 했다.

오후 5시, 드뎌 리허설을 끝내고 집을 나섰다. 다들 흥분해서 똥꼬가 바짝 죄는 듯하다구 했다. 그런데... 여기서 또 하나의 문제가 발생하고 말았다. 어떻게 홍대까지 가는가 하는 것이었다. 물론 다른

정보통신·과학 - 이주의 특집 7월 14일(월)

넘들은 걸어가자구 했지만 필승 군은 '썬더버드'를 가져가야 했기 때문에 혼자 잘난 척할 수가 있었다.

하지만 인원들 모두가 '썬더버드'를 타구 간다면 사람들의 눈에 쉽사리 띄기 때문에 실험이 실패할 확률이 높았다. 결국 또 잠시 동안의 격렬한 논쟁 끝에 필승 군만 차량을 타구 나머지는 걷기로 했다.

필승 군을 제외한 인원들이 막 차도로 나왔을 무렵... 주위 사람들의 시선을 한몸에 받으며 우리를 기다리고 있던 필승 군은 입가에 희미한 비웃음을 지으며 액셀을 밟아 시야에서 사라졌다.

의정 : 쒸바할 놈... 먼저 가라구 했더니... 기어이 저럴 줄 알았지...

오후 5시 30분, 홍대에 도착한 일행은 합류지점인 퍼퍼이스 앞에서 필승 군을 기다렸으나 약 10여 분이 지나도록 나타나지 않았다. 곧 불안해진 일행... 혹시 그 넘이 차를 갖구 나른 건 아닐까? 혹은 벌써 헌팅에 성공하여 우리를 빼구 튄 건 아닐까? 별별 생각을 다하던 그때, 마침내 필승 군이 나타났다.

그는 차량을 주차하느라 시간을 허비했다고 변명했다. 그러나 통할리가 없었다. 일행의 집단구타와 가혹한 성고문 끝에. 그는 차가 넘 멋져서 한 바퀴 돌다 왔노라고 실토했다. 결국 그에게서 기름값 만 원을 받아낸 후에야 그는 무사히 풀려날 수 있었다.

일행은 실험의 시작에 앞서 간단한 룰을 정하기루 했다. 그래야만 공정한 실험이 가능할 수 있기 때문이다.

1 헌팅의 대상이 되는 여성은 넘 예뻐선 안 된다. (모두 거절할 가능성이 있다)

2 그렇다고 넘 못 생기거나 자신의 개인취향적 여성을 골라선 안 된다. 반드시 모든 인원이 동의한 여성이라야 헌팅이 가능하다.

3 어디까지나 실험이므로 헌팅이 성공했다구 해서 그냥 내빼선 안 된다. 성공할 경우, 다른 인원이 그에게 핸드폰을 때려서 급한 일이 있는 듯 약속을 취소하는 식으로 한다.

4 한 사람당 3명의 여성에게 헌팅을 시도하며 그 평균값을 실험결과로 채택한다. 만약 상대여성이 "글쎄요?" 라거나 좋은 것 같은데 튕기는 듯한 인상을 풍기면 성공한 걸로 간주한다.

5 성공할 경우 상대가 맘에 든다고 해서 따로 연락처를 받아놓거나 다음에 만날 약속을 한다면 배신자로 간주, 즉각 처벌함을 원칙으로 한다.

위와 같은 룰을 정하고 난 후 일행은 긴장을 풀기 위해 거국적으로 담배 한 대씩을 피웠다.

오후 6시, 드뎌 실험이 시작되었다… 가장 먼저 1번 재료 혁민 군이 헌팅을 시도했다. 첫번째 상대는 허리까지 오는 긴머리에 160cm 정도 되는 키의 귀여운 처녀였다… 모두들 침을 흘렸다. 이윽고 그가 그녀에게 말을 거는 것이 보였다. 모두들 긴장해서 조금씩 바지에 흘린 듯했다.

의정　　: 야… 성공하겠지?
필승　　: 두말하면 잔소리…당연하지…
영섭　　: 음, 혀, 혁민이라구 했냐? 쟤 진짜로 경험 많은 거 같다.
본 기자 : 그렇취… 생긴 만큼 하겠쥐…

허걱! 그러나 이럴 수가!! 천만뜻밖에도 상대 여성은 거절하는 듯했다. 그녀는 모른 척 앞을 보며 걷기 시작했고 당황한 혁민 군은 자존심에 상처를 받은 듯 잠시 멍하니 서 있다가 그녀를 쫓았다.

본 기자 : 잘한다! 그냥 모른 척 해버려!
의정   : 그래, 그래! 걔 바람둥이야! 걍 씹어!!

이윽고 다시 그녀를 따라잡은 혁민 군은 그녀의 팔을 잡으며 무어라 얘기를 시작했다.

의정   : 헉! 저 쉬키가...? 스킨쉽을?
본 기자 : 스킨쉽은 룰에 어긋난다.
필승   : 당연하쥐... 저건 배신이라고 볼 수밖에...
영섭   : 돌아오면 또 때려주자.

아아... 그러나 그녀는 화난 듯 혁민 군의 손을 뿌리치고는 유유히 걸어나갔다. 그때 혁민 군의 표정이란. 우리에게 돌아오는 그의 어깨는 세상 고민을 다 짊어진 듯 무거워만 보였다.

혁민   : 니들 봤냐?
본 기자 : 푸. 큭큭. 봤쥐...
의정   : 진짜 의외다. 너 같은 앨 거절하다니... 혹시 앤 있는 거 아냐?
혁민   : 아냐... 앤은 없다구 했어... 손가락에 반지도 없고.
영섭   : 그래? 정말 신기하군. 그나저나...

영섭 군의 신호에 혁민 군을 한차례 집단구타한 우리들은 다시 두 번째 상대를 기다렸다. 의외로 두 번째 상대는 빨리 나타났다. 역시 긴머리에 160cm 정도의 키인 처녀였다. 일행의 신호에 다시 나아간 혁민 군... 그러나 그는 왠지 자신감을 상실한 듯했다. 어슬렁어슬렁 그녀에게 다가가 말을 거는 혁민 군...

본 기자 : 이번엔 성공이다.
의정   : 그래. 저 처녀가 막 눈웃음을 친다.
필승   : 음... 핸드폰 때릴 준비하자.

아니나다를까? 환한 미소와 함께 그녀는 혁민 군에게로 바짝 붙어 천천히 먹자골목으로 걸어갔다. 이에 뒤질세라 배가 아픈 필승 군이 핸드폰을 때렸다. 허걱? 그런데? 이 쒸바할 놈이? 전화를 받지 않는 것이었다.

일행은 두 번씩이나 룰을 어긴 혁민 군에 대해 가혹한 보복을 결의, 곧장 졸라 뛰어서 그들의 앞길을 가로막았다. 저만치서 호호깔깔대며 걸어오는 두 사람... 왠지 배가 졸라 아팠다.

본 기자 : 하나, 둘, 셋!

본 기자의 신호에 따라 나머지 일행은 혁민 군을 향해 졸라 뛰어갔다. 그리고 다른 사람들 모르게 그를 지나치면서 한 방씩 먹였다. 의정 군은 명치에... 필승 군은 조디에... 영섭 군은 뒤통수에... 그리고 본 기자는 여유있게 걸어가서 살짝 귀를 깨물어주었다. 황당한 표정의 처녀... 그러나 남자의 세계란 이런 것이라는 걸 알려줘야만 했다...

혁민   : 너, 너희들... 허억... 왜...
본 기자 : (귓속말로) 배신자에 대한 응징일 뿐이다. 왜 핸드폰 안 받냐?
혁민   : 아. 마자... 핸드폰... 내 꺼... 바떼리... 니네 집에서 리허설 할 때... 충전... 안 가지고 왔다...

의외의 사태였다. 그는 고의적 배신이 아니라 장비에 문제가 있었던 것이다. 여하튼 그 처녀는 슬금슬금 도망가버렸다. 글구 병주고 약준다고 일행은 수고한 혁민 군에게 815콜라를 서비스했다.

혁민　: 정말 맘에 들었는데... 아깝다...

다시 원점으로 돌아온 일행. 마지막 상대를 기다렸다. 이윽고 대상자가 나타났다. 키는 155cm 정도? 짧은 커트머리에 박세리 모자를 쓰구 캐주얼한 복장의 발랄해 보이는 처녀였다.

본 기자 : 가랏! 혁민!!
혁민　: 응... 근데 핸드폰은 어쩌지?
의정　: 염려마... 나 하나 더 있다. 이걸루 끼워.

아아... 의정 군의 이 준비성! 이 유비무환의 정신! 우리는 본받아야 한다고 똥꼬 깊숙이 맘먹었다.
　이윽고 처녀에게 접근해가는 혁민 군. 그의 마지막 시도이니 만큼 일행은 졸라 긴장했다. 그리고 결과는 성공. 잠시 망설이던 처녀는 혁민 군의 화안한 미소에 넘어갔다. 둘이 또다시 먹자골목으로 접어들 무렵... 필승 군이 핸드폰을 꺼내들었다.

필승 : 핸드폰 친다.
의정 : 잠깐만!
필승, 본 기자, 영섭 : ???
의정 : 우리... 그냥 놔두자... 쟤 지금은 앤 없자나... 쓸쓸할 텐데... 잘해보라구 놔두자...

아아... 이 불꽃 같은 우정... 의리... 우리는 의정 군에게 잠시 기립박수를 쳐준 뒤 배는 조금 아프지만 그대로 실행했다.

필승 : 삐리리~ 여보세요?
혁민 : 응. 나다. 뭐? 갑자기 졸라 급한 일이 터졌다구?
필승 : 헤헷~ 쉬키, 쇼하구 있네. 아니다. 너 그냥 그대로 가라.
혁민 : (더듬더듬) 뭐, 뭐? 무, 무슨 소리야? 누가 다쳤는데? (사태 파악을 못했음)
필승 : 이 빙신아. 너 둘이 잘해 보라구! 어차피 실험 끝났으니까!!
혁민 : 아... 정말이야? 그래! 알았다! 고맙다 친구들이여... 나중에 보자!

이렇게 그는 소기의 성과를 거두고 떠나갔다. 우리는 쓰라린 배를 움켜쥐고 진심으로 그의 행복을 빌어주었다. 그리고 또 한 가지 룰을 정했다. 마지막 실험에 성공하면 그냥 보내주기... 다들 좋아했다...

1차 실험의 결과

1차 실험에서 알 수 있듯이, 우리 사회의 여성들은 남자를 판단하는 데 아직까지도 외모를 중시한다는 것을 알 수 있다. 첫번째의 여성분은 왜 거절했는지 몰라도...(아마도 넘 순진해서 그럴거라고 잠정적 결정을 내림) 암튼 실험은 성공적이었다.

자 이제 2차 실험으로 ▶

[극비실험] 헌팅의 조건과 가능성(2)

엽기과학부제공

〈실험 계속...〉

오후 7시 30분, 우리는 두 번째 실험을 시작하기로 했다.

허걱! 그런데 갑자기 팀 내에 불화가 생겼다. 다름아닌 필승 군의 강력한 반발이었다.

필승 : 야! 이 좁은데 차가 어떻게 들어오냐? 그리구 맘에 드는 사람이 나타나도 언제 차 몰구 글루 가냐? 가다가 놓치겠다!
의정 : 음...그건 맞어...타이밍을 놓치기 쉽지...
영섭 : 그럼, 필승이 할 때는 장소를 옮기자. 신촌 쪽은 괜찮자나?
필승 : 오~ 그래! 그게 좋겠다. 그럼...지금은 세현이 차례네?

헉! 삐삐가 와서 잠시 확인중이던 본 기자에게는 난데없이 떨어진 벼락이었다. 아직 마음의 준비도 안 됐는데 나부터라니? 그러나 실험재료들은 냉정했다. 실험을 먼저 체의한 건 자기면서 왜 빼느냐는 것이었다. 아직 사상무장이 덜 되서 그러니 졸라 패버리자구 제안하는 영섭의 입을 막으며, 본 기자는 떨리는 가슴을 진정하고 거리로 나갔다.

의정 : 야! 저기 한 명 온다!!

헉. 그의 말이 귀에 들려오는 순간 문제의 처녀가 나타났다. 키

165cm정도... 날씬한 몸매에 귀여운 얼굴... 그러나 그녀는 짧은 머리였다. 본 기자는 개인적으로 긴머리를 지향하기 땜시 일행을 갈구며 한없이 처절한 표정을 지어보였다. 그러나 일행은 고개를 저었다. 할 수 없지...

"저기여! 죄송한데여... 혹시 잠깐 시간 있으시면 차 한잔 하실래여?"

"???"

"헤에~ 저 나쁜 사람 아니에여...그냥..."

처녀의 눈빛이 순간 빛났다.

"혹시, 전에 저 본 적 없으세요?"

"예?"

이게 무슨 소리쥐? 내가 아는 사람인가?

"글쎄요...제가 좀 바보라서여... 가물가물 한데여..."

"아... 그래요... 이상하다... 맞는 것 같은데..."

어랏...점점?

"혹시...세현이 아니에여?"

헉! 이럴 수! 나를 아는 사람이었다! 근데 난 전혀 기억이 안 난다! 누구지? 내가 이렇게 이쁜 여자두 알구 있었나?

"어... 맞는데... 누구...?"

"누나야! 희정이 누나!"

아... 쒸바... 이제 보니 대학적 선배누나다... 하도 오랜만인데다가 화장빨이 넘 진해서 몰랐었다.

"아! 누나였구나! 헤헤~ 오랜만이네에?"

"그러게~ 너 벌써 제대했어?"

"글취. 제대한 지 꽤 됐어."

"그래... 근데 섭섭하다야. 누나한테 연락도 안 했어? 치이~."

"헉... 그게... 요새 좀 바빠서 그랬쥐..."

"음... 그랬구나. 난 예전에 너 군대갔단 소리 들었을 때 울 뻔했었어... 미리 알려주지두 않구..."

헉! 이 누나가 무슨 소릴 하는 거쥐? 학교 땐 별로 안 친했던 걸로 기억하는데... 암튼 실험은 실패군.

"근데 지금 뭐하는 거야? 푸후~ 설마 헌팅?"

"허걱! 아냐... 그냥..."

"흠... 그래. 어쨌든 지금 안 바쁜 거 같은데 누나랑 저녁 먹으러 가자! 맛있는 거 사줄게!"

허거덕... 맛있는 거... 난 미식가라 먹는 거엔 약한데... 음... 어쩌쥐... 그러나 공은 공이구 사는 사였다. 본 기자는 냉정하게 누님의 부탁을 거절했다.

"누나 흑흑... 미안. 원래 약속이 있었거든. 담에 봐여."

"그래? 음... 할 수 없지. 그럼 담에 연락해! 술 사줄게."

"(헉...술...) 음, 그래요. 담에 연락할게."

"그으래~ 잘 가아~."

"응. 누나 안녕~."

총총히 사라져가는 누나를 보면서 본 기자는 가슴이 찢어지는 듯했다. 아... 맛있는 거... 술... 흑흑흑. 돌아온 본 기자를 보는 일행의 눈은 정말 토끼눈이었다.

필승 : 모, 모냐? 너무 잼있게 떠들던데...?

의정 : 그, 그러게? 첩보는 사인데... 진짜 애인 같더라?

본 기자는 잠시 고민에 빠졌다. 사실을 밝힐 것이냐, 구라를 풀 것이냐...

본 기자 : 음...저 여자가 날 딱 보더니 자기 타입이라구 넘 좋아하

대? 내가 차 한잔 하자구 했더니 자기가 저녁 산대나? 푸핫하하하~ (지금 옆에서 이 글 치고 있는 것을 보구 있던 실험재료 일당이 드뎌 사실을 알았다. 잠시 맞구 나서 다시 쓴다...)

필승 : 그, 그래? 히야... 의외다...
영섭 : 나두 희망이 생긴다... 너 같은 놈을 좋아하는 타입이 있다니...
의정 : 근데 왜 그냥 보내냐? 우린 핸드폰도 안 때렸는데?
본 기자 : 음. 공은 공이구 사는 사자나. 단지 실험일 뿐이므로 적당히 거절했지.
일행 : 그래... (존경의 눈빛들)

다시 생각해 봐도 정말 아깝다. 꼭 술 사달래야지. 잠시 담배를 피며 잡담을 나누던 중 두 번째 대상이 나타났다. 키는 170cm 정도, 얼굴은 평범했지만 몸매랑 옷맵시가 끝내주는 여성이었다. 아까의 경험이 있는지라 본 기자는 태연히 그녀에게로 갔다.

"저기여?"
"네?"
"혹시 잠깐 시간 있으시면 차 한잔 하실래여?"
"...?"
"이상한 사람 아니구여, 그냥 그쪽이 맘에 들어서 그래여(아. 이 뻔뻔함)"
"그래요...그러죠 뭐."
허거덕!!!! 이럴 수가!!!! 성공해 버렸다?!
"근데 실은 제가 돈이 별로 없거든요? 그래도 그쪽이 사주실 거죠?"
"아...네...그, 그러죠...핫하하하."

정보통신·과학 - 이주의 특집 ㅁ월 14일 (월)

　　　본 기자는 정말 똥꼬가 찢어지는 듯했다. 우리의 룰에 따르면 그녀와는 운명이 아니었기에... 아니나다를까... 그녀와 조금 걷기 시작하자마자 핸드폰이 울렸다.

　　영섭　　: 나다.
　　본 기자 : 응... 그래...
　　영섭　　: 너 졸라 기운이 없어보인다? 맘에 드냐?
　　본 기자 : 당연하지... 아까 혁민이 기분을 이제야 알겠다.
　　영섭　　: 후후후후, 그러냐... 그러나 룰은 룰이다. 알고 있지?

　　　솔직히 그때는 실험이고 뭐고 나르고 싶었다. 허나, 우정을 배신하기엔 후환이 너무나 두려웠다.

　　본 기자 : 그, 그래... 알지...
　　영섭　　: 음, 그래. 그럼 시작해라.
　　본 기자 : 그래... 뭐? 영섭이가 교통사고를 당했다구?
　　영섭　　: 짜시기... 연기 끝내주는구나... 계속해라.

　　　문득 일행 쪽을 보니 졸라 비웃고 있었다. 순간 본 기자는 졸라 화가 났다.

　　본 기자 : 뭐어?! (거리에 다 들리게 큰소리로) 그래서? 머리가 다 깨지구 다리두 다 부러졌다구?
　　영섭　　: 야! 건 좀 심하다?
　　본 기자 : 그리고, 응. 응. 뭐? 얼굴이 알아볼 수 없을 만큼 뭉개졌다고? 괴물 같다고?
　　영섭　　: 우씨~ 야! 그만하구 얼른 와!!

본 기자 : 뭐야? 게다가 배가 터져서 내장이 다 튀어나왔다구? 생사가 불확실하다고? 죽을지도 모른다고?
그녀　 : 무슨 일이에요?
본 기자 : 아... 죄송해요. 제 친구가요, 사고가 나서 죽을 거 같대요. 가봐야 할 것 같아요. 어쩌죠?
그녀　 : 그럼 그러세요. 차는 담에 마시죠 뭐.
본 기자 : 예에... 정말 미안해요...

　그녀는 연락처조차 남기지않구 떠나갔다. 아아... 이럴 수가... 일생일대의 기회였는데... 앤이 생길 수 있었는데... 으흑흑흑.
　혹시요! 그때 그분, 본지를 보시면여!! 즉시 연락주세여!! 아셨져? 꼭이여!!
　돌아온 나에게 영섭이 외쳤다.

영섭　 : 이 쒸바야! 저 사람 많은 데서 날 병신 만들면 어쩌냐?
본 기자 : 말 시키지 마라... 참담하다...
필승　 : 허허... 짜식. 충격이 컸구나.

　난 30여 분 동안을 담배만 줄창 피워댔다. 내 결정에 졸라 후회하면서... 우정... 쒸바... 쒸바... 그리고 드뎌 마지막 상대가 나타났다는 정보가 들어왔다. 근데 아무리 봐도 폭탄이지 싶었다. 키는 158cm정도... 짧은 머리에! 줄나간 청바지... 얼굴도 극히 평범...

본 기자 : 야! 저 사람은 아니다!! 니네 맘에 드냐?
필승, 의정, 영섭 : 응. 졸라.

　아무래도 내가 낙심해 있는 사이 모종의 음모를 꾸몄던 것 같았

정보통신·과학-이주의 특집 X월 14일(월)

다. 그러나 팀의 결정에 반항이란 있을 수 없었다. 본 기자는 모진 맘을 먹고 그녀에게로 다가갔다.
"저기여? 혹시 시간 있으시면 차 한잔 하실래여?"
"?? 싫어요. 저 바빠요."
"에?(의외였다)"
"저 바쁘다구요. 댁 같은 사람 상대할 시간 없어요!"
"그러세여? 그럼..."
본 기자는 정말 가슴속에서 뭔가 무너지는 소리가 들리는 것 같았다. 뜻밖의 결과에 일행도 졸라 놀란 듯했다.

필승 : 야... 거절 당했냐?
본 기자 : 묻지 마라 쒸바야. 나 졸라 쇼크다.
의정 : 푸핫~ 마지막이라 잘 엮어줄라고 했는데, 안타깝군. (음모가 드러나는 순간이었다)
본 기자 : 이것들이... 으흑흑.
영섭 : 울지 마라. 공은 공이구 사는 사자냐? 어쨌든 실험은 성공이다. 축하한다.

2차 실험의 결과

2차 실험 결과 평범한 외모와 평범한 옷차림의 남자들도 가능성은 있다는 것이 증명됐다. 남자들이여! 도전하라! 그리고 쟁취하라!
오후 8시, 우리는 장소를 옮겨 신촌으로 향했다. 가장 많은 사람들이 모이는 신촌 구레이스... 아니쥐. 현대백화점 앞에서 우리의 실험은 속개되었다. 이제는 드뎌 가장 기대를 모았던 필승 군이 나설 차례였다. 필승 군은 우리가 신촌에 도착하여 핸드폰을 때려주면 유유자적하게 '썬더버드'를 몰고 나타나기로 합의되었었다.

이윽고 10여 분 후, 마침내 문제의 '썬더버드'가 등장하였다. 역시나... 저 사람들의 시선... 부러움... 그런데 문제가 발생했다. 미처 필승 군의 차가 서기도 전에 몇몇 여성들이 (아마도 친구사이인 듯) 떼지어 몰려드는 것이 아닌가?

"와~ 아찌 차 좋다아~ 이거 뭐에여?"
"아...이거 썬더버드라구 해요."
"아! 나 이 차 알아! 이거 키트에서 나온 그거죠?"
"예..."
"와아~ 멋지다아. 아찌! 우리 이거 태워줘여~ 네?"

필승 군은 졸라 당황한 듯했다. 우리의 미적 기준으로 보았을 때 당황할 만한 여성들이었다. 영섭 군은 회심의 미소를 지으며 다시금 핸드폰을 때렸다.

영섭 : 여어~ 인기 좋은데에?
필승 : 여보세요! 여보세요! 뭐라구? 세현이가 교통사고를 당했다구? (졸라 빠른 반응...지랄...)
영섭 : 아니. 너 그냥 그대루 가라야. 혁민이처럼... 너 성공이다.
필승 : 아니... 뭐? 뭐, 뭐? 큰 사고라구? 지붕에서 떨어졌다구? (멍청한 녀석, 지 입으로 교통사고라고 해놓구서 웬 지붕?)
영섭 : 임마. 얼른 날러. 차 다른 데 두구 와!
필승 : 그래! 알았다!

필승 군은 핸드폰을 끄자마자 떼거지들을 무시하고 힘차게 액셀을 밟아 사라져갔다. 그리고 약 10여 분 후 우리 앞에 모습을 드러내었다.

본 기자 : 너 졸라 당황하더라?

필승　：말도 마라... 죽는 줄 알았다...
영섭　：그렇다구 교통사고가 지붕으로 바꿔냐? 쯔쯔... 아둔한 놈...
필승　：내가 그랬냐? 하도 놀라서 그랬나 보다.
의정　：여하튼 필승이는 해볼 필요도 없겠다 야. 아마 3번 다 성공할 걸?
본 기자：무슨 소리. 그래두 할 건 해야쥐. 필승아. 다시 차 몰구 와라.
필승　：응...

　초연히 사라져간 필승 군. 잠시 후 '썬더버드'는 다시 모습을 드러냈다. 허걱! 그런데? 또 일이 터졌다. 이번엔 그런대로 괜찮은 여자들이 또 떼거지로 필승 군에게 덤벼든 것이었다. 필승 군은 무지하게 놀란 듯했다. '썬더버드'의 위력이... 아니. 외제차의 위력이 이 정도일 줄은 스스로도 상상치 못했기 때문이리라.

의정 : 나다. 의정이다.
필승 : 으응... 그래.
의정 : 쯔쯔... 짜식. 너 그냥 쟤네 태우구 놀러가라. 실험 끝이다. 더 볼 것도 없다.
필승 : 으응... 그럴까?
의정 : 그래. 괜히 술 먹구 음주운전하다가 선배차 망가뜨리지 말구 잘 놀다 들어가라아.
필승 : 그래... 세현이한테 미안하다구 전해 줘 (쒸바... 나한테 뭐가 미안하냐? 놀리냐?)
의정 : 그래. 담에 보자.

필승 군은 이윽고 차에 그녀들을 태우고는 신나게 홍대 쪽으로 사라져갔다. (지금쯤 아마도 자유로로 갔으리라. 그 시키는 마테즈로 자유로에서 180 밟은 놈이니깐... 카메라에 찍히지나 마라.)

3차 실험의 결과

세 번째 실험의 결과에 의하면... 외제차는 가만히 앉아 있어도 저절로 헌팅이 가능하다는 것이 증명되었다. 쒸바... 울나라 차도 외국 가면 외제차인데... 쒸바.
오후 9시, 저녁을 먹고 나머지 3인은 다시금 작전회의에 들어갔다.

본 기자 : 시간이 너무 늦었다. 얼른 끝내구 집에 가자.
의정　　: 근데... 우리 그만하면 안 될까?
본 기자 : 응? 왜?
의정　　: 아니...(영섭을 슬쩍 쳐다보며) 어쩐지 잘 안 될 것 같아...

아아... 또다시 발동된 이 우정... 그러나...

영섭　　: 야! 니가 안 된다구 나까지 몰면 쓰냐? 난 할 거다!

불쌍한 놈... 5번이 뭔지도 모르는 놈... 지금도 모르는 놈... 암튼 우리는 영섭 군의 강력한 반발 땜시 하는 수 없이 작전을 개시했다. 잠시 후, 수많은 사람들 중에 유독 눈에 띄는 이쁜 처녀가 발견되었다.

의정　　: 내 차례인가?
영섭　　: (졸라 아쉬운듯) 음...그래...
본 기자 : 얼른 가봐라.

의정 군은 원래 낙천적인 성격이라 되든 안 되든 상관없다는 듯 발걸음도 당당하게 그녀에게루 향했다. 허걱!! 이럴 수가! 잠시 후 영섭 군과 본 기자는 벌어진 입을 다물지 못했다. 그 이쁜 처녀가 웃었다... 그리구... 으악! 의정 군의 팔짱을 끼는 것이 아닌가?!! 본 기자는 그 감동의 순간을 온몸으로 느끼며 기립박수를 졸라 졸라 쳐댔다. 그러나 영섭 군은 아니었다.

영섭 : 쒸바할 놈... 운이 좋군.

질투는... 암튼 영섭 군은 재빨리 의정 군에게 핸드폰을 쳤다.

영섭 : 나다. 말 안 해두 알지?
의정 : 안 그래도 내가 전화하려구 했다. 알아서 할게.
영섭 : 배신은 죽음인거 알쥐?

허나 의정은 벌써 핸드폰을 꺼버린 상태. 영섭 군은 의정 군이 자기를 씹었다고 졸라 열내고 있었다. 잠시 후, 의정은 그녀에게 무언가를 건네면서 꾸벅 인사를 하구 우리 쪽으로 왔다. 그러자 다짜고짜로 영섭 군이 벌컥 화를 냈다.

영섭 : 이 쒸바야! 너 연락처 줬지?! 배신이야!
의정 : 아니다. 저 여자가 먼저 연락처 달라구 해서 명함에다 적어 줬을 뿐이다.
영섭 : 웃기지 마! 네가 먼저 줬잖아!
의정 : 니가 봤냐? 이 쒸바가... 근데 왜 열을 내냐?

분위기가 험악해지는 바람에 본 기자는 긴급히 그들을 말렸다.

본 기자 : 야! 싸우지덜 마! 이건 실험일 뿐이자나! 잘 되든 안 되든 다 자기탓인기라.
의정 : 그래. 자기탓이지.
영섭 : ... 씨

 간신히 쌈을 말리고나니 집에 가구 싶어졌다. 그치만 수십 만 딴지독자들을 위하야 이 실험은 포기할 수 없었다. 지루하실 거 같아서 지금부터는 간단하게 서술코자 한다. (어차피 거의 끝나간다. 좀만 참으시길) 의정 군의 두 번째 상대는 예쁜 체리색으로 긴머리를 염색한 여학생(인듯 함). 의정 군의 타고난 말솜씨로 두 번째도 성공이었다. 본 기자는 할말을 잃었고 영섭 군은 담배만 졸라 피워댔다. 아쉬운 듯 돌아서는 의정 군... 세 번째. 드뎌 마지막 상대. 평범하지만 왠지 모르게 섹쉬한 분위기가 풍기는 처녀...
 허거덕!
 허거덕!
 허거덕! (주 : 턱빠지는 걸 표현하는 딴지 공식 의성/의태어)
 정말 불가사의하다는 말로밖에는 표현할 수가 없었다. 세 번째도 성공한 것이다!! 혁민 군을 제치고... 실험 사상 최초로 3회 모두 성공한 의정 군!! 장하다! 훌륭하다! 멋지다! 게다가 그는 본 기자의 실험을 위하여 마지막 그녀까지도 안녕히 보내버리고 유유히 우리에게 돌아왔다. 본 기자는 졸라 박수를 치며 의정의 우정과 사랑에 감동하였다. 영섭 군은 아예 정신이 나간 듯... 아아 지금도 믿을 수 없다. 옆에서 의정 군이 실실 웃고 있다.

4차 실험의 결과

 네 번째 실험에서 우리는 예상 밖의 결과에 놀라며 또한 감격하였

정보통신・과학 - 이주의 특집 ㅁ월 14일(월)

다. 외모가 많이 떨어지는 의정 군이 3회 연속 성공하였다는 것은 그 동안 자신의 졸라 못난 외모 때문에 자폐증에 걸려 생활하던 앤없는 남자분들에게 한줄기 희망의 빛인 것이다!! 남성들이여!! 성형수술은 졸라 비싸지만 말 잘하는 건 노력에 달렸다!! 우리 모두 졸라 말 잘하는 법을 배우자!! 앤? 우습다!! 도전하라!!

저녁 9시 30분, 사람들이 거의 사라져 갔다. 대부분 귀가를 서두르거나 아니면 술집, 나이트 등으로 숨어버린 뒤여서 거리에는 눈에 띌 정도로 사람들이 줄어 있었다. 영섭 군은 왜 자기만 이런 시간에 하느냐고, 담에 밝을 때 하겠다고 졸라 우겨댔지만 본 기자가 어두울 때 보면 니가 졸라 잘 생겨 보여서 더 잘 헌팅할 수 있을 거라고 구라를 좀 풀어주는 바람에 겨우 달랠 수 있었다.

그리고 첫번째 시도. 상대는... 아무리 봐도... 요기조기 뜯어봐도... 너무나 평범한 한 처녀. 영섭 군은 아주 힘찬 걸음으로 그녀에게 달려갔으나 잠시 후 얼빠진 표정으로 돌아왔다. 헌팅은 실패. 주된 패배요인은 아무리봐도 더듬거리는 말솜씨 때문이었을 거라고 잠정적 결정을 내렸다.

두 번째 시도. 꽤 이쁜 축에 들었지만 옷이 넘 야했던... 연상으로 보이는 한 처녀. 결과는 비참했다. 처녀는 깔깔 웃으며 영섭 군을 뒤로 했다.

졸라 불쌍한 새끼... 지금 옆에서 자고 있다... 눈가에 눈물자국을 비치며...

마지막 시도. 아주 착한 학생처럼 보이는 한 처녀. 영섭 군은 힘찬 각오로 나섰다. 그러나 처참한 실패. 처녀는 영섭 군이 무서웠는지 막 도망가 버렸다. 돌아오는 영섭 군의 어깨를 힘껏 끌어안고 흐느끼며... 우리는 본 기자의 자택으로 돌아왔다.

5차 실험의 결과

당연 빠따다... 외모도 별로인 사람이 말주변도 없고 자신감까지 없다면... 희귀동물 수집이 취미가 아닌 이상 성공할 리가 없다. 영섭 군에게 다시 한번 심심한 위로의 박수를 보낸다.

실험 결과 종합

우리는 이번 실험에서 울나라 여성들은 아직두 외모와 재력에 졸라 많은 비중을 두고 남자를 만난다는 것을 알 수 있었다. 그러나 의정군의 퍼펙트 겜에서 보듯이 또한 말만 잘하면 앤 만들기가 졸라 쉽다는 것도 알 수 있었다. 그럼, 우리는 무엇을 배웠는가?
중요한 것은 자신감이다.
무슨 일이든 시작할 때 "난 꼭 해낼 거야"라는 자신감을 가지구 시작하면 모든 일이 졸라 쉬운 것이다. 자신감이 없이 소심하게 (영섭 군처럼) 일을 했다간 죽도 밥도 안 되는 게 현실이다. 이 사회가, 이 사회의 여성들이 원하는 남성상은 바로 자신감 있는 남성, 진취적인 남성이다. 거기다 상대의 맘을 휘어잡을 수 있는 화술까지 겸비한다면 그야말로 금상첨화겠다.
앤 없는 남성들이여! 일어나라!
우리 일어나서 이번 겨울을 졸라 따뜻하게 보내보자!!
앤 데리구 에버랜드도 가보고 크리스마스 때 올나이트도 해보자!!
못 생겼다구, 돈 없다구 졸라 빼지만 마시라!
자신감을 가져라!! 헌팅? 졸라 쉽더라!!
우리 모두 앤 만들자!!
말빨? 딴지일보를 보시라 !
본지는 21세기 명랑 애정행각을 선도하기 위해 명랑애정행각에

정보통신·과학-이주의 특집 ㄲ월 14일(월)

반드시 필요한 대국민 설문을 마련하였다. 모두 모두 참여하여 21세기 초우량 명랑사회 건설에 적극 동참해 주시기 바란다.

- 딴지과학부 엽기애정행각 파트 수습기자 이드니아 콘체론 edenia@netsgo.com

[고찰] 마징가 제트 과연 가능한가

어린 시절 우리의 심금을 울려주었던 미장가 제트, 과연 현재의 공학기술로 설계가 가능할 것인가. 본지가 세계 최초로 연구했다. 이런 거 본지가 아니면 누가 연구하겠는가. 21세기 명랑사회를 가로막는 수구세력은 목숨이 아깝거든 비끼시라. 본지가 마징가 제트 맹글어 버린다.

우선 마징가 제트에 대한 제원부터 알아보도록 하자.

- 신장 : 18m
- 무게 : 280ton 이상 (추정) (180짜리 인간의 10배 되는 놈인데, 길이가 10배 늘어나면 부피는 3승에 비례하므로 부피는 1000배 늘고 밀도는 인간 대 철덩어리므로 대략 6~7배 차이나지만 마징가 제트 내부의 빈 곳을 감안하여 약 4배 차이난다고 가정하면 질량=부피*밀도이므로 인간놈 몸무게 70kg라면 곱하기 1000*4이면 280000kg → 280ton)
- 동력원 : 광자력(추정)
- 재질 : 재피니움을 응용해 만든 초합금 제트(우라늄의 원자력을 대체하는 광자력 에너지의 원석)
- 보행방식 : 2족 보행 메카니즘
- 비행방식 : 자력 비행은 불가능. 제트스크랜더와 합하면 가능함.
- 조종방식 : 조종사 탑승 후, 조종사 직접 조종방식. 무선조종불가
- 탑승자 수 : 1명
- 무장 : 로켓 펀치, 블래스트 파이어, Laser(눈에서 나오는 광선), 허리케인(입에서 나오는 산화력 강한 초고속 바람)
- 보행속도 : 50km/h

- 주행속도 : 360km/h
- 비행속도 : 알려진 바 없슴

위의 사항을 기준으로 설계 가능성을 살펴보도록 하자. 우선 무장부터.

[1] 로켓 펀치

1) 엔진

우선 현 기술로는 액체추진로켓으로 비행 추력을 얻어야 한다. 고체추진로켓에 비해 추력이 떨어지고 내부 제어구조가 복잡해지지만 재점화와 추력조절이 가능하기 때문에(마징가 제트는 로켓 펀치를 1번만 사용하진 않는다) 액체추진로켓을 사용하여야만 한다.

현재 전투기에 사용하는 터보 제트 엔진은 사용에 무리가 있다. 우선 공기 흡입구가 로켓 펀치에 없기 때문에 원활한 산화제(산소) 공급이 불가능하기 때문이고 설사 있다 하더라도 빠른 속도(예를 들면 음속이상)를 내려면 엔진이 다 타 버린다.

→ 액체추진 로켓으로 설계가능

2) 제어

로켓 펀치의 추력이 로켓에 의해 얻어지기 때문에 발사 후 방향 조종은 추력벡터(노즐을 움직여서 방향 수정)로 해야 하는데 마징가 제트의 로켓 펀치 뒤에는 노즐이 보이질 않는다(노즐은 쉬운 예로 우주 왕복선 뒤에 보이는 깔때기 같은 놈들). 단지 다수의 구멍들이 보이는데 노즐이 존재하지 않는 경우 속도 증가를 얻기가 어렵다(이 부분은 디게 어렵다. 그냥 로켓의 경우 속도를 증가시키기 위해선 노즐이 필요하다고 해두자).

또 인공위성처럼 적을 향해 날아갈 때 미세 제어를 위해 제트를 분출하는 조그마한 엔진들을 로켓 펀치에 달아야 한다. 그리고 관성항법 장치로 자신의 궤도를 계산해 나가며 목표물을 추적해 가야 할 것이다(요놈은 외부에서 교란이 불가능하다). 아니면 GPS(Global Positioning System)를 이용하던가…

그리고 또 하나, 직진성을 좋게 하기 위해선 회전을 하여야 하는데 만화를 들여다 보면 회전하는 것을 볼 수 없다(코리올리 힘과 관계) 1분당 5~6회 정도의 회전이 이루어져야 직진성이 좋아지고 멀리 간다.

→ 노즐을 이용한 추력벡터와 궤도조종엔진, 그리고 관성항법 장치 (또는 GPS), 회전으로 가능

3) 손 관절 메커니즘과 엔진과의 관계

마징가 제트의 크기가 18m라고 했으니 로켓 펀치는 대략(키 180cm짜리 기준으로 딱 10배) 약 5m일 것이다. 일반 중형 승용차의 2배 정도의 길이이고 이때 체적은 약 80세제곱 미터이다 ($V=3.14*r^2*h$). (가로, 세로, 높이 길이가 4,4,5m인 직육면체라 생각하자)

수치상으로 보면 이 공간에 두 시스템을 갖추는 것은 현 기술론 그리 어렵진 않다. 이 공간 안에 기본적으로 액체추진로켓에 필요한 연료와 산화재 탱크와 (보통 온도가 -100°C 보다 낮은 극초저온이다) 주변에 손가락 관절을 움직이기 위한 유압 실린더와 기어 등이 들어가야만 한다.

손 마디가 잘 움직이려면 탱크 주변 온도가 낮기 때문에 유압실린더들에 있는 유체들이 얼지 않도록 위치를 잘 배치해야 할 것이다. (요 설계도 허벌 어렵다. 위치 하나 바꾸는 것도 돈, 시간 허벌 든다. 예로 모 자동차 회사에서 디젤엔진 센서위치를 90도 바꾸는데 1년이란 시간과 1억여 원이 들었다.)

→ 두 놈 위치 배치가 관건

4) 재질

로켓 펀치가 적에게 큰 충격을 주기 위해선 이 놈 자체의 무게가 크거나 속도가 빠르거나 둘 중의 하나를 키워서 운동에너지를 키우면 된다(운동 에너지는 이분의 일 엠부이 제곱이란 것을 다 기억하실 것이다. 중 3 1학기 물상 책에 상세히 나온다).

재질 문제에서의 가장 큰 딜레마는, 질량을 늘이자니 연료 탱크의 양이 줄어들어 사거리는 물론 활용빈도가 떨어질 것이고 속도를 늘이자니(질량을 줄이는 방법이 제일 쉽다) 주먹 두께가 얇아져서 (참고로 현존 로켓 대부분의 외벽은 두께는 수 mm이고 알루미늄 합금들이다) 적을 관통하기는커녕 충격을 감당해내지 못하고 부서질 것이다.

또한 충격시 로켓 펀치 안에 들어있는 수많은 메커니즘(엔진구성품과 관절을 움직이는 수많은 부품들)을 어떻게 보호할까?

대략 적에게 발사되는 로켓 펀치가 질량 500kg, 속도를 마하 2라고 하면 운동에너지는 $0.5*500*(2*340)^2$ 이므로 약 115MJ 정도이다(잘 모르시거든 물리 문제집 아무거나 잡고 찾아보세요). 이 정도 에너지는 시속 60km/h의 자동차 100대 정도를 멈추게 할 수 있는 에너지이다(거꾸로 말하면 적에게 시속 60km로 달리는 자동차 100대의 충격을 주는 것과 같다). 이 정도 충격이면 안의 메커니즘은 거의 박살난다고 보면 맞을 것이다.

또 음속돌파시 선두부는 많은 열을 내는데 이 부분은 또 어떡할까? 열에 강한 세라믹은 충격에 약하기 때문에 안 될 것이고... 항공기용 두랄루민도 충격을 견디긴 좀 약하고... 쩝...

본 기자 개인적인 생각은 운동에너지를 이용하는 무기이기 때문에 우선 사거리를 줄이고(눈에서 나오는 레이저는 사거리가 길다고 생각하자 , 이 부분은 후에 다루겠다) 활용 빈도수, 속도를 줄여서 여유 질량을 확보하여 이 만큼을 티타니움으로 설계하면 될 것이라 생각한다. 열 견디는 정도도 좋고 강성도 그럭저럭 좋기 때문에 티타니움이면 로켓 펀치 제작이 가능하지 않을까 하는 기자 개인의 생각이다.
→ 사거리와 활용도를 줄이고 그 질량 만큼의 여분으로 티타늄을 사용하자.

5) 몸통과 재결합시

적을 까부수고 돌아온 무쇠팔 로켓 펀치, 다시 몸통과 해후할 수 있는 가능성은…? 몇 가지 기술적인 부분을 고려하면 가능하다. 우선 관절쪽으로 reverse 엔진이 있어야겠다. 만화에선 보이질 않는데 그래야 속도를 줄여서 동체와 충격을 줄이고 정확히 도킹이 가능하다. 이 기술은 상용기에서 착륙 시 많이 쓰이는 기술이다.

개인적인 견해론 도킹은 매우 정교한 기술이라 1cm 차이가 나도 힘든 것이다. 그러다 보니 도킹시(우주선끼리 도킹이나 전투기들 공중급유 등) 시간이 많이 걸린다. 만화처럼 걍 철커덩하니 붙지는 않는다. 그러니 적들이 이럴 때 마징가를 공격하면 승산이 있지 않을까?
→ reverse 엔진을 사용하면 가능, 단 도킹 시 시간이 좀 걸림

결론은 현 기술론 80% 정도 가능할 거라 생각하지만 재질 문제가 제일 큰 걸림돌이라 판단된다. 차라리 로켓 펀치를 만드느니 아예 수십 또는 수백 kt(킬로톤)급의 탄도형 미사일을 부탁하는 게 나을 것 같다는 생각 든다.

발사하기에도 많은 에너지가 들기 때문에. 쩝…
to be continued…

- 딴지 과학부 기자 이재진 pooh@kkucc.konkuk.ac.kr

어머~ 니 남편 거기 선이 달라졌다 얘...

어엉.. 볼륨업 콘돔이야.

힘있게 모아주고 받쳐주니까, 졸라 조은거 있쩌.

어머, 너 좋겠다, 얘.

Volume up Condom

JAJIAN

스포츠·연예

빅맥과 한국식 '프로 정신'

[레저] 우리도 누드비치를 만들자!

[레저] 그대 이집트를 아는가 - '이집트인과 친구하기' 편

http//ddanji.netsgo.com

빅맥과 한국식 '프로 정신'

미국의 유명 스포츠 주간지인 〈Sports Illustrated〉는 한 주에 두 번이나 잡지를 발행했다.

〈Sports Illustrated〉가 창간한 1954년 이래 44년 동안 처음 있는 일이라 한다. 메이저리그 홈런 기록갱신 기념특별호를 발행한 것이다.

그 주인공은 다 아시다시피 빅맥.

이 잡지뿐 아니다. 미국 전역이 난리 부르스다. 하긴 전혀 상관도 없는 다른 경기장에서도 홈런 소식이 있자 심판이 경기를 중단할 정도였으니...

맥 이전에 홈런왕의 대명사는 베이브루스였다. 베이브루스하고 빅맥을 비교하는 자료나 주장이 많은데 물론 직접 비교는 힘들지만...

(레 저)

우리도 누드비치를 만들자!

우리 나라에는 누드비치가 없다. 왜 없느냐. 홀러덩 벗고 해변가를 거니는 사람들을, 그런 사람도 있을 수 있고 저런 사람도 있을 수 있지 뭐... 라고 있는 그대로 인정할 만큼 사회적 포용력의 크기가 크지 않기 때문이다.

(레 저)

그대 이집트를 아는가 – '이집트인과 친구하기' 편

이집트...

그 베일을 벗긴다. 벗긴다...

음... 좋은 표현이다...

하여간 곧 벗긴다... 기대하시라.

스포츠 · 연예 9월 14일(월)

빅맥과 한국식 '프로 정신'

9월 8일...
미국의 유명 스포츠 주간지인 〈Sports Illustrated〉는 한 주에 두 번이나 잡지를 발행했다.
〈Sports Illustrated〉가 창간한 1954년 이래 44년 동안 처음 있는 일이라 한다. 메이저리그 홈런 기록갱신 기념특별호를 발행한 것이다.
그 주인공은 다 아시다시피 빅맥.
이 잡지뿐 아니다. 미국 전역이 난리 부르스다. 하긴 전혀 상관도 없는 다른 경기장에서도 홈런 소식이 있자 심판이 경기를 중단할 정도였으니...
맥 이전에 홈런왕의 대명사는 베이브루스였다. 베이브루스하고 빅맥을 비교하는 자료나 주장이 많은데 물론 직접 비교는 힘들지만, 기자가 판단하기에는 야구선수로 더 뛰어난 재능을 타고났던 선수는 베이브루스였던 것 같다.
맥이 베이브루스의 한 시즌 60개 기록을 넘은 것은 물론이고 70개도 가능하다는 소리가 나오고 있고, 경기당 홈런기록도 앞서고 (맥은 137번째 경기에서, 루스는 151번째 경기에서 60호를 쳤다...) 메이저리그 통산 타석수 대비 홈런 비율 1,2위 자리 역시 맥이 차지하고 있긴 하지만(3,4,5위는 루스), 루스가 경기를 하던 시절은 여러 가지 면에서 지금보다 훨씬 조건이 열악했기 때문이다.
우선 당시의 야구공이 지금보다 무겁고 반발력이 떨어졌으며 베트 역시 무겁고 탄력이 떨어져 베이브루스가 처음 홈런왕을 차지한 1918년의 홈런수는 겨우 11개에 불과했다. 루스 이전에는 7개가 왕 노릇했고,

그 다음 해에 29개를 쳤으며, 그 다음 해에는 당시 인간의 능력으로 불가능하다고 여겼던 40개를 훌쩍 넘어 54개...

이게 얼마나 대단한 기록이었느냐...

그땐 다른 메이저팀의 모든 홈런수를 다 합해도 30개가 안 되던 시절이었다. 지금이야 한 시즌 홈런 30개 넘기는 선수가 수두룩하지만. 그러니까 혼자서 다른 모든 팀의 홈런수를 다 합한 것보다 많은 홈런을 한 시즌에 때려냈던 것이다. 이럴 수가 있나.

더구나 다른 구단 총 홈런수보다 더 많은 수의 홈런을 날리기 시작한 1919년까지 그는 투수도 겸하고 있었다. 1915년부터 1919년까지 그는 총 87승을 올린 메이저 최정상급 투수였다. 또한 월드 시리즈에서도 세 번이나 투수로 나와 전부 승리투수가 되기도 했으며 통산 방어율은 2.28을 기록하고 있다. 말이 필요없다...

물론 그렇다고 해서 맥의 기록이 별것 아닌 것은 분명 아니다. 전반적인 야구기술이 그때하고는 비교할 수 없이 발전했으니까.

공과 베트의 성능이 올라간 것 이상으로 투수층도 두꺼워졌고, 수많은 변화구도 개발되었으니까.

또한, 맥이 루스보다 앞서는 것이 경기당 홈런수 말고 또 한 가지가 있는데 그것은 바로 경기당 포볼수이다.

스포츠·연예 ᄀ월 14일(월)

루스는 60개 홈런을 때려낸 해에 151게임에 출장해 138개의 포볼을 기록했고, 이번에 맥은 62호를 홈런을 쳐냈을 때 137게임에서 149개의 포볼을 기록하고 있었다.

맥이 투수로부터 더 심한 견제를 받았거나 또는 더 선구안이 좋았거나 둘 중 하나일 것이다. 62호 홈런을 기록한 경기에서도 맥을 상대하던 투수가 고의사구를 냈다. 관중들의 비난을 무릅쓰고...

그런 경기를 보면, 우리 나라에서 한참 홈런신기록을 향해 행진 중이던 이승엽 선수를 상대로 고의사구를 내서 비난을 거세게 받았던 야구단의 항변이 일리가 있는 듯도 하다.

정면승부와 스포츠 정신... 이런 것은 아마추어들이나 하는 소리고, 투수가 홈런타자에게 좋은 공을 주지 않는 것은 당연한 것이며, 더욱이 프로의 세계에서 가장 중요한 것은 승부에서 이기는 것이다... 아마추어들이나 승부 자체가 아름답다고 배부른 소리를 하지... 프로의 세계에서 게임을 져 보라... 남는 것은 연봉삭감과 떨어져나가는 관중이다...

대충 이런 논리를 편다.

맞는 말이다. 미국 프로야구 사상 최다 홈런기록 갱신이라는, 미국민 전체가 바라마지 않는 대기록 달성의 현장에서도 고의사구가, 모든 관중이 비난함에도 불구하고 있었지 않는가.

그런데...

그게 그렇지가 않다. 아주 중요한 차이가 있다.

먼저 맥의 경우, 그 게임은 게임결과에 따라 플레이오프 진출에 결정적 영향을 미치는 아주 중요한 경기로서 맥의 상대팀이 반드시 이겨야 했던 게임이었고, 이승엽의 경우 상대팀이 플레이

오프는커녕 19-4로 크게 이기고 있는 상황에서 나왔다는 점이 큰 차이이다.

이것이 어떤 의미가 있는가...

맥의 경우 상대팀이 반드시 이겨야 하는 게임이기에 위험한 타자를 걸렀다는 의미이고, 이승엽의 경우 게임의 승부와는 전혀 관계없이 이승엽 개인에게 홈런기록을 주기 싫어서 그랬다는 의미이다. 아무리 좋게 해석을 해도 홈런 한방에 19-4의 스코어가 뒤집어질까 봐 그랬다고 볼 수는 없다. 이것이 결정적인 차이다.

다시 '프로 정신' 이야기로 돌아가 보자.

프로는 끝까지 이기는 게임을 해야 한다... 물론 옳은 소리다. 그런데 프로가 뭔가. 장사다. 관중없는 프로는 있을 수가 없다. 프로야구가 아마추어 야구선수 남아돌아서 그들 구제차원에서 만들어진 것인가. 아니지 않은가.

프로는 관중이 있기에 존재하는 것이다. 관중이 외면하는 프로는 존재의미가 없다. 이승엽 선수에게 홈런기록을 주기 싫고, 그런 불명예의 주인공으로 기록에 남는 것도 싫고, 또 어떻게 해서든 반드시 이겨야 한다는 한국식 '프로 정신'은 그야말로 소탐대실의 전형이다.

어떤 선수가 새로운 대기록을 세우고, 이에 관중이 열광하고 또 그런 스타를 보기 위해서 더 많은 사람이 야구장을 찾고, 그래서 프로야구 전체가 붐을 타서 결국 자기 팀에도 이득이 된다는, 결국 그런 붐이 자기들 장사 전체에 득이 된다는 관점에서 보지 못하고 그저 어떤 선수의 기록 달성에 희생양이 될 수 없다는 근시안적인 사고에서 나온 것이 바로 '이승엽의 고의사구'인 것이다.

프로에서 반드시 이기기 위해서 내는 고의사구는

한국 프로야구 관계자들...
이 할머니 보이시는가

함부로 비난할 수 없다. 말 그대로 프로니까.

그러나 이기기 위해서가 아니라 기록을 주기 싫어서 내는 고의사구는 비난받아 마땅하며, 그런 쪼잔하고 븅신 같은 '프로 정신'이 한국 프로야구를 프로답지 못하게 하는 가장 큰 요인이다.

그런 '프로 정신'으로 관중도 없는 텅빈 운동장에서 백날 이겨봐라. 그런 프로 정신이 밥먹여 주는지.

프로야구는 장사다. 그런 택도없는 '프로 정신' 떠들지 말고, 조도 서비스정신부터 다시 배워라. 관중들이 바보인 줄 아는가...

- 딴지 스포츠 전문기자

[레제] 우리도 누드비치를 만들자!

　혹시 빤스까지 훌러덩 벗고 어딘가를 향해 뛰어보신 적이 있는지 모르겠다. 만약 뛰어본 적이 있는 남자분이라면, 시원한 바람이 경쾌하게 '달랑' 거리며 사타구니를 연속적으로 터치하는 뽕알 사이를 스치우고 지나갈 때의 아스라한 기분을 아시리라.
　여자분이라면?
　누군가 답답한 뽕브라를 벗어던지고, 달랑거렸던 남자들과는 다르게 일레귤러하게 '덜렁' 거리며 백주대낮에 거침없는 환상의 질주를 한다면... 여자분들의 그때 기분을 남자인 본 기자가 알 리가 없지만, 만약 본 기자가 그런 스펙타끄르한 장관을 목격했다면 가슴이 무쟈게 벅차겠다.
　만약 훌러덩 벗고 뛸 때의 기분을 상상하기 힘드시면, 우리 나라에서는 어디 실험할 때도 마땅찮으니, 대신 이렇게 한번 해보시라.
　식사할 때, 깨끗하게 손을 씻은 다음 숟가락 젓가락을 전혀 사용하지 말고, 손바닥을 오므려 국을 떠먹고 반찬은 당연히 손가락으로 집어먹고 밥은 손으로 적당히 떼내서 뭉쳐서 잡숴보시라. 첨에는 이상하겠지만, 조금만 해보면 뭐랄까... 현대인 누구에게나 조금씩은 남아 있는 원시적인 야성이 아주 희미하게나마 돌아오는 것을 느낄 수 있을 것이다. 정말이다.
　이때 주의할 것은 사람들 없을 때 혼자 시도해야지, 행여 이런 행동이 다른 사람의 눈에 띄었다간 향후 정상적인 사회활동이 매우 어려워진다. 혹 할머님이나 어머님이 계실 때 이런 실험을 시도했다가는 바로 주걱으로 조디 부위를 강타당하기 십상이다. 각별한 주의가 요구된다.

스포츠 · 연예 7월 14일(월)

여하간...
　자연스럽게 하는 행동들 - 옷을 입고, 숟가락으로 밥을 먹는 것 같은 - 중 상당수는 자신이 그렇게 해야겠다고 결심을 하고 모종의 결단을 내려서 하는 것이 아니라, 그렇게 하라고 배웠기에 또 그것이 편리하기에 그게 왜 그래야 하는지 의심 한 번 해본 적 없을 정도로 그 이유를 잊고서 하는 경우가 많다.
　자신의 결정도 아닌 것을, 오래 전 전혀 알지 못하는 다른 사람들이 만들어낸 규칙들을 아무런 고민없이 따르는 데에는 흔히 말하는 사회화 과정을 거쳤기 때문일 것이다. 그런 사회화 과정은 여러 사람들이 조화롭게 함께 살아가기 위해 반드시 필요한 것이다.
　그러나 어떤 사람을 그 사회에서 수용할 수 있는 형태로 교육시키고 만들어내는 과정이 반드시 필요하다는 것과 그것이 항상 옳다는 것과는 별개이다. 그 과정이 필요한 만큼의 폐해도 따르기 마련이다.
　그 과정이 지나치게 획일적이고 강제적이며 경직되면 결국 그런 사회화 과정을 거친 사회 구성원의 몰개성화와 창조성 결여를 그 대가로 지불해야 한다.
　바로 우리 나라가 그렇다.
　우리 나라처럼 유행에 민감한 나라도 없다. 뭔가 유행하기 시작하면 온 거리가 그 유행으로 물결친다. 한 번 유행하면 집단적이고 대규모로 유행한다. 청바지가 그랬고, 이스트팩이 그렇다. 그러나 동시에 우리 나라처럼 유행의 사이클이 짧은 곳도 없다. 모든 이들이 그 유행에 동참했다 싶을 때 순식간에 그 유행은 사그러진다.
　우리 나라에서는 튀고 싶기에 유행이 시작되고, 다른 사람들이 그 유행에 따르기 시작하면 그 유행에 참여하지 않아서 튀는 것이 두려워 유행에 동참하며, 마지막에는 더 이상 튀지 않아서 일시에 유행이 끝난다.
　튀는 것 자체는 문제가 없다. 그러나 그 튀는 것이 자신만의 기호

(記號)와 취향을 표현하다 보니 그렇게 된 것이 아니라면 그건 문제다. 그런 튐은 개성에서 나온 것이 아니기 때문이다.

이러한 우리 사회의 몰개성은 우리 사회의 '사회화 과정' 이 너무도 경직되어 있고 획일적이라는 것을 반증하는 것이다. 초등학생에게 꿈이 뭐냐고 물으면 언제나 그 대답이 너도 나도 비슷비슷한 그런 사회화, 잘하는 과목을 격려하고 키워주는 것이 아니라 못하는 과목을 보충수업하는데 집중하는 사회화, 좋은 대학의 입학이 모든 사회화의 종착점이 되는 그런 사회화...

이러한 경직되고 획일적인 사회화는 결국 우리 사회의 사고와 포용력의 크기를 존만한 것으로 만들어 버린다. 역동적이고 다양한 가치가 혼재하는 것을 불가능하게 만들어 버린다.

도대체 조또 뭔 소리를 할라고 이런 썰을 푸느냐...

우리 나라에는 누드비치가 없다. 왜 없느냐. 훌러덩 벗고 해변가를 거니는 사람들을, 그런 사람도 있을 수 있고 저런 사람도 있을 수 있지 뭐... 라고 있는 그대로 인정할 만큼 사회적 포용력의 크기가 크지 않기 때문이다.

또, 우리 사회의 포용력의 크기가 그렇게 작다는 것을 알기에 아무도 시도하지 않는 것이다. 동방예의지국이니 미풍양속이니 하는 것과는 하등의 관계가 없다. 자신의 자지 크기 혹은 가슴 크기가 남들과 비교되는 것이 싫어서... 라는 이유도 있긴 하겠다.

동양에는 없을 것 같은 누드비치가 일본이야 워낙 벗는 거 조아하는 넘들이니까 글타치고, 중국에도, 홍콩에도, 인도, 인도네시아, 필리핀에도 있다 한다. 놀랍지 않은가.

도저히 그럴 것 같지 않은 티벳에도 강변축제시 누드축제가 있다 한다. 서구쪽으로는 없는 나라가 없다

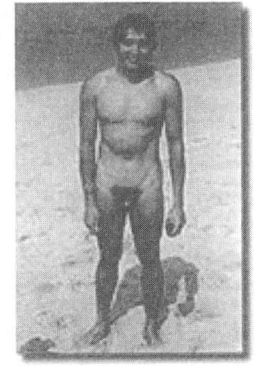

짱께 누드족...

고 보면 된다. 구미나 미주 대륙의 누드비치 리스트를 뽑을라치면 책 한 권으로도 부족할 정도다.

양넘들은 이 누드족들을 Naturist라고 부른다.

문명이 오히려 인간을 비인간화시킨다는 그러니까 원시상태로 돌아가는 것이 인간을 더 인간답게 한다는 자연숭배... 대충 뭐 그런 사고방식을 가지고 있는 사람들을 일컫는 말로, Naturist 협회까지 있을 정도다. 그래서 이들의 행위는 당연히 스트리킹 하고는 차원이 다른, 나름의 철학을 가진 행동양식이다.

그런 생각있는 홀딱벗음이기에 이 누드비치에는 나름의 규칙과 에티켓이 있다.

우선 누드비치에 갔다고 해서 모두 옷을 훌러덩 벗어야 하는 것은 아니다. 누드비치에서 옷을 벗느냐 그냥 입고 있느냐 하는 것은 순전히 그 사람이 선택할 사항이다.

쇼핑한다니까...

또 카메라를 들이대거나 힐끗 힐끗 쳐다보는 것은 실례다. 하긴 카메라를 들이대도 씩 웃으며 포즈를 취할 정도로 벗는 것에 자연스러운 사람들이 대부분인 곳이 누드비치이긴 하지만.

아... 왼쪽 아줌마 히쁘...

라디오를 크게 틀거나 하는 것도 실례다. 일반 해변에서는 상관없지만, 그런 문명이 싫은 사람들이 모인 곳인지라 그렇다. 이건 나라마다 해변마다 조금씩 차이가 있다고 한다.

또한 함부로 꼴려 자지를 세우면 안 된다.

사실 30분이라도 누드비치에 가보면 금방 깨닫겠지만, 모두들 훌러덩 벗고서 수영도 하고, 공도 차고, 테니스도 치고, 배구도 하고, 쇼핑도 하며 옷고 즐기는 모습을 보고 있자면 너무도 자연스러워 도대체가 꼴리지가 않는다.

　꼴림度 제로에 가깝다.

　오히려 보일랑 말랑한 비키니를 입고 요염하게 모래 위에 디비져 있는 일반 해변가의 여성이, 홀러덩 벗고서 햇볕에 그을린 젖통을 이레귤러하게 '덜렁' 거리며 해변가를 뛰어다니는 여성보다 약 백 배는 더 야하다.

　더구나 이런 Narturist 비치는 홀딱벗은 부모가 홀딱벗은 아새끼들까지 데리고 와서 아주 가족단위로 벗고 설치는 경우가 많다. 아들 손자 며느리가 정말 다 모인다...

　도저히 음란할래야 할 수가 없는 분위기인 것이다. 그런 누드비치에 하루만 가 있으면 누드비치에 대한 왜곡된 선입관이 싸그리 고쳐질 것이다.

　여기서, 본 기자는 우리 나라에도 누드비치가 생겨야 한다고 강력히 주장하는 바이다.

　Narturist 그들의 주장에 100% 동조하기 때문은 아니다. 결코 여성들의 저뗑이를 맘껏 보기 위해서도 아니다... 그래 씨바... 그건 조금은 있다...

　울나라도 이제 제발 그 정도의 '파격'은 표시도 안 나게 너끈히 흡수할 수 있는 넙대대한 포용력의 나라였으면 정말 좋겠기 때문이다. 내가 동조하지 않는 것도 그 존재를 인정하고 함께 공존할 수 있는 사회... 다양한 가치와 생각들이 주류와 틀리다는 이유로 박해받고 사장되지 않는 사회... 그런 사회가 건강한 사회고 창조적인 기운이 넘치는 사회 아니던가.

스포츠·연예 9월 14일 (월)

배꼽티를 단속하는 우리 나라에 절망감을 느낀다.
배꼽티 입는다고 우리 나라 안 망한다.
누드비치 있다고 우리 정신세계 파괴 안 된다.
오히려 그 반대다.
누드비치를 만들자!

- 딴지 레저부 기자

[레저] 그대 이집트를 아는가 – '이집트인과 친구하기' 편

본지는 앞으로 우리에게 잘 알려지지 않은 곳들을 싸돌아 댕기며 그 곳에서 살아가는 잉간들을 만나보려 한다. 21세기 명랑사회는 그저 조또 쪼매한 울나라 안에서 이러쿵 저러쿵 한다고 구현되는 것이 아니기 때문이다. 이제 세계인이 되어야 할 때다. 이번 호에서는 그 첫편. 이집트...

그대 이집트를 아는가... 파격과 의외성, 비능률적이고 허슬해 보이기만 한 각종 시스템들 그리고 그 모든 것과 어우러져 살며 이집트인들이 연출해 내고 있는 삶의 여유로움과 박력... 이집트인을 만나 보자.

어느 도시를 가든지 그 도시 여행의 시작점이 되는 곳이 있기 마련이다. 가장 유명해서 때론 시내 중심이어서 혹은 자신의 여행 목적과 부합하는 곳이어서... 여하간의 이유로 여행의 출발점이 되는 곳이 있다.

이집트는 물론 피라미드를 봐야 한다. 압도당해 봐야 한다. 그러나 본 기자가 이집트에서 여행을 시작해야 하는 지점이라고 믿는 곳은 세계 7대 불가사의 중 하나인 이집트의 상징, 피라미드가 아니다.

이집트에서 가장 크고 세계에서 가장 유명한 중동의 Bazzar, Khan el-Khalili. 향신료 냄새를 헤집고 좁은 골목을 들어서면 양쪽 건물 사이의 비좁은 공간에 거울로 가득해서 '거울의 카페'라 불리는 노상카페가 하나 있다.

Fishawi's Khan el-Khalili. 1752년 문을 연 이래 그 동안 단 한 번도 닫은 적이 없는 곳. 문자 그대로 단 한 번도.

스포츠·연예 1대월 12일(월)

하루 24시간을 그리고 그렇게 무려 250년 가까이 열려있는 카페다.

이집트에 갔다면 그리고 이집트란 곳이 과연 어떤 나라인지 알고 싶거들랑 이 카페를 가보시라. 그리고는 물담배 '쉬샤'를 시켜 이집트인들이 하듯이 항아리에 길다란 나무 호스를 대고 피우며 민트 티 한잔을 마셔보라. 시간이 느껴진다.

물담대 '쉬샤' – 이집트에서 길거리를 다니다 보면 길거리 카페나 골목에서 길다란 항아리에 막대기형 호스 같은 것을 꽂고 쭈욱 쭈욱 빨아대고 있는 사람들을 무수히 볼 수 있다. 처음엔 무슨 주스를 마시는 건가 했다. 빨대치곤 너무 크고 주스 마시는 것치곤 심각한 표정이긴 했지만 말이다. 그런데 알고 보니 담배와 당밀을 섞어 만든 그들만의 물담배, 쉬샤. 담배를 피지 않는 사람도 전혀 독하지가 않아서 한 번쯤 시도해 볼 만하다. 항아리에 든 물이 니코틴 등의 유해 물질을 걸러준다는 학술 보고도 있고.

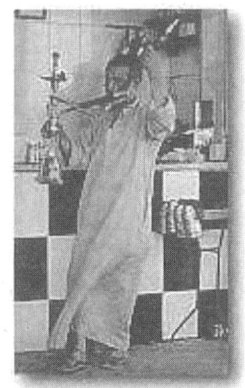

길거리의 어느 카페를 들어가도 우리 돈으로 백 원 남짓이면 쉬샤를 피워볼 수 있는데, 예전엔 이집트 노인들만 피우는 것이었다는 데 이젠 백인 관광객들도 좋다고 피워댄다. 피울 때 나는 보글보글한 소리도 이색적이고 달짝지근한 맛이 묘하다. 뭐랄까 사과 맛이 난다.

하루 관광을 마치고 숙소 근처 카페에 앉아 '스턴트적'이고 '다이나믹한' 카이로 기사들의 택시 운전 솜씨를 전방 볼거리로 삼고 뭔지 이름을 알 수 없는 갖가지 향신료가 섞여 만들어 내는 이국적인 향취를 후방 분위기 삼아 쉬샤를 피우고 있으면 어느샌가 이집트인이 되어 가고 있는 자신을 발견할 수 있을 것이다.

250년 된 카페에 노트북을 들고 나타난 사나이 주변으로 사람들이 몰려들었다. 앞쪽에서는 별일 없다는 듯 물담배 쉬샤를 피우고... 유고에 파견되었다 휴가차 온 스웨덴 평화 유지군, 머리를 땋아주며 25년째 세계를 떠돌아 다니는 미국 장돌뱅이, 쿠웨이트

석유 시추 기술자, 남아공에서 온 거리의 악사, 그리고 국적 불명 사진사...

방금 도착한 그들이 마치 오래 전부터 자기 자리로 비어 있었던 자리라는 듯 스르르 앉는다.

그리고는 5분도 안 되어 이미 100년 전부터 그 자리에 있어왔던 것처럼 카페와 하나가 되어 버린다. 혹 나이키를 신고 LA 다저스 야구 모자를 쓴 자신도 그럴지 의심이 가거들랑, 한쪽 구석에 카페의 장식처럼 앉아 있는 100세쯤 되어 보이는 이집트 노파를 찾아보시라. 지난 80년간 하루도 빠지지 않고 이 카페를 나와 시간이 흐르는 걸 지켜보는 분이다. 그리고 잠시 후 그분과 자신이 이야기를 나누고 있다는 걸 발견할 것이다. 올해도 그분이 살아계실지...

이 곳에서 이집트식 시간을 먼저 느껴보자. 여행을 끝내고 사진 속에 갇힌 이집트만 달랑 남기고 싶지 않거들랑... 이집트는 사진 속에 담아지지 않는 곳이다...

Fishawi 카페에서 만난 독일 사진가랑 이슬람지구를 터덜거리며 걷다가 아무 카페나 들어갔다. 이슬람지구 자체가 우중충한 거리인데다 날이 어두워지고 있어 이집트 홍차 샤이 한잔만 하고 일어서려던 참이었다. 그러다 갑자기 정수리께 뭔가 신선한 자극이 왔다. 번쩍 고개를 들었다. 아니 그랬더니 건너편 허름한 건물 2층 창가에서 두 명의 이집트 노자가 본 기자에게 손을 흔드는 것 아닌가. 아니 이럴 수가. 이집트 노자가 내게 손을 흔들다니. 그것도 두 명이 한꺼번에.

시대가 변해가고 있긴 하지만, 관광객을 직업적으로 상대하는 사람 외에, 이슬람 문화권에서 모르는 외국 남정네에게 여자가 손을 흔드는 일은 거의 반사회적 행동이라고 보면 틀림없다. 율법이 금하는 일이다. 우째 흥분하지 않을소냐.

독일인 친구랑 동시에 서로를 쳐다봤다. 씨익 웃으며 'Let's go', 영어 한 마디 해줬다. 그랬더니 'No'란다. 무스기? 하는 표정으로 쳐다봤더니 혹시 다른 사람들이 보고 경찰에 신고하면 잡혀간단다. 음... 맞는 말이다. '잡혀갈 수 있지. 충분히...' 반쯤 들었던 궁디를 억지로 주저앉혔다.

그러나 그 노자들 포기하지 않고 생글거리며 손을 흔든다. 이젠 아예 이리 올라오라는 손짓이다. 아... 씨바... 갈등. 다시 한 번 영어 두 단어를 던졌으나 독일 친구 No란다.

"그래 좋다, 넌 여기서 구경해라. 난 혼자라도 가서 왜 그리 손을 흔들어댔는지 물어보고라도 와야겠다" 대충 그쯤되는 영어를 졸라 비장하게 뱉어내고 일어섰다.

이러다 이집트 남자넘들한테 붙들려 감옥으로 끌려가면 어쩌나. 미드나잇 익스프레스 영화가 갑자기 생각났지만, 저리 애타게 손짓 하건만 모른 척하는 건 대한 남아의 수치. 그 건물로 겨들어갔다. 그 집 앞에서 드뎌 문 대용으로 늘어뜨려져 있는 거적을 젖혔다.

세상에...

서너 평 남짓한 방에 아빠, 엄마, 아들 하나, 딸 셋 그리고 자식이 아닌 듯한 청년 한 명이 조디가 찢어져라 미소를 지으며 쳐다보고 있는 것이었다. 순간 당황. 그러나 이들은 뭐라고 뭐라고 하면서 팔목을 끌어 방 안으로 들여 놓더니 사탕수수 주스와 담배를 권했다. 그러더니 창 밖으로 날 부르던 그 노자와 정체불명의 청년은 뭐라고 뭐라고 애타게 뭔가를 설명하기 시작하는 것이었다. 정말 답답했다. 본 기자가 아는 아랍어라곤 인사말이랑 물건값 깎을 때 써먹는 숫자밖에 없고 그들이 아는 영어는 hellow랑 thank you 그리고 taxi…

30여 분을 서로 일부 체조 선수들만 가능한 아크로바틱한 포즈까지 동원한 끝에 드디어 뜻이 통했다. 그러니까 자신들이 곧 결혼하는데 결혼식 피로연에 와달라는 것이었다.

왜 그랬는지 알게 된 순간, 본 기자 이집트인에게 홀딱 반했다. 그들의 순수함에 정녕코 반하고 말았다. 애석하게도 이스라엘로 떠나기로 한 날짜랑 겹쳐 결혼식 참석은 못했지만 영원히 잊지 못할 환대였다. 그들과 함께 나눈 식사와 대화는, 비록 대화의 대부분은 갖가지 효과음과 몸부림이었지만, 지금도 따뜻한 기운으로 내 몸 안에 남아있다.

아무리 짧은 기간을 머문다 하더라도 호텔 주인, 레스토랑, 웨이터, 박물관 입장권 파는 사람들만 만나다 오는 여행은 한마디로 반쪽짜리다.

더구나 이집트는 이방인이 지나가면 꼬마들 뿐 아니라 어른들도 "Welcome Egypt" "You country?" "Hellow, welcom welcome" 하며 활짝 조디를 열고 웃어주는 기본적으로 사교적인 인간들이 넘쳐나는 곳, 이곳에서 친구 한 명 못 만든다면 말이 안 된다.

물론 관광객들을 등쳐먹는 사기꾼들도 관광지 주변엔 수두룩하지만 이집트 일반인들은 정말 순진한 사람들이다. 이집트를 간다면 꼭 친구 한 번 만들어보길. 친구 하려면 알아야 할 그들만의 관습이 몇 가지 있다. 아래 몇 가지만 나열해 본다. 이런 것만 조심하면 잊지 못할 여행을 만들 수 있을 것이다.

1 이집트인의 '친밀거리'는 우리가 생각하는 것보다 훨씬 가깝다. 무슨 말이냐 하면 이집트인은 이야기를 할 때 코 앞에 졸라 바짝 붙어서 이야기를 한다. 당황하지 않도록. 우리는 그래도 덜 하지만 서양인들은 처음에 기겁

을 한다. 종교 이야기를 화젯거리로 삼지 않도록 하는 건 어디나 기본.

2 외국인을 집에 초대하는 것을 큰 기쁨이라고 여기기에 좀 친해지면 초대받는 경우가 종종 생긴다, 만약 당장 초대에 응할 수 없을 경우, "다음에... 가겠다..."라고 했다면 반드시 다음에 그 약속을 지켜야 한다. 그렇지 않으면 모욕이 된다. 초대를 보답하는 방법으로는 그들 가족을 식당으로 초대, 외식을 함께 하는 것이 흔한 방법이다.

3 이슬람 국가 최초의 여성 부통령이 이란에서 탄생했지만 여전히 이슬람 국가에서 여인들은 베일을 쓴다. 인구의 94%가 이슬람이라는 이집트의 경우 다른 이슬람 국가들과 다르게 많이 개방되어 여성이 베일을 쓰는 경우는 드문 편이다. 그러나 길거리에서 외국인이 이집트 여성에게 말을 거는 행위는 매우 조심해야 한다. 그 즉시 주변 이집트 남성들의 주목을 받으며 그 대화 내용이 불순할 시 이집트 짭새가 출동하는 수가 종종 있다.

여성여행자의 경우 이집트에서 너무 현란하거나 노출이 심한 복장은 삼가하는 것이 좋다. 이집트 남성들이 자국의 여성들에게는 그렇지 않지만 외국의 여성들은 모든 것이 개방적이라 여겨 졸라 귀찮은 일이 많이 생긴단다. 특히 외진 곳이나 늦은 밤 혼자 외출은 삼가하고 무슨 일이 생기면 즉시 큰 소리로 주변의 도움을 청하거나 주변 아무 가게나 들어가는 것이 상책이란다. 특히 지하철은 맨 앞 차량, 버스 역시 운전석 바로 뒤의 앞쪽 좌석이 여성 전용이므로 이를 이용하자.

4 허가증이 없으면 이집트인이 외국인과 함께 걷는 것조차 불법이다. 물론 카이로 같은 대도시에서 이집트인과 같이 걷는다고 잡아가는 사람은 없다. 그러나 이집트인과 같이 다른 도시로 여행하거나 하는 행위는 사전 허가를 받아야 하는 것이 법이다. 요즘은 이를 엄

격히 적용하는 경우는 거의 없다지만 여하간 사귄 이집트인과 함께 장거리 여행을 하는 것은 좋은 생각이 아니다.

5 뭔가를 권하면, 관광지 주변의 사기성 가이드들을 제외하고, 대게 일단 No라고 한다. 처음부터 덥석 Yes라고 하는 것을 무례하다고 여기기 때문이다. 마찬가지로 뭔가 권유를 받았을 때 한 번은 No라고 하자. 그래야 그들 뜻을 제대로 존중하는 것이다.

마지막으로 그들의 집에 가서 어떤 물건에 대한 칭찬을 세 번 이상 하면, 예를 들어 그릇이 예쁘다는 말을 세 번 이상 하게 되면 그걸 달라는 뜻이 되어 집에 갈 때 싸서 준단다. 그 집 아주머니에게 예쁘단 말은 아껴두자...

- 딴지 레저부 기자

젖찌

—photo by paparach

남잘 한방에 보내려는 신세대 여성의 필수품!

전세계적으로 선풍적인 인기를 모으고 있는 신세대 여성의 필수 악세사리 "젖찌" 드뎌 국내 상륙 !!

걍 끼어주기만 하면 웬만한 남성들은 입이 찢어지는 간편한 착용으로 날로 인기를 더하고 있는 "젖찌"는 인기 텔런트 김해수양을 비롯하여 국내 유명 연예인들은 이미 너나 할 것 없이 착용하고 있다. 유방 확대 수술을 했으나 어떻게 자랑해 볼 방법을 달리 찾지 못해 괜히 길거리에서 이리저리 상반신을 흔들어 대는 미혼여성, 결혼권태기로 퇴근시간이 늦으며 추적해 보면 이상하게 집앞에 목욕탕 놔두고 맨날 역삼동 싸우나에서 나오는 남편을 둔 가정주부들에게 특히 좋다. 이걸 본 남자들...노친네도 바로 선다. 비아그라 능가한다. 너도 나도 착용해 명랑사회 이룩하자 !

한국 저통 물산주식회사

500세트 한정 판매 !!
지금 당장 주문하시라!
tel : 080-0808-0808

영문 딴지 · 기타

▶ 정치 경제 사회 국제 문화/생활 정보통신/과학

영문 딴지

와이 퍼니

디어 딴지

기타

[Weekly Best] 제1차 설문조사 결과 발표!

[기자수첩] 사각팬티의 치명적 오류…

[TV프로] blue… TV 예찬

http//ddanji.netsgo.com

영문 딴지 8월 3일(월)

씨바...
와이 퍼니...

Yaong, my cat, was being examined by the vet. Poor Yaong was nervous and since my hands were occupied in holding his body still, I bent down to kiss him.

At precisely the same moment, the vet went to steady Yaong's head and I found myself kissing the vet's hand. Without batting an eyelid the vet murmured, "It's usually my feet they kiss," and calmly continued.

나의 고양이 '야옹이'가 수의사한테 검진을 받고 이써따. 졸라 불쌍한 '야옹이'는 겁머꼬 이써따. 그때 난 두손으로 '야옹이'를 몬 움직이게 붙잡고 이써야 했기 때문에 쑤그려서 그 넘한테 키스를 해주려고 해따. 근데 그와 동시에, 그 수의사넘이 '야옹이'의 마빡을 건디는 바람에 난 그 수의사넘 손에 키스하고 말아따. 근데 그 수의사넘은 눈도 껌뻑 안 하고 "보통은 내 발에 키스하죠." 그러곤 졸라 조용히 진료를 계속해따.

이거, 와이 퍼니 씨바...

양넘들 조상들은 왕이나 군주에게 예의를 표시할 때 그넘덜 발에다 뽀뽀를 했슴다. 우웩! 퉤퉤! 동물병원에서 왕은 누구겠슴까? 수의사죠. 멍청한 손님넘이 실수로 자기 손에다 뽀뽀를 했슴다. 생각 같아선 '쉿! 왓 더 헬 아유 두잉?' or 수의사에 따라서 '으응~~ 모아모아!'를 외칠 수도 있겠지만 그러면 돈이 다 도망감다. 씨바... 돈이 먼지...

애니웨이, 자신을 왕에 비유하여 손님넘이 쪽팔리지 않게 함으로써 이 황당한 상황을 잘 헤쳐나가서 돈을 번 수의사! 대단한 넘임다.

영문딴지 독자 여러분들도 상대방이 악의엄는 실수를 했을 때 불같이 화내지 말고 슬기럽게 대처해 나가면 자신에게 득이 돌아올껍다. 구롬 담주에 또 봅세~

 평소 씨바... 이게 왜 우껴... 고민이 되셨던 구문 있음 날려주십쇼. 트웬티퍼스트 센츄리 명랑 쏘싸이어티를 위해 최선을 다하겠슴다. 꾸벅.

- 영문딴지편집부 시간의 지배자 TimeLord@shinbiro.com

영문 딴지 8월 3일(월)

디어...
딴지...

Q : Are you male or female? Or don't you know?

DDanji : Well, I thought I was male. Hold on a sec... why yes, I am a male indeed.

Q : Do I smell? A lot of people sniff me and tell me I stink. I mean, it's only once in a while that I don't take a shower or forget to put deoderant on. And it's only sometimes that I forget to clean myself after I go number two-but it's not that often. Only, I don't know, once a week or so. I'm a really cool person and sometimes people really like me.

But, I don't have a good memory and I forget about the little things in life. I don't think I smell, and I'm not in a state of denial either. I'm serious here, I am sick and tired and tired and sick of people tellin' me that I smell, cause I don't!!! I never smell and I never will!!!! I'd wish that they'd just shut their mouths and be quiet for once!! Cause I'm sick and tired and tired and sick of it!!! Oh, I already said that didn't I? Oh no...I can't breathe...DDanji...help...me...

DDanji : I'm glad I used Dove. I wish everyone did. Just kidding, I don't pay attention to what kind of soap I use. Soap is soap. But I do shower. With soap. Usually. Just kidding...almost. Heh, heh, got ya worried there!

http//ddanji.netsgo.com

* number two : 응가

Q : Yeah yeah yeah yeah yeah yeah yeah yeah yeah yeah yeah yeah yeah yeah yeah yeah yeah yeah yeah yeah yeah yeah yeah yeah yeah yeah yeah yeah.

DDanji : Yeah. NO...yeah...NO...yeah...yeah...yeah...yeah yeah yeah YEAH YEAH YEAH! Yeah...yeah...no...YEAH! Yeah.

Q : Hi. I hate this. Every time I go to the bathroom(number two, that is), the toilet paper is all gone and there's just a naked cardboard toilet paper roll staring back at me. I sit for a while trying to think of what to do. Should I get up and very, very carefully and cautiously and slowly make my way to the closet and get some new toilet paper and very, very slowly and carefully and cautiously make my way back to the waiting toilet seat only to finally sit down and look at the trail I just made on the floor?

I just don't think it's worth the trouble. What a mess to clean up!! So, should I try to wipe myself with the cardboard toilet paper roll or wipe my butt on the seat? But then there's another huge mess to clean up. I don't know what to do. Well, there's one thing that I've been doing in the past, but I feel kind of guilty about it. I've been just sitting for a long time until the air dries me (for the most part), then I get up and pull my pants up like nothing happened. The only thing is, a couple days down the road, I find these incredible dark brown marks on my undergarnments, and they smell!

At first, I couldn't imagine what they were or where they came from. But then, it smacked me right on the nose and I knew what I was doing and it wasn't exactly normal. Those dark, brown smelly marks on my underwear were poopstains!!! I am really scared to put them in the wash in case my mom realized they were stained with poop, so I keep them and keep them and keep them. I have only one pair left that's not stained. I'm sure if I wash the others, the poop will come out, but I guess I'm ashamed and afraid my mom will see them and think that I'm not potty trained or something!!! What should I do? Please help me DDanji. You're SO wise you've got to have an answer for me!

DDanji : You know what you need to do? Correct your grammar skills! Those run on sentences are annoying!

＊ poop : 응가.

Q : Recently I saw a movie about a man who lives in E-Tae-Won. He was gay and had AIDS. Soon I discovered this movie was about my friend. What should I do?

DDanji : Don't get too attatched.

Q : I love you. I want to slam you against the wall and 응응 you.

DDanji : Really? How fascinating.

Q : I have recently been abducted by aliens who dissected me and put me back together. After this they trained me to become leader of the world and named me Bill. I need people to follow me in world conquest. Will you help me?

DDanji : No, I will not help you.

Q : I know this boy, and I know this girl, and I know this dog. What do I do?

DDanji : I don't know, but I think you need to get out more and meet some more people.

Q : Life was going good, now I have to take finals. If I kill my pet fish is that wrong?

DDanji : Yes.

Q : Why are study halls so boring?
Why is the grass green?
Why is the sky blue?
Why am I always tired?
Is it because I'm in a scientific experiment on severe sleep depravation?
Why am I in a scientific experiment?

영문 딴지 ㅁ월 14일(월)

Why is your name DDanji?

Is DDanji a guy or a girl?

Why are fish so...you know, the H word...horny all the time?

DDanji : Whew... why do I have this job?

Q : Mother, at night when I open my closet, hands come out and pull my eyes out. It's fun! Am I demented?

* demented: 미친

DDanji : Yes, my name's not mother, it's DDanji.

Q : There is this kid in school who spazes alot and when he does he sounds like a cat. It's really annoying. The thing is I lie awake at night gripping a loaded 45 thinking about his death. I don't want to know how I can stop getting so upset, I want to know how to kill him and get away with it.

* spazes : 발작하다.
* loaded 45 : 장전된 총

DDanji : Police are always baffled when they find a skeleton buried in a remote forest for years. For the record, I didn't tell you to do that, I was merely telling you something I observed.

Q : Remember that person who spazes like a cat whom I told

you about last issue, well I killed that person. But when I turned myself in to the police they thanked me and gave me a reward. Now I'm having thoughts about you, DDanji. Please help.

DDanji : Heh heh. That's pretty funny. Readers, I'm sure my friend here is just kidding. Like police would give him a reward for killing someone, hee. Just for the record, my address in the phone book is incorrect.

Q : I love you, DDanji. I really do. You are so wise and all knowing. Take me DDanji, I'm yours. Marry me, DDanji, hold me close and never let me go. I need you DDanji, I can't go on without you. Please marry me, DDanji, my heart cries out for you. Please be mine!

DDanji : Never! Ha ha ha ha ha ha...

Q : There is this guy and he's my ex. I have a new boyfriend now. My ex won't leave me alone and the police won't give him a restraining order. What should I do?

DDanji : I'm sorry I don't have better news to tell you. There is not much anyone can do. Make sure you've made a will and have a nice day!

Q : I sleep in the nude.

DDanji : Oh really? Gee, I'm glad I now know this. You know, that can be quite dangerous and potentially humiliating if your house is a fire hazard, and you had to run outside naked and the firefighters would see you and run away in horror while your house burns to the ground. You have to just THINK about these things sometimes.

Q : I have a penis.

DDanji : I don't buy your phony scheme. The only reason you say this is because you don't have a penis but you want to convince everyone that you do. You seem to think that it is an accepted thing in society that males have penises. Well, I'd just like to say that males with penises is a phony load of baloney!!! Hey, wait a minute, what did I just say, here? Woops, looks like I goofed a little. Hey, DDanji goofs on occasion.

* balony : nonsense

Q : Ah blow me.

DDanji : Where?! When?!

에니 프로블렁 오케바리...

[Weekly Best] 제1차 설문조사 결과 발표!

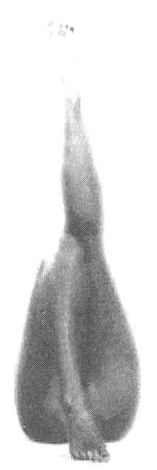

본 총수 가끔 깨끗하게 목욕재계하고 똥꼬털들을 정성스럽게 가리마 타서 파운데이션 혹은 모이스쳐 로션 바르며 인류의 미래나 명랑사회의 진로에 대해 고독한 상념에 잠길 때가 있다.

명랑사회는 도대체 어떻게 구현할 수 있는가... 이런 의문이 똥꼬를 스치우면, 그날 밤잠을 설칠 때가 하루 이틀이 아니었다...

그러다 며칠 전 제 1차 설문조사를 총정리하게 되었다.

아... 우리 민족 엽기성의 끝은 과연 어디메란 말인가...

본지를 발행하고 나서부터 쭈욱 느껴오던 것이지만 이번 설문조사를 통해 본 총수는 각별히 우리 민족의 가없는 엽기성에 북받쳐 오르는 감동을 억누를 길이 엄써따.

설문 내용을 하나 하나 읽어가면서 씨바... 내가 다른 나라에 태어나면 어떡할 뻔했는가... 이런 민족의 일원이라는 것에 맘이 숙연해진다... 이런 생각이 땀에 절어 똥꼬에 낀 빤스마냥 뇌리에 낑겨 빠질 줄을 몰랐다.

도저히 설문답변 중 1,2,3등만 달랑 발표해서는 부족하기 그지없다는 판단을 하게 되었다. 해서 답변들을 정밀 검토하고 분류해 21세기 명랑사회의 새로운 좌표로 삼고자 한다.

자 이제 제 1차 설문, '화장실에서 휴지가 없을 때 과연 어떻게 할 것인가'에 대해 전 세계 한민족들이 답변한 내용들을 사용된 도구의 재질과 속성을 기준으로 분류해 검토해 보기로 하자.

Weekly Best 9월 28일(월)

▶ 빤스 / 양말 / 런닝구 / 넥타이...

가장 평이한 답변으로 연구가치가 떨어지는 유형이었다. 일단 경제적인 측면에서 과소비이며 넥타이의 경우 허를 찌르는 면이 없지 않으나 이런 정도의 답변으로는 명랑사회 구현 힘들다.

소수의견으로 당구장이나 카페일 경우 재빨리 엉기적 겨냐와 세면대 위에 걸려 있는 수건을 낚아채 해결한다는 의견이 있었으나, 일단 화장실을 나오는 순간 은폐, 엄폐가 힘들어 적발 위험이 과도하다는 난점이 있다. 권장할 만한 방법은 못 되는 것으로 사료된다. 호주머니를 찢는다는 다소 과격하나 놀라운 임기응변(便 : '변소' 할 때 그 변...)의 소수 의견도 있었다. (bishopz@hotmail.net)

▶ 동전 / 토큰 / 종이돈 / 휴지 재활용

넘들이 남긴 휴지를 재활용한다거나 천 원짜리를 사용한다는 몇 분의 주장 역시 명랑사회 구현에 도움이 안 된다. 그러나 동전 이용하겠다는 분... 명랑사회 구현의 역사에 큰 똥자국을 남기셨다.

본 총수는 이를 동전 파지법(把指法)으로 명명한다. 동전 파지법은 상당히 간편하면서도 효과적인 방법으로 사료된다. 엄지와 검지로 동전 끝 부분을 파지하고 부드럽게 목표지점을 왕복 밀어주어 떨어내는 식으로 작업한다. 1회 왕복 후에는 반드시 동전으로 적출해낸 목적물을 탁 떨어내 줘야 작업 효율성이 지속적으로 확보되겠다.

그러나 이 분류에서 진정한 압권은 토큰삽입법(挿入法)이 되겠다. 아... 씨바... 가슴을 벅차게 한다. 휴지가 없음을 알았을 때... 똥꼬에 토큰을 삽입하고 배출한다. 이 경우 설사류의 똥은 퍼버벅 튀지 않고 토큰 구멍으로 집중되어 깔끔하게 분사되는 부가효과까지 있다는 것이다. (win2002@hanmail.net)

본 총수가 판단하기엔 그 강력한 똥유압 때문에 심지어는 일어서거나 멀리 떨어져서도 마음먹은 대로 목표지점까지 똥줄기를 날릴 수 있어, 획기적인 똥문화의 혁명까지 가능하다고 본다. 즉, 한 사람이 하나의 변기를 차지하는 비경제적인 방식은 폐지되고, 하나의 목표지점을 중심으로 여러 사람이 둥그런 원형대열로 똥꼬를 까고 뒤로 돌아서서 목표지점에 똥줄기를 '쏴' 대면 되는 것이다. 이거 졸라 강추다.

▶ 혁대 / 운동화끈

혁대로 단번에 긁어낸다 하신 분...
(shpark@kidmail.kidi.co.kr)

그렇다. 이 정도는 나와줘야 한다. 우리 민족이 어떤 민족인가. 뒷간에 새끼줄 걸어 놓고 애 어른 할것 없이 그 새끼줄에 똥꼬를 걸쳐 뒷처리를 해결했던 지혜로운 민족 아니던가.

그러나 본 총수 견해로는 단번에 긁어내는 것으론 부족하다. 이렇게 해보자. 조용히 혁대를 풀어 한 손으로 버클 부분을 잡고 나머지 손으로 반대편 끝을 잡아 마치 목욕탕에서 때수건으로 등짝을 밀어내는 듯한 동작으로 리드미컬하게 다리 사이에 끼고 쓸어주는 것이다.

전통계승 정신이 단연 돋보이는 방도라 하겠다. 약간 새디스틱한 분위기를 풍기긴 하나 본지 독자라면 무난히 수용가능 하리라 본다. 운동화 끈을 제안하신 분(tlee@eco.utexas.edu) 역시 동일선상에서 이해하면 되겠다.

▶ 담배 필터 / 필기도구, 그 뚜껑 / 숟가락...

담배 필터... 아... (blue-hyoung@hanmail.net)

보통 닦는다... 훔친다... 떨궈낸다... 의 고정관념을 과감히 탈피, '막는다' 로 그 개념을 확장해낸 쾌거다. 시술 방법은 간단하다. 필터 부분을 분질러 앉은 자세

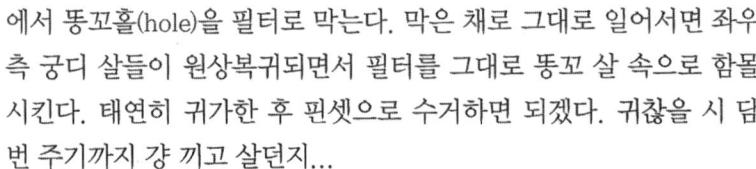

에서 똥꼬홀(hole)을 필터로 막는다. 막은 채로 그대로 일어서면 좌우측 궁디 살들이 원상복귀되면서 필터를 그대로 똥꼬 살 속으로 함몰시킨다. 태연히 귀가한 후 핀셋으로 수거하면 되겠다. 귀찮을 시 담번 주기까지 걍 끼고 살던지…

필기도구 활용은 재활용 가능하다는 측면에서 긍정적이나 끝이 뾰족하여 작업시 상당한 위험이 따르고, 뚜껑의 경우는 뚜껑 안쪽으로 퇴적된 적출물의 제거가 쉽지 않다는 난점이 따른다. 담배 필터 활용의 엽기성에 대적하기엔 다소 역부족이다.

상당히 특이하게 숟가락으로 퍼내겠다는 설문도 있었는데, '퍼낸다…' 는 발상 자체는 상당히 신선하였으나 화장실에서 확보가 어려운 도구인 관계로 언급만 하고 넘어가겠다. (dong41@hyowon.pusan.ac.kr)

▶ 손꾸락 / 손바닥

상당히 많은 응답자들이 손꾸락이나 손바닥으로 해결하겠다고 답변했다. 그러나 그 정도로의 두리뭉실한 답변으로는 명랑사회 어림도 엄따. 왜 이러시나들… 명랑사회 구현하자니까.

본 총수가 직접 손꾸락/손바닥 활용을 과학적으로 분류해 보기로 하겠다.

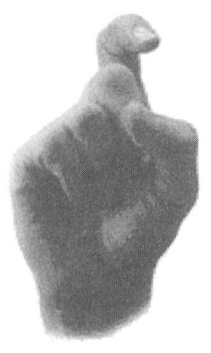

1 검지 적출법

가장 평이한 형태가 되겠다. 다만 손톱 밑에 적출물이 낑기는 엽기적 상황이 자주 연출되므로 손톱 밑 잔유 물질제거를 위한 2차 재료가 필요한 단점이 있겠다.

또 한가지 주의할 점은 필요이상의 깊이까지 삽입할 경우 똥꼬파열이라는 경천동지할 부작용이 뒤따른다는 것이다.

이를 방지하기 위해, 시술 전 반드시 예방조치를 취해줘야 하는데, 간단한 방법으로는 손꾸락에 빤스고무줄 등을 감아 삽입 깊이를 시술 과정에서 스스로 감지하여, 일정 깊이 이상을 찌르는 사태를 미연에 방지할 수 있도록 하면 되겠다.

2 엄지, 약지 스윙법(swing)

이 방법은 엄지와 약지의 스윙 속도조절이 키 포인트다. 너무 느리게 해서는 한 번에 과도한 양이 적출되어 반복작업에 어려움이 있고, 너무 빠르게 해서도 파편이 사방으로 튀는 난점이 있다.

이를 극복하기 위해서는 순간 가속도가 중요한데, 준비동작에서는 약지를 천천히 움직이다가

똥꼬 주변을 통과할 때 가속하여 적출물들을 재빨리 후려내어 (1)번 방향으로 내팽개쳐 주고, 잠시 멈추었다가 이번에는 검지로 마찬가지 방식으로 똥꼬 주변에서 가속하여 후려낸 적출물을 (2)번 방향으로 날려주면 항상 깨끗한 손꾸락이 유지되겠다.

부단한 실습을 요하는 방법이다. 본 총수가 애용하는 방법이기도 하다.

이 외에도 몇 가지 방법이 있으나, 지면 관계상 오늘은 생략하기로 한다. 손꾸락이나 손바닥 활용시, 작업 후 화장실 벽면에 난(蘭)을 치고 퇴실하는 즐거움 또한 각별한 것이 될 것이다.

변기고무빠킹 / 변기물(水) / 오줌발...

주변 지형지물을 활용하는 지혜가 돋보인다. 수세식에서만 가능

Weekly Best 4월 28일(월)

하다는 단점이 있으나 근자 들어 푸세식이 현격히 줄어들고 있는 바, 상당한 효과를 볼 수 있는 방법이라 하겠다. 보통 물을 내린 다음 그 흐르는 물에 똥꼬를 잠수시켜 헹궈 떨궈내겠다거나 손으로 물을 떠서 씻어내겠다는 의견이 대부분이었다.

그러나 좀만 더 나가자. 그대들은 누군가. 딴지독자들 아니신가. 변기 뒤쪽 뚜껑을 열어보시라. 고무빠킹이 있다. 이 넘을 뽑아 똥꼬에 꽈악 끼웠다가 순간적으로 뽑아보시라. 갑자기 형성되는 진공상태로 1000 데시베루 정도의 '뻥' 소릴 내며 잔유물질들이 흡착되어 쭈욱 뽑혀 나오는 것을 경험할 수 있을 것이다. 가끔 올가슴까지 동반하는 엽기적인 방법이다.

그 외에 본 총수가 이 땅에 태어났음을 자랑스럽게 여기게 했던 설문이 이 부류에서 터져 나왔으니, 바로 '오줌발 활용론' 이다. (limyh@ solutionhere.com), (hello@aloe.co.kr) 남성밖에 활용할 수 없다는 치명적인 단점에도 불구하고 그 탁월한 엽기성으로 인해 주류에 포함, 소개한다.

시술방법은 간단하다. 남자 거시기를 뒤로 제껴, 마치 소방수들이 호스를 들고 조준하듯, 정 조준을 한 다음 똥꼬 주위에 분무하여 훼손된 똥꼬 주위를 세척하면 되겠다. 이때 거시기 모가지를 지긋이 눌러 수압을 상승시키면 더욱 효과를 배가시킬 수 있으리라 본다.

▶ 불어서 혹은 라이타로 말린다.

그냥 무작정 앉아 말려서 떼내고 나온다... 이런 소극적인 자세로는 명랑사회 요원하다. 최소한 고개를 최대한 처박고 불어서 말린다 정도는 되야 하며, 더 나아가 라이타로 말린다. (sgmoon@netro.net) 이 정도는 되줘야 한다. 위 '오줌발 활용론' 을 정면으로 반박하고 나온 것이 바로 이 '열처리 건조 후 박피술' 이다. (enuri@netsgo.com)

배변과 방뇨는 동시에 이루어지는 바, 배변을 마칠 쯤이면 오줌은 훨씬 전에 끝나 있을 것이란 거다. 즉 일부러 짜내봐야 20cc를 넘기 힘든 잔존량으로 어케 세척을 하느냐는 주장이다. 일리 졸라 있다.

🏁 그냥 나온다...

그냥 나오는 데에도 철학이 필요하다. 본지는 무작정 '그냥...' 이런 사고를 지탄한다. 그런 의미에서 아래의 정신자세는 옳고 그름을 떠나 진정한 딴지식 사고로 찬양하는 바이다.

정말 참을 만큼 참고, 똥꼬 실핏줄 터지게 오무려도 떡방앗간 가래떡 나올 듯한 똥을 잔뜩 머금고 있는 상황에 처하면 휴지가 다 뭐냐 화장실에 골인만하면 하늘의 축복인 것이다. "화장실에 휴지가 없을 때 그대는 과연 어떻게 ......" 씨바. 도대체 어떻게 하길 바라는가. 똥눌 곳 찾아 눈깔 뒤집어 헤매던 기억은 다 어디 갔단 말인가. 똥을 누었단 말이다. 이걸로 모든 보상은 끝이다. 무얼 더 바라는가? 이 질문은 이렇게 어려운 시기에 어울리지 않는 시대적 위선이며 졸라 사치다. - Maverick

그 외에도 참으로 많은 동지들이 이 설문에 참여해 주었고, 나름의 고견을 설파해 주었다. 주목할 만한 소수의견에는

똥꼬를 움직여 도로 집어 넣습니다. - kjmo@lgeds.lg.co.kr
여...여여여옆칸에서 화...화화화장지 주...주주줄 때까지 화장실 벽을 돗나게!! 돗나게!! 내려친다. - remus@hanmail.net
회사라면 그냥 나와서 미스 추한테 날개달린 것 하나 얻어 다시 들어간다. (꼬옥 미스 추한테 가야지만 날개 달린 거 주지, 다른 미스한테 가면 쑥성분이 든 것을 준다. 이것은 위생상 또오 환경보호상 안 좋다.) - dong41@hyowon.pusan.ac.kr
울집 강아지를 이용한다. 경험에 의하면 응가 닦기엔 치와와가 최고다.

Weekly Best 9월 28일(월)

퍼그종은 닦긴 잘 닦는데 침을 많이 묻혀서 닦으나마나 한 상황이 되고 푸들은 신경질적이어서 똥을 차별한다. 변비시는 이용 불가능하다...
- hello@aloe.co.kr

등이 있었다.
끝으로 이 설문과 관련하여 오래 전부터 가슴에 담아왔던 아픈 사연을 전해온 분이 계셨다. 이걸 계기로 모든 오해가 풀리고 국민화합 했음 하는 맘 간절하다.

진짜 있었던 일이다. 대학 1학년 때 휴지 자판기에서 100원짜리 휴지를 뽑아 화장실로 가서 시원히 일을 봤다... 만족한 표정으로 휴지의 포장지를 뜯었다. 그러나 웬걸... 좀 두툼하고 이상한 휴지가 두 개밖에 없는 것 아닌가?? 난 그때 생리대를 처음 보았다. 울트라 화인... 그것은 닦기에 좀 무리였다... 고민 고민... 바로 그때 옆칸에 누군가가 들어왔다... 난 용기를 냈다...

    나 : 저어 휴지 좀 빌리죠...
    옆칸: 그러씨요...
    나 : 고맙써라...

난 열심히 닦았다... 정성스럽게...

    옆칸 : 학생이요? 무신 과요?
    나 : 심리학과인디요... 93학번입니다...
    옆칸 : 그르냐... 나 행정학과 ***선생이다... 휴지는...

그때였다... 난 휴지를 변기에 빠뜨리고 말았다... 그리고 주울 엄두도 나지 않았다... 진짜 고민은 그때부터였다... 으쩌까이... 난 조용히 나왔다... 불러도......

이번 기회에...

행정학과 ***교수님 5년 전 일이지만 이번 기회를 통해 용서받고 싶습니다. 그 일 이후로 교수님의 연구실이 있는 사회대 4층을 6개월 동안 가지도 못하고 마음 고생 많았습니다. 지금 생각하면 생리대라도 드리고 왔어야 했다는 후회에 괴로움은 더합니다...
- patrio93@trut.chungbuk.ac.kr

　가슴이 벅차 오르지 않는가? 그렇다. 벅차 오른다. 우리 민족이 이런 민족이다. 이런 창의력이면 뭘 못하겠는가. 그동안 우리의 창의력을 억압해 왔던 조가튼 교육현실의 타파와 모든 문화검열의 철폐를 강력히 주장하는 바이다.
　이 설문과 관련하여 보다 과학적인 데이타 확보를 위해 국민투표를 실시할까 한다. 많은 참여 부탁드린다.
　마지막으로 혹시 위 게재된 처리법 이외에 나름의 엽기적 방안을 가지고 계신 분들은 서슴지 말고 와서 자국 남겨 주시기 바란다. 이상.

- 딴지 베스트집행부 대빵 딴지총수

[기자수첩] 사각 팬티의 치명적 오류...

요즘 본지 사내 일부 기자들 사이에서 삼각과 사각빤스에 대한 논란이 있어, 본 논설우원 잠깐 등장한다. 일부 기자들은 사각의 위대성을 말하며 삼각은 휜 꼬추를 양산한다면서, 휜 꼬추 방지를 위해 삼각보단 사각팬티를 입을 것을 설파하기도 한다.

결론적으로 얘기하면 사각에도 말 못할 치명적 오류가 내재되어 있다는 것이 본 논설우원의 분석이다.

우선 사각빤스는 그 헐렁함으로 인해 통바지나 힙합바지류의 헐거운 바지를 입게 되면 달릴 때 알이 깨지는 고통을 수반하게 된다. 즉, 온갖 덜렁거림으로 인해 무척 아프다는 것이다. 물론 남자들에게만 해당되겠다.

또한, 사각은 집에서 편안한 자세로 입고 다니거나 TV시청을 하기 곤란한 점이 있다. 사각의 헐거움은 자칫 잘못 앉거나 방심하게 되면 밑으로 치명적인 삐져나옴이 나타나 타인에게나 가족 구성원에게 말 못할 엽기성을 안겨 준다.

그러나 뭐니뭐니해도 가장 치명적인 것은 소변 후 뒷단속을 하고 나서다.

즉, 오줌을 발사한 후 깜빡 터는 것에 소홀할 시 (보건복지부 권장 성인남성 털기는 3,4회다) 무심코 입고 닫은 사각빤스 속의 잔존오줌이 추후 흘러나올 때 삼각은 허벅지로의 흐름을 차단해 주지만 사각은 허벅지 아래 종아리까지 오줌이 흘러내리는 치명타를 입게 될 수도 있다는 우려를 끝으로 두서없는 글을 마칠까 한다.

삼각과 사각, 자신에 맞게 잘 선택하시라.

- 논설우원 안동헌

[TV프로] blue... TV 예찬

티브이를 켜고 광고를 본다.
그리고 생각한다.
난 남양 아기사랑을 먹고 자라지 못했다. 그러므로 나는 두 살까지 뇌의 성장이 완성되지 못한 채 다른 아기들이 논리적이고 합리적이며 원리응용적인 사고를 할 때에도 내 뇌 속은 평온과 고요로 조용한 아침의 나라를 형성하고 있었을 것이다.

또한 나는 코카콜라를 자주 마시지 않으므로 축구를 위해 태어나기는커녕 축구장이 어디 있는지 알지도 못하며,

내 컴퓨터는 삼보컴퓨터가 아니므로 2년 뒤에는 더욱 약해질 뿐만 아니라,

난 에이스침대를 가지고 있지 않기에 내 침대는 과학이 아니라 그냥 가구일뿐이므로 나를 뺀 많은 사람들은 침대에 눕기만 해도 과학적인 몸부림을 칠 것이지만 난 그냥 가구적인 잠을 잘 뿐이다.

아울러 나는 뜨개바늘을 가지고 있긴 하지만 마티즈를 타고 다니지 않기에 만일 고질라가 그 고질적인 발바닥으로 나를 밟으면 상처하나 입지 않는 다른 사람들과 달리 왼쪽 콧구멍에 뜨개바늘을 꽂고 냉장고 바퀴에 밟힌 오징어 왼쪽옆구리처럼 납작해질 것이다.

또한, 나는 둘코락스나 아락실을 복용하지 않으므로 일주일에 한 번씩 핏발선 눈동자로 휴지를 움켜쥐고 아우성을 치거나 뱃가죽을 두들겨도 통통소리는커녕 물컹물컹소리만 천지를 진동시킬 테며,

나는 크레도스가 없으므로 차를 몰고 물 위를 달리시는 분들이나 이-에프 소나타도 없으니까 구름 위를 달리시는 분들 아니면 레간자도 없으니 개구리를 천장에 본드로 붙이고 다니시는 많은 분들과 달리 발바닥에 불이 날 것이며,

TV프로 9월 28일(월)

　　평소에 맛동산을 자주 먹지 못하므로 즐거운 파티 한 번 열어보지 못했다.
　　벼룩시장을 자주 읽지 않으므로 집을 내놔도 거의 팔리지 않거나 직업을 구할 수 없으며,
　　팔도비빔면을 자주 못 먹으므로 왼손으로 비비적거리는 또는 두 손으로 비벼도 되더라는 많은 사람들보다 오른쪽 뇌의 발달이 더딜 테고,
　　로만손시계를 차고 있지 못하므로 세계가 나를 알아주지도 않을 것이다.
　　덧붙여 017을 사용하지 못하니 지하철이나 C-123수송기 또는 바다 위에서 짜장면을 시켜 먹을 수도 없거니와 만일 마라도로 옮기기라도 한다면 어느 누구도 죽어도 나를 찾을 수 없을 것이며,
　　016을 사용하지 않으므로 난 바로 원시인인 것이다.(Boy가 무슨 뜻인지 모르겠다)
　　김진명 장편소설을 읽지 못하였으니 무궁화꽃이 피었는지 안 피었는지 아리까리하며,
　　금강 황토바닥재에서 자고 있지 않으므로 내 몸은 맥박 대신 수맥박이 뛸 테며,
　　좋은사람들의 황토팬티를 입고 있지 못하므로 나는 나쁜사람들에 속하거나 아니면 하반신이 부실할 것이다.
　　학창시절엔 에프킬라를 평소에 사용하지 못했으므로 늘 F에 시달려 왔으며 매트매트홈매트를 사용하지 못하니 내 집은 홈이 아니라 흠일지도 모른다.
　　아디다스 신발을 신지 못하므로 내 곁에서 스포츠는 늘 죽어 나자빠지며,
　　투자엔 안전이 제일이라고 해도 투자할 돈이 없으며,
　　아무리 방바닥에서 고양이가 애욕의 몸부림을 쳐도 신문지 위로

발톱이 쓰리쿠션을 때려도 한미은행에 맡길 돈이 없다.

쉬크면도기를 사용하지 않으므로 혹시나 내가 면도할 때 누군가 내 뒷머리를 주먹으로 깐다면 그냥 단단한 대가리로 막거나 아니면 내 목덜미를 면도기로 긁게 될 테며,

길가다 철썩 엎어져 물팍이 까진다 해도 후시딘이 집에 없으므로 백발백중 흉터가 남을 것이다.

현대 물파스에이를 애용하지 않으므로 벌레가 물어도 또는 질겅질겅 씹어도 가려움을 참고 잠들어야 하며,

고속삐삐가 없으니 나에게 삐삐를 친 사람은 적어도 2000년 이후에야 응답을 받을 것이며,

신세계에 잘 가지 않으므로 학사모를 써도 눈물을 절대로 흘리지 못하거나 금붕어가 배형을 하는 평범한 광경도 한 번도 못 볼 것이다.

티브이에서는 계속 광고가 나온다.

그래도 나는 행복하다. 적어도 티브이 앞에서는...

- 딴지 연예부 기자 윤석배 blue99@netsgo.com